인류세와 에코바디

지구는 어떻게 내 몸이 되는가?

이 저서는 2017년 대한민국 교육부와 한국연구재단의 지원을 받아 수행된 연구입니다.
(NRF-2017S1A5B8057457)

인류세와 에코바디

지구는 어떻게 내 몸이 되는가?

몸문화연구소 **지음**

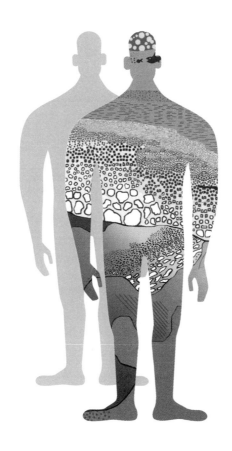

P 필로소픽

🚶 차례

모비 딕은 더 이상 없다

얼마 전에 19세기 미국 작가 허먼 멜빌이 쓴 위대한 소설 《모비 딕》을
다룬 작은 책을 읽은 적이 있다. 산처럼 거대한 흰 향유고래 모비 딕
에게 다리를 잃고 복수의 광기에 사로잡힌 에이허브 선장과 모비 딕
의 대결, 그리고 결국 피쿼드호의 파멸과 에이허브 선장의 죽음으로
끝나는 이 거대한 서사시적 소설 《모비 딕》은 그런 잔인한 고래잡이
자체가 허용되지 않을뿐더러 고래 자체가 멸종 위기 동물이 되어버
린 오늘날에는 낯설고 비현실적으로 읽힐지도 모른다. 정말로, 요즘
독자라면 날카로운 작살로 고래를 찔러 죽인다는 상상만으로도 "어
떻게 그런 잔인한 짓을! 그렇게 아름답고 경이로운 동물을 무참하게
죽이다니!" 하며 눈살부터 찌푸릴지도 모를 일이다.

하지만 허먼 멜빌이 그 소설을 쓰던 1850년 무렵의 미국에서 포경
산업은 마치 오늘날의 석유산업만큼이나 거대한 산업이었다. 고래가
인간들의 사냥감이 된 이유는 고래고기 때문이 아니라 주로 고래기
름 때문이었다. 아직 전기도 없고, 석유채굴이 산업화되기 전 시대,
고래기름은 19세기 사람들에겐 일상생활에선 없어선 안 될 그 무언
가였다. 그들은 고래기름으로 등불을 밝히고, 고래기름을 기계의 윤
활유로 썼다. 페인트, 가죽제품, 방직품, 비누, 양초, 심지어 여인들이

자신을 치장하는 데 필요한 코르셋, 양산, 빗, 향수를 만드는 데도 고래 몸의 여러 부위가 꼭 필요했다. 한마디로 포경산업은 19세기의 정유산업이자 석유화학산업이었던 것이다. 그런 까닭에 19세기에 미국은 세계 최대의 포경 국가가 되었고, 당시 전 세계 바다를 누비던 900척의 포경선 가운데 735척이 미국 포경선이었다. 인간들의 윤택한 삶을 위해 미국만 해도 매년 고래를 8천 마리 가까이 잡았고, 19세기의 반세기 동안만 해도 약 40만 마리 이상의 고래가 희생되었다.

허먼 멜빌이 《모비 딕》을 발표한 지 10년도 채 안 된 1859년에 에드윈 드레이크가 세계 최초로 기계식 석유 시추에 성공하고 이후 본격적으로 석유 시대가 열리지 않았다면, 아마도 우리는 오늘날 고래라는 동물을 그림책에서나 겨우 만나볼 수 있었을 것이다. 그런 의미에서 보자면 석유의 발견은 고래를 완전한 멸종에서 구원한 위대한 사건이라고 할 만하다. 하긴 석유는 지난 150년간 고래만 구한 것이 아니다. 인류를 위해 위대한 기여를 했다는 사실도 부인하긴 어렵다.

21세기 오늘날엔 석유나 석탄 같은 화석연료의 과잉 사용이 지구 온난화를 일으키는 주범으로 비난받는 처지가 되었지만, 석유가 아니었다면 인류가 지금도 누리고 있는 각종 혜택을 감히 상상하기 어려우리라. 전기, 가스, 자동차나 비행기, 그리고 우리의 일상생활 대부분을 채우고 있는 각종 플라스틱 제품들을 생각해 보라! 반도체에서 자동차 타이어, 생수병에서 여성들의 생필품인 스타킹에 이르기까지, 석유화학산업이 만들어 내는 각종 플라스틱 제품이 없는 현대인의 삶은 거의 상상하기 어렵다. 어떻게 보면 과거 극소수 귀족 계급이나 누리던 사치스럽고 부유한 생활을 오늘날 보통 사람들도 쉽게

접하고 누릴 수 있게 된 건 많은 부분 플라스틱 덕분이라고 말해도 크게 틀리진 않을 듯하다.

안타깝게도 우리 인간은 아이러니를 잘 예측하지 못한다. 고래를 구했던 그 석유가 지금은 다시 과거와는 다른 방식으로 고래를 죽이고 있고, 고래뿐 아니라 인간종까지도 심각한 생존 위기에 처하게 만들 줄이야!

이런 아이러니의 충격을 얼마 전에 접한 한 뉴스 보도에서 새삼 실감한 적이 있다. 허먼 멜빌의 고래를 다시 떠올린 것도 실은 그 뉴스 때문이었다. 필리핀의 한 바닷가에 떠밀려 온 죽은 고래에 관한 것이었는데, 그 고래 배 속에서는 쌀 포대며 밧줄 등 16개 종류의 온갖 플라스틱 쓰레기가 40kg이나 나왔다고 한다. 필리핀의 자연사 박물관 조사에 따르면 지난 10년간 사체를 수습한 고래 63마리 가운데 50마리가량이 플라스틱이나 다른 바다 쓰레기를 삼킨 탓에 죽은 것으로 나타났다. 오늘날 고래들은 작살이 아니라, 플라스틱 쓰레기 때문에 죽어가고 있는 것이다. 여기엔 어떤 모비 딕다운 장엄함도, 위엄도 없다. 그저 어떤 쓸쓸한 아이러니만이 있을 뿐. 19세기엔 고래잡이들의 무자비한 작살이 고래의 몸과 삶을 위협했다면, 오늘날에는 플라스틱 쓰레기가 고래들을 위협하고 있다. 이런 환경에서 고래들은 과연 살아남을 수 있을까? 사람들을 공포에 떨게 하던 그 위대한 모비 딕은 더 이상 없다.

사실 고래뿐만이 아니다. 바다거북, 바닷새들이 플라스틱 때문에 죽어가고 있다는 뉴스도 이미 접한 바 있고 플라스틱으로 인한 바다 오염과 바다 생태계의 파괴 문제는 지금 큰 지구적 이슈가 되고 있지 않은가? 태평양을 떠다니는 거의 한반도 크기만한 플라스틱 쓰레기 섬 이야기는 새삼스럽지도 않다.

　오늘날 매년 세계에서 쏟아지는 플라스틱 쓰레기의 양은 약 2억 7천만 톤가량이며 그 중 약 800만 톤이 바다로 흘러 들어가고 있다고 한다. 이토록 많은 플라스틱 쓰레기가 수십 년간 바다로 계속 흘러 들어간다면, 과연 바다의 생태계가 어떻게 될지는 굳이 설명할 필요가 없을 것이다.

21세기 인류세를 살아간다는 것, 근대 휴머니즘을 넘어

돌이켜 보면, 허먼 멜빌이 《모비 딕》을 쓰던 19세기 중엽 시대의 사람들은 허먼 멜빌을 포함하여 그 누구도 고래의 생명권이라든가, 인간이 초래하게 될 바다 생태계 문제 따위엔 아무런 관심을 두지 않았고, 관심을 가질 필요조차 없었을 것이다. 지금 시대를 살아가는 많은 이들이 그렇게 생각하듯, 고래를 비롯한 다른 모든 동식물을 포함한 자연계 전체가 인간을 위해 존재하는 유용한 자원이나 먹거리일 뿐이며, 지배와 정복의 대상 그 이상도 이하도 아닌 존재로 이해되는 탓이다. 이러한 관점이 바로 근대 세계를 특징짓는 '인간중심주의적' 세계관이다. 오늘날 우리가 휴머니즘이라고 부르는 것은 사실 인간이 세상의 중심이자 이 세상이 존재하는 목적이기에 나머지 세계 모두는 자연스럽게 인간이라는 목적을 위해 봉사하고 희생되어도 무방한 세계라는 오만한 사고에 다름 아닌 것이다. 이러한 사고를 뒷받침한 것이 프랜시스 베이컨이나 르네 데카르트 같은 근대 철학자들의 철학이기도 했다.

데카르트 철학에서 뚜렷하게 정립된 근대 휴머니즘 철학은 세상을 인간 중심으로 보고 날카롭게 둘로 구분하였다. 인간 대 자연, 정신과 물질, 영혼과 육체라는 이분법적 사유가 바로 그것이다. 데카르트는 인간을 제외한 세상의 모든 존재를 마치 기계처럼 다루었다. 기계적인 인과율의 법칙에 얽매인 물질적인 대상으로 말이다. 인간의 육체도 예외는 아니다. 육체도 물질인 한, 기계적인 법칙에 종속된 하찮은 어떤 것이었다. 다만 인간만이 유일하게 영혼과 정신을 가진 우월하고 특권적인 존재여서, 당연히 세상에 우뚝 선 신적인 위치에서 세상을 지배할 권리를 갖는 것처럼 보이는 것이다.

세상을 이처럼 이분법적 사고 속에서 바라보고 이런 사고가 근대 산업자본주의의 끝없는 이윤 추구와 맞물려 돌아가는 한, 어떤 사태가 벌어지겠는가? 19세기 포경산업에서 보듯, 바다를 호령하는 저 아름답고 위엄 있는 동물 고래조차 기름과 뼈를 발라내어 이윤을 뽑아내는 아주 탁월한 돈벌이 사업 대상 정도로만 여겨질 뿐, 고래의 생명성 문제와 고래가 바다 생태계에서 차지하는 위치 등의 문제는 사고영역에는 아예 들어올 틈이 없지 않겠는가?

지난 3백 년간 편협한 인간중심적인 사고 속에서 지구는 이윤과 인간의 편의, 물질적 행복을 위해 아무리 퍼내고 퍼내도 영원토록 마를 일이 없는 신비의 생물인 양 무한한 자원과 먹거리의 보고로만 여겨졌다. 지구라는 거대한 행성이 마치 하나의 유기적 생명체처럼 긴밀하게 연결되어 하나의 분리 불가능한 네트워크를 이루고 있다는 사실이나, 물, 석유, 석탄, 숲과 나무들, 공기, 그리고 지구에서 살아가는 모든 동식물이 유한하고 파괴되기 쉬운 존재라는 사실은 쉽사리

간과되었다.

　불행히도, 21세기에 들어서 우리 인류는 허먼 멜빌 시대나 20세기에는 결코 생각할 수 없었던 새로운 사태에 직면하고 있다. 인간중심적인 사고와 무분별한 자본주의적 이윤 추구, 그리고 맹목적인 인간 편익주의가 마침내 지구 전체에 심대한 악영향을 미친 끝에 이제는 우리가 '인류세'라고 부르는 지구적 위기 시대에 도달하게 되었다는 인식이 퍼질 지경에 이른 것이다. 인류세란 한마디로, 인류라는 존재가 지구의 기후와 생태계를 급격히 변화시킨 탓에 지구가 새로운 지질학적인 사태를 맞게 되었다는 사실을 지칭하는 말이다. 물론, 그 변화는 긍정적인 변화가 아니라 부정적인 변화로, 그러한 변화가 자칫 인류조차 파멸시킬 수도 있는 위험한 변화임을 일컫는 말이다.

　과연 지금 우리가 사는 이 21세기는 '인류세'라고 불릴 만큼 거대한 지질학적 변화를 겪고 있고, 인류 문명과 지구 생태계 전체가 과거와는 다른 불균형과 부조화로 뒤흔들릴 만큼 위험한 시대일까? 그 위험의 징후와 증상들은 어디에서 어떻게 드러나고 있고, 그 원인은 어디에 있는가? 그리고 그것이 사실이라면, 인류는, 그리고 우리 각자는 이 같은 인류세에서 어떻게 살아가야 할까? 어떤 새로운 윤리적 관점과 태도 및 행동의 변화가 필요한 것일까?

　이 책은 바로 이러한 문제의식과 고민에서 출발하고 있다.

우리의 몸은 지구와 어떻게 이어져 있는가?

우리는 모든 논의를 '몸과 몸들의 연결과 순환 네트워크'라는 다분히 비판적 포스트휴머니즘의 관점에서 접근하려고 한다. 비판적 포스트휴머니즘은 근대 휴머니즘의 인간중심주의, 인간 대 자연, 정신 대 물질이라는 고루한 이분법적 사고를 뛰어넘어 세상의 모든 흐름 자체를 구체적이고 살아있는 물질들의 연결과 순환, 결합과 해체, 시스템적인 구조화 과정에서 파악한다. 흔히들 비판적 포스트휴머니즘을 근대 인간중심적인 휴머니즘의 연장에 불과한 트랜스휴머니즘과 혼동하곤 한다. 실제로 한국에선 포스트휴머니즘을 거의 트랜스휴머니즘인 양 뒤섞어서 사용하곤 하여 대중들이 오히려 혼란스럽게 만들기도 한다. 우리가 군이 '비판적 포스트휴머니즘'이라는 말을 쓰는 이유도 그런 혼란을 의식한 탓인데, 이는 트랜스휴머니스트가 자신을 가리켜 포스트휴머니스트라고 부르는 까닭에 그들과 우리의 입장을 구분하고자 하는 의도도 담겨 있다.

간략하게 말하자면, 트랜스휴머니즘은 과학기술을 이용하여 인간이 신과 같은 불멸의 존재로 거듭나고자 하는 운동에 불과하다. 그들은 인간을 제외한 다른 동식물, 바다와 강과 같은 비인간존재들, 지구 생태계의 운명엔 큰 관심이 없다. 관심이 있다 해도 어디까지나 '자연을 보호하자'는 정도에 그치는, 여전히 인간중심적인 사고의 연장선상에 있는 관심 정도이고, 일차적인 관심은 어디까지나 인간, 인간종의 기술적 향상과 진화에 있다. 한마디로 유발 하라리가 말한 '호모 데우스 프로젝트'라고나 할까.

비판적 포스트휴머니즘은 근본적으로 세계관 자체를 트랜스휴머니즘과 달리한다. 이 책에서는 앞서 출간한 포스트휴머니즘 총서 시리즈 두 권의 책 《지구에는 포스트휴먼이 산다》와 《포스트바디-레고 인간이 온다》에서 한걸음 더 나아가 그러한 비판적 포스트휴머니즘의 지향이 보다 분명하게 드러날 것이다. '에코바디'라는 말에서도 드러나듯, 우리는 인간의 몸, 동식물과 광물의 몸, 강·바다·숲·공기의 몸, 나아가 기계의 몸까지도 특별한 위계질서 없이 수평적인 관계 속에서 깊이 연결된 생태학적 연결망을 이루고 있다는 사실에서 출발한다. 굳이 몸 개념을 특별한 중심 개념으로 포착하고자 하는 이유는 일찍이 17세기의 철학자 스피노자가 간파했듯, 모든 존재하는 것은 특정한 시공간을 차지하는 신체-몸의 형상을 가지고 살아가는 것이며, 특히 생명체들에게서는 몸이야말로 일정한 환경 구속적인 형태로 살아 숨 쉬는 중심이기 때문이다. 나아가 횡단하는 신체와, 몸의 결합과 해체, 연결망의 구조는 오늘날 인류세가 처한 생태적 위기 시대에 두드러지게 나타나는 징후와 증상을 포착하는 뚜렷한 이점이 있기 때문이기도 하다.

이 책 여러 부분에서 자세히 다루고 있지만, 요즘 일상생활에서도 '바디버든body burden'이라는 말도 종종 거론되고 있다. 바디버든이란, 일정 기간 몸속에 쌓인 유해물질들을 가리키는 말이다. 최근 한국에서 가습기 살균제나 라돈 침대 사건으로 유독 화학물질이 커다란 사회 문제가 된 적이 있다. 또 미세플라스틱이나 초미세먼지 등과 같은 문제도 결국 바디버든의 문제라고 할 수도 있다. 오늘날 우리 몸은 공기, 마시는 물이나 먹는 음식, 우리가 사용하는 각종 식기나 세제, 심지어 커피를 담아 마시곤 하는 텀블러에서조차 납성분이 검출되는 등 온갖 유해한 화학물질에 노출되어 있다. 극단적으로는 가습기 살균제 사건처럼, 눈에 보이지도 않는 미세한 화학물질들이 생명을 앗아가거나 치명적인 기형아 출산을 초래하기도 한다. 또 미세먼지는 각종 호흡기 질환을 일으키는 원인이 되기도 한다는 것은 이젠 누구나 다 알고 있다. 그러나 이런 문제들만을 심각하게 고민하거나 걱정한다면 이 역시 인간중심적인 사고, 우리 인간 몸의 안녕만을 고려하는 편협한 시각일 수도 있다.

인류세는 단지 인간만의 위기가 아니라, 다른 모든 생명체 역시 위기에 처한 시대이다. 나아가 지구 시스템 자체가 인간종의 과도한 개발과 이용, 착취로 인해 심각한 위기로 나아가고 있는 시대이다. 지구 온난화만 해도 그렇다. 우리는 매년 여름과 겨울마다 온난화의 특징인 급격한 기후 변동을 겪고 있다. 많은 기후 전문가들은 지금과 같은 경향이라면 자칫 21세기가 다 가기도 전에 지구 평균 온도가 2도 이상 올라가는 사태가 도래하지 않을까 우려하고 있다. 그런 사태가 온다면, 지구 생태계는 급격한 변화를 겪게 되면서 가뭄과 홍수, 해수면 상승으로 인한 도시 파괴, 식량난, 전쟁과 수천만 명의 기후난민 발생 등으로 커다란 혼란을 겪게 될 것이며, 자칫 현대 문명의 파괴적인 위기를 초래할 수도 있다. 그뿐 아니라 수많은 동물의 멸종 위기도 간과할 수 없다.

그러나 원인을 정확하게 이해하고 인식한다면, 해결책도 찾을 수 있다. 우리는 이 책을 통해 인류세를 지혜롭고 현명하게 대처해 나갈 윤리학적 대안을 조심스럽게 모색해 보고자 한다.

우리는 세계 내적 존재인 인간이 세계, 자연과 맺는 관계, 특히 몸과 살의 차원에서 맺는 관계들에 주목하여 인류세와 횡단하는 신체성과 같은 이론적인 문제부터 육식과 바디버든, 강과 산 같은 비인간 존재들의 인격성과 지구법의 문제를 다루고, 인간중심주의를 넘어 인류세를 살아가는 실천적인 새로운 윤리학을 모색하고자 하는 것이다. 한마디로 우리의 몸이 지구 생태계와 그 안에서 살아가는 모든 몸된 존재와 더불어 살아가는 방식을 탐구한다.

이를 위해 우리는 이 시대를 함께 살아가는 평범한 시민들 모두가 이런 문제에 관심을 환기할 수 있도록, 인문교양서에 걸맞은 흥미와 가독성을 높이고자 노력하였다. 또한 관심 분야가 각기 다른 여러 선생님이 함께 책에 참여함으로써 이 책에 인류세와 그 징후들을 바라보는 보다 다양한 관점과 입장을 반영할 수 있었다.

이 책은 모두 열 개의 장으로 이루어져 있다. 크게 보면 1장부터 3장까지의 전반부는 21세기 인류가 직면하고 있는 인류세의 원인과 본질을 규명하고, 특히 인류세의 중심 문제인 지구온난화 현상을 이산화탄소 순환을 통해 살펴보는 동시에 그러한 문제들을 횡단하는 신체 개념을 중심으로 다르게 바라볼 수 있는 관점을 제시하는 데 초점이 맞추어져 있다. 중반부인 4장부터 7장에서는 현대인의 일상생활과 밀접하게 연관된 육식과 축산업 문제, 바디버든, 그리고 플라스틱 문제를 통해 이 책에서 다루는 문제들이 바로 우리 자신의 몸과 삶, 건강 등과 어떻게 구체적으로 연결되어 있는지를 흥미진진하게 풀어내고 있다. 나아가 최근 관심을 끌고 있는 배양육에 관한 논의는 지금까지 그 문제를 바라보던 보통의 상식에 도전하는 새로운 관점과 지평을 열어주면서 다른 각도에서 논의를 이끌 필요성을 보여줄 것이다.

후반부인 8장부터 10장에서는 단순히 문제 규명을 넘어 내 몸과 지구를 함께 살릴 수 있는 생태 윤리학적 관점과 방향을 제시하고자 노력하고 있다. 지금까지 소외되고 무시되어 왔던 강이나 숲 같은 비인간 존재들도 인격성을 가질 수 있고 존엄성을 부여받는 가능성을 최근 활발히 논의되고 있는 지구법의 관점에서 조명해 본다. 특히 여성주의적 관점에서 자연과 여성을 다시 쓰려는 시도나, 도나 해러웨이의 〈반려종 선언〉을 모티브로 시도하는 포스트휴머니즘적인 생태윤리는 자연과 여성, 동물 등을 포함하여 이 아름답고 푸른 생명의 행성 지구에서 우리가 어떻게 더불어 살아갈 수 있을지에 관한 가장 도발적이고 새로운 시각을 열어줄 것이다.

건국대 몸문화연구소는 지난 십여 년의 세월 동안 근대사회와 이념이 초래한 갈등과 위기들을 철학과 문화, 규범과 과학, 나아가 일상생활의 문제들에 이르기까지 깊이 포착하고, 그것을 어떤 미래지향적 사유와 성찰로 극복할 수 있는지를 모색해 왔다. 특히 최근에는 비판적 포스트휴머니즘의 관점에서 근대 휴머니즘의 한계를 극복하는 데 관심을 가져왔고, 그러한 연구 활동이 연구로만 그치는 것이 아니라 사회와 대중과 소통하고 접합될 수 있도록 노력해 왔다. 포스트휴머니즘 총서라는 이름으로 교양서를 출간한 이유도 그런 맥락이라 할 수 있다. 이번에 마침내 제3권도 세상에 내놓게 되었다.

짧은 시간 안에 이렇게 세 권의 총서가 나올 수 있기까지 총서에 참여한 모든 연구자들의 각별한 노력과 정성이 필요했다. 모든 필자에게 감사와 경의를 표하고 싶다. 그리고 어려운 출판 환경에도 불구하고 흔쾌히 포스트휴먼 총서 기획에 참여해 주신 필로소픽 출판사에도 특별한 감사의 말씀을 드린다. 각기 성격과 개성이 다른 개별원고들을 빈틈없이 꼼꼼하게 편집하여 이렇게 아름다운 한 권의 책으로 만들어 주신 편집자 백수연 님께도 이 자리를 빌어 새삼 미안하고 고맙다는 인사를 드린다.

마지막으로 이 책이 나올수 있게 물심양면으로 지원을 아끼지 않았던 건국대 인류세 인문학단에도 감사를 드린다.

1장

21세기 인류세의 도래가
우리에게 의미하는 것

_김종갑

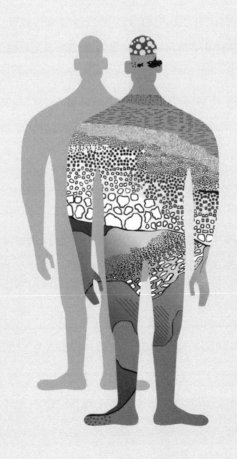

•쓸데없이 근심과 걱정이 많은 사람들이 있다. 다른 사람들은 천하태평인데 혼자서 불안에 떨며 안절부절못하는 것이다. 기우杞憂는 이러한 이유 없는 걱정을 가리키는 고사성어이다. 옛날 중국 기나라에 "하늘이 무너지면 어디로 피해야 좋을까?" 하고 걱정하던 사람에게서 유래하였다. "하늘이 무너지다니!" 이렇게 황당한 생각이 있을까? 어떤 일이 있어도 하늘은 무너지지 않는다. 산과 하늘, 강은 언제나 원래 모습 그대로 변함이 없다. 자연自然은 '그냥 그대로 태연하게 있음'을 의미한다. 그리스어로 자연physis도 같은 의미를 가지고 있다. 그렇게 변함없는 자연 덕분에 우리는 동서남북을 가릴 수가 있고 시간을 헤아릴 수도 있다. 나는 움직이지만 산은 변함없이 자신의 자리를 지키고 있다. 고려 말의 길재도 "산천은 의구한데 인걸은 간데없다"라고 읊지 않았던가. 나라가 망하면 억장이 무너질 수가 있다. 그렇지만 태산은 무너지지 않는다. 하늘은 더 말할 나위가 없다.

그러나 현대의 우리는 자연이 언제나 제자리를 지키고 있다고 믿지 않는다. 멀쩡하던 산을 다이너마이트로 폭파하고 그 자리에 아파트가 들어서고 있기 때문이다. 한두 해 떠나 있다가 고향에 돌아왔는데 앞산은 없고 빌라만 서 있을 수 있다. 산업혁명 이후로 자연이 점차 타연他然으로 바뀌기 시작했다. 자연의 반대는 인위 혹은 작위이다. 인위는 자기 능력을 믿고서 자연의 순리에 반해 밀어붙이는 행동을 말한다. 이 점에서 우리는 순리가 사라지고 인위와 역리逆理가 지구의 새로운 질서가 된 세상에 살고 있다. 우리는 산의 가슴을 파헤쳐서 석탄과 광석을 채취하고 산의 심장을 도려내서 터널을 만들었다. 그렇게 자연은 타연이 되었다.

극히 최근까지도 우리는 태산은 변해도 지구와 하늘은 언제나 그 모습 그대로 그 자리에 있다는 든든한 믿음이 있었다. 지금도 그러한 믿음이 여전히 유효할까? 프랑스의 저명한 과학철학자이자 사회학자인 브뤼노 라투르Bruno Latour는 〈인류세 시대의 행위자Agency at the Time of the Anthropocene〉에서 "지구가 움직이기 시작했다"고 말했다. 가만히 있어야 할 지구가 갑자기 잠에서 깨어나 기지개를 켜며 움직이기 시작했다는 것이다. 그가 이렇게 말하는 이유를 짐작하기는 어렵지 않다. 기후온난화와 북극 빙산의 해빙, 해수면의 증가, 오존층의 파괴를 생각하는 것만으로 충분하다. 지구와 하늘이 무너질지 모른다는 기우는 이제 공연한 걱정이 아니라 현실적인 고민이되었다. 이제 인류는 하늘이 정말로 무너질지 모른다는 불안감을 가지고 하루하루를 산다.

이와 같이 인간에 의해 지구 시스템에 발생한 균열을 가리키는 지질학적 개념이 인류세이다. 인류세 이전에 지구의 지질학적 연대는 홀로세│Holocene (후빙기, 완신세)였다. 그것은 빙하기가 끝나고 1만 년 전부터 현재의 기후로 조정된 지구의 상태를 의미했다. 그런데 인간의 지나친 에너지 낭비로 인해 온난화가 가속되면서 지구는 홀로세적 평형에서 벗어나 환경재난을 향해 질주하고 있다고 한다. 지구와 생태계가 회복이 불가능할 정도로 파괴되었기 때문이다. 그 결과 자칫하면 대부분 지구의 생명체가 전멸할 수도 있다는 우려가 제기되고 있다. 무엇보다도 불안한 것은 급격한 기후의 변화, 이에 따른 해수면의 상승, 불규칙한 기후, 오존층의 파괴 등이다.

지구의 위기에 대한 과학자들의 경고는 피부에 와닿지 않는다. 우리 이야기가 아니라 먼 나라의 이야기, 남의 이야기 같다. 스릴 만점인 SF 영화에나 있을 법한 이야기로 들린다. 이 거대한 지구 시스템과 생태계, 기후의 변화를 완벽하게 이해하는 것은 불가능하다. 전문가들도 각자 진단과 처방이 달라서 큰 도움이 되지 않는다. 많이 알면 알수록 더욱더 지구의 실체가 불투명해지는 듯이 보인다. 그래서 모르는 게 약이라는 말이 생겨났는지도 모른다. 어쩌면 기나라 사람처럼 밤잠을 설치는 대신에 모르고 지내는 것이 행복하지 않을까? 필자는 이러한 질문에 대답하기 위해서 이 글을 쓰게 되었다. 도대체 우리는 인류세를 어떻게 이해해야 할 것인가? 우리는 지금까지 세계를, 지구와 자연을 배경으로 인간을 주인공에 두면서 문명을 이루고 역사를 만드는 인간 역사의 관점에서 이해하였다. 그런데 인류세와 더불어 그러한 과거의 역사적 서사로는 충분하지 않게 되었다. 지구가 인간의 삶과 행동의 무대에 주역으로 등장하게 되었기 때문이다. 이러한 이유로 우리는 지금까지의 우주관과 세계관을 송두리째 바꿔야만 하는 전환점에 서게 되었다. 인류세는 단순한 앎이나 이론이 아니라 새로운 삶을 모색하는 실천으로서 중요성을 갖는다. 지구 위기의 본질이 에너지의 지나친 낭비와 자원고갈에 있다면 우리가 지금까지 살아왔던 지나치게 소비적이었던 삶에서 근본적인 전환을 이루지 않으면 안 되는 것이다.

인류세란 도대체 무엇인가?

• 인류세를 이해하기 위해서는 이것이 역사학자의 용어가 아니라 지질학자의 용어라는 사실에서 출발하지 않으면 안 된다. 우리가 배웠던 인류의 역사를 생각해 보라. 인류가 한곳에 정착해서 살기 시작한 것은 지금으로부터 약 1만 년 전, 기원전 8000년이다. 그리고 메소포타미아문명, 이집트문명, 로마제국, 계몽시대, 산업혁명 등이 우리가 알고 있는 인류 역사의 발자국이다. 그러나 지질학이 시간을 재는 단위는 역사학자와 규모가 다르다. 지질학은 지층의 변화를 가지고 시간의 변화를 기록하기 때문이다. 억 만년 단위, 천 만년 단위, 가장 가장 작은 단위가 만 년 단위이다. 이러한 지질학적 관점에 의하면 신생대의 제4기에 현생 인류가 지구상에 출현하였다. 그리고 거대한 포유류가 번성하고 멸종했던 플라이스토세가 끝나고 1만 년 전에 현세인 홀로세Holocene가 시작되었다. 빙하기가 끝나고 현재의 기후와 온도로 조정된 1만 년 전부터 현재까지의 지질시대가 현세이다. 우리가 당연하게 생각하는 인간의 생존환경과 생태환경은 기껏해야 1만 년 전에 이루어진 것이다. 달리 말해서 지구가 전혀

다른 모습으로 바뀔 수도 있다는 말이 된다.

2002년에 지질학자 파울 크뤼천Paul Crutzen이 《네이처Nature》지에 〈인간의 지질학Geology of mankind〉이라는 글을 게재하였다.[1] 2년 전인 2000년에도 동료학자와 공동으로 〈인류세The Anthropocene〉라는 논문을 발표했었다.[2] 1933년에 네덜란드에서 태어난 그는 이 글을 발표하기 훨씬 이전부터 세계적인 명성을 떨친 과학자였다. 1995년에 그가 화학 분야에서 받은 노벨상은, 그렇지 않아도 화려한 그의 이력에 또 하나의 명예를 얹어 주었다. 말하자면 그의 글은 세계가 무시할 수 없는 권위를 가지고 있었다.

지난 3세기 동안 인간은 지구 환경에 커다란 영향력을 행사했다. 시간이 지날수록 더욱 규모가 커지고 있다. 이와 같은 인류세적인 이산화탄소의 배출로 인해서 지구의 기후는, 미래에도 자연스럽게 유지되어야 할 지구 환경을 획기적으로 바꿔놓을지 모른다. 이 점을 생각할 때 현시대를 인류세라고 명명하는 것도 합리적으로 보인다. 이것은 과거 1만 년에서 1만 2천 년 동안 지속되었던 온난한 신세the Holocene를 대체하는, 인간이 지배하는 지질학적 시대를 의미한다. 인류세는 18세기 후반에 시작된 듯이 보인다. 북극의 빙산 속에 담겨 있는 공기를 분석해 보면 이산화탄소와 메탄의 양이 전 지구적으로 증가하고 있다는 것을 알 수 있

---

[1] Paul Crutzen, "Geology of mankind", *Nature* vol. 415, 2002, p. 23.

[2] Paul Crutzen & E. F. Stoermer, "Anthropocene", *Global Change Newsletter* no. 41, 2000, pp. 17~18.

다. 이 시기는 제임스 와트가 증기기관을 발명했던 1784년과 시기적으로도 일치한다.

그의 주장은 다음과 같이 요약될 수 있다. ① 과거에 지구의 기온이 너무 낮아서 남북극의 빙하가 증가하고 있었던 빙하기는 1만 2천 년을 전후해서 온난한 기후로 바뀌게 되었다. 빙하기가 끝나고 신세가 시작되었다는 것이다. 신세라는 용어는 19세기 후반에 지질학자들이 만든 것이다. ② 그러한 완신세가 산업혁명 이후 인류가 방출한 이산화탄소와 메탄의 과도한 증가로 인해 현저한 변화를 겪었다. 이제 지구는 과거의 지구가 아니다. 이와 같이 새롭게 지질학적으로 변형된 지구의 모습이 인류세이다. 물론 그러한 변형의 결과는 부정적이다. 그렇지 않아도 망가지기 쉬웠던 지구가 이젠 미래를 장담할 수 없는 병든 지구가 된 것이다. 우리는 미래 후손을 위해서 이 병든 지구의 건강을 회복하지 않으면 안 된다.

그러나 모든 학자가 파울 크뤼천의 주장에 동의했던 것은 아니었다. 그가 학회에서 처음에 이러한 제안을 했을 때 충격을 받았던 동료 학자들도 많았다고 한다. 특히 인류세라는 새로운 지질학적 용어를 사용해야 할 정도의 대규모적 지각변동이 지구에 있었다는 그의 주장에 반대가 많았다. 엄밀하게 과학적으로 규명되지 않은 개인적 의견, 잠깐 반짝이다가 사라지는 유행에 지나지 않는다는 반박도 있다. 그런 유행에 편승하지 않도록 주의해야 한다는 경고도 있었다.[3] 그렇

---

3 Whitney Autin and John Holbrook, "Is the anthropocene an issue of stratigraphy or pop culture?", *GSA Today,* vol. 22 no. 7, 2012, pp. 60~61.

지만 현재 2019년의 시점에서는 인류세라는 용어가 학문적으로도 어느 정도 정착되고 있다고 볼 수 있다.

인류세를 인정하는 학자들 사이에서도 그 시작의 시기에 대해서는 의견이 일치하지 않았다. 인류세의 시작을 산업혁명으로 인한 이산화탄소 배출의 급격한 증가를 시점으로 잡았던 크뤼천과 달리 인류의 문명이 시작된 농경시대로 거슬러 올라가야 한다고 주장하는 학자들도 있었다. 엄밀한 의미에서 인류세가 아직 도래하지 않았다는 주장도 있다. 이러한 이견들을 조율하기 위해서, 영미권의 유명 지질학자들로 결성된 인류세 연구그룹AWG, Anthropocene Working Group은 다음과 같은 이유를 들어서 1950년을 인류세의 시점으로 공표하였다. 핵실험으로 인한 방사선 물질, 플라스틱, 닭 뼈가 그것이다. 1945년은 '맨해튼 프로젝트'를 통해 인류는 사상 처음으로 핵실험을 했던 해이다. 이때 연구 책임자인 존 오펜하이머 박사의 "나는 지구의 가장 큰 파괴자가 됐다"는 말은 지금도 인구에 자주 회자되고 있다. 이와 더불어서 1950년은 산업화가 가속화되는 시점이다. 심각한 대기오염과 이산화탄소의 급증, 플라스틱의 대량생산이 시작됐다는 것이다. 여기에서 흥미로운 것이 닭 뼈이다. AWG의 대표격인 얀 잘라시에비치 영국 레스터대학교 교수는 먼 훗날 현재의 지층에서는 닭 뼈 화석이 무더기로 발견될 것이라고 말했다. "세계 수천 곳의 쓰레기 매립지와 길모퉁이에서는 닭 뼈가 화석으로 바뀌고 있다"는 것이다. 현재 연간 600억 마리의 닭이 소비되고 있다는 점을 생각하면 AWG 진단의 정당성을 인정할 수가 있겠다.

인간이 지구에 지울 수 없는 상처를 남겼다는 사실을 인정하지만,

인류세라는 용어를 다른 용어로 대체하자고 주장하는 학자도 있다. 《통섭Consiliece》의 저자로 유명한 에드워드 윌슨은, 현재 인류가 당면한 지구 생태계의 위기를 인류세로 규정하는 것에 불만이 많다. 그는 대안으로 에레모세Eremocene를 제시하였다. 에레모세는, 이 지구에서 다른 생명 없이 인간이라는 종만이 홀로 살아가는 고독한 시대라는 의미를 가지고 있다.[4] 현재 지구상에 생존하는 동물의 몸무게로 계산했을 때 전체의 30%가 인간, 67%가 가축, 고작 3%만이 야생동물이다.[5] 불과 2세기 전만 하더라도 인간은 호랑이가 무서워서 지리산이나 백두산에 감히 오를 생각을 하지 못했다는 사실을 생각하면 윌슨의 주장에 공감이 간다.

반면에 도나 해러웨이와 같은 여성주의 철학자는 인류세라는 용어 자체가 가지고 있는 인간중심주의에 이의를 제기한다. 지구가 인간의 작품이라는 의미의 인류세는 인간이 가진 힘과 능력을 터무니없이 과대평가한다는 것이다. 그녀에게 인류는 지구의 지배자나 통치자가 아니라 지구의 생태계에 의존하면서 흙에 뿌리를 내리고 살아가는 유약한 존재에 지나지 않는다. 그렇게 자연의 일부에 지나지 않는 인간종이 어리석게도 자기 삶의 터전을 훼손하고 있다. 이 점에서 그녀는 과거에 신화적으로 지구와 연관되었던 가이아Gaia, 메두사Medusa 등과 같이 다양한 이름을 통칭하는 의미에서 쑬루세Chthulucene를 제안하였다.[6]

---

[4] 에드워드 윌슨, 《인간 존재의 의미》, 이한음 옮김, 사이언스 북스, 2016, pp. 139~40.

[5] Clive Hamilton, *Defiant Earth*, New York: Polity, 2017, p. 42.

[6] Chthulucene의 'Chthulu'는 러브크래프트(H. P. Lovecraft)가 〈커쑬루의 부름(The Call of Cthulhu)〉(1928)이라는 단편에서 처음으로 사용했던 용어로, 문어와 용, 인

이외에도 유럽의 역할을 강조하는 유럽세Eurocene라는 용어도 있다. 인류세라는 용어가 유럽이 져야 할 책임을 다른 아프리카나 아시아에게도 떠 넘기는 면죄부 역할을 한다는 비판에서 나온 것이다. 정치경제적인 측면에 관심을 가진 학자들은 빈부차이, 대량생산, 소비사회 등을 초래한 자본주의를 위기의 진원으로 지목하면서 자본세Capitalocene를 주장하였다.[7]

인류세에 대한 논의는 자연스럽게 지구, 혹은 인류의 종말에 대한 불안을 야기한다. 과거에 운석 충돌이나 기후의 급변과 같은 대규모 지각변동이 발생하면 수많은 동식물들이 멸종했다. 공룡의 멸종을 비롯해서 지구에는 5번의 멸종이 있었는데, 최근에 엘리자베스 콜버트는 〈여섯 번째 대멸종〉에서 지금 현재의 지구는 이미 6번째의 대멸종의 단계에 진입했다고 주장했다. 이미 1994년에 존 포스터John Foster는 《망가지기 쉬운 지구The Vulnerable Planet》에서 생태계 회복이 가능한 최후의 시점을 40년으로 잡았다.[8] 권위 있는 자료에 근거한 예측이었다. 그렇다면 2019년 현재의 시점에서 15년이라는 시간이

간이 혼합된 듯한 형상의 거대한 신적 존재이다. 이 용어의 어원은, '지하(地下)의 신'을 뜻하는 고대 그리스어 크톤(Chthon)이다. 그리스 신화에서 포세이돈이 바다의 신이라면 하데스(Hades)와 페르세포네(Persephone)는 지하를 다스리는 신이다. 당시에 크톤을 숭배하는 집단도 있었다. 해러웨이는 지구와 관계가 있는 모든 신화의 신들을 총칭하기 위해 이 용어를 사용했다. 이 용어는 인간과 동식물은 물론이고 지구상의 모든 존재를 망라하는 탈인본주의적 개념이다. 위키피디아에 따르면 Cthulhu의 발음은 [kə'θuːluː]이지만 이 책에서는 해러웨이의 발음에 따라 표기한다.

7 정치적인 이유로 인류세를 경계하는 학자들도 있다. 슬로베니아 철학자 지젝이 이러한 학자의 대표적인 예이다. 빈부의 차이나 인종적 갈등, 젠더 갈등과 같이 절박한 문제들이 많은데 인류세는 그러한 문제의 중요성을 희석하는 역할을 한다는 것이다. 인류세의 충격이 너무나 강렬해서 다른 현안들은 눈에 들어오지 않고 그 결과 인류세는 사회경제의 변화와 개혁을 가로막는 보수적 효과를 가져 온다는 것이다.

8 존 포스터, 《생태혁명》, 박종일 옮김, 인간사랑, 2010, p. 75에서 재인용.

남아 있다. 15년은 지나치게 낙관적인 전망이고 이미 티핑포인트tip-ping point를 지났다는 주장도 적지 않다. 필자와 친분이 있는 과학자는 인류의 멸종을 기정사실이라고 말했다.

필자는 지구의 미래를 정확하게 예측하는 것은 불가능하다고 본다. 과학자들마다 내놓은 예측과 전망이 서로 다른 이유이기도 하다. 이러한 이유로 인류의 종말은 사이비종교의 종말론을 연상시키기도 한다. '아니면 말고' 식의 선정적 보도 기사도 흔치 않다. 필자가 우려하는 것은, 이와 같이 다양한 예측이 인류세의 심각성을 희석할 수 있는 가능성이다. 미국의 트럼프 대통령은 기후변화 위기에 대해 객관적인 증거가 부족하다는 이유로 일소에 붙이지 않았던가. 우리는 인류세를 엄밀한 과학적 증거의 관점이 아니라 앞으로 어떻게 살아야 하는가 하는 윤리적 실천적 관점에서 바라봐야 한다. 인류세를 과학적 증거의 문제로 돌리는 것은 핑계이자 변명에 지나지 않는다. 이 문제는 칸트의 정언명제가 아니라 가언명제와 비슷하다. '만약 미래에 이러저러한 일이 일어난다면 지금 나는 무엇을 해야 하는가?' 이렇게 질문해야 하는 것이다. 이 질문은 윤리적인 선택과 결단을 요구한다. 우리는 가령 트럼프처럼 지구의 위기가 허구라고 말할 수가 있다. 트럼프만이 그러한 선택을 했던 것은 아니었다. 과거에 온실가스 배출을 제한하는 교토의정서에 미국의 조지 부시 대통령도 서명을 거부하였던 전례가 있다. 나는 미국의 전직 대통령 조지 부시와 현 대통령 트럼프가 기후변화와 생태계의 위기에도 둔감할 만큼 무지하다고 생각하지는 않는다. 그들은 지구의 위기를 무시하는 선택을 했던 것이다.

세상에서 가장 많은 온실가스와 쓰레기를 배출하는 나라가 미국이다. 에너지를 가장 많이 소비하는 나라도 미국이다. 비만 인구가 가장 많은 나라도 미국이다. 절제를 미국에 기대할 수 없는 것이다. 트럼프 대통령과 미국은 현재의 삶의 스타일과 소비패턴을 계속 유지하기로 선택을 내렸다. 필자는 이러한 미국적 선택의 배경에는 인간중심주의와 인간특권주의가 자리를 잡고 있다고 생각한다. 인간은 만물의 영장으로서 앞으로도 계속해서 지구를 지배할 것이라는 무의식적인 신념을 가지고 있는 것이다. 이러한 신념의 소유자는 인간이 동식물과 마찬가지로 지구의 일부에 지나지 않는다는 것, 위대한 인류가 지구에서 멸종하리라는 것을 상상조차 하지 못 한다.

지구와 생태계의 위기는 인간중심주의와 무관하지 않다. 인간이 자연인가 아닌가? 인간이 만물의 영장인가 아닌가? 인간이 지구를 지배할 수 있는가 없는가? 동물은 인간에게 먹히기 위해서 존재하는가 아닌가? 이와 같은 질문은 존재론적이거나 인식론적인 질문이 아니다. 과학적인 질문이 아님은 두말할 나위가 없다. 실험실의 실험으로 증명될 수 있는 문제가 아니다. 증명만 불가능한 것이 아니다. 이론적 논증도 불가능하다. 칸트는 이와 같이 증명이나 논증이 불가능한 문제를 형이상학의 영역으로 돌렸다. 그러나 이것은 형이상학이라기보다는 윤리적인 질문이다. 이에 대한 대답은 우리의 선택과 행동에 있기 때문이다. 그리고 나의 선택과 행동에 따라서 처음에 제기되었던 문제의 성격과 본질이 바뀌기 때문이다. "열사람 한 명 바보 만들기 쉽다"는 속담을 생각하면 된다. 바보는 있는 것이 아니다. 내가 만드는 것이다. 나의 선택에 따라서 지구는 생태계의 위기로 마지막 숨을 내쉴 수도 있고, 건강을 회복할 수도 있다. 이제 생태윤리에 대해서 이야기를 해야 할 때가 되었다.

인간중심주의, 무엇이 문제일까?

• 인간은 동물보다 우월한 존재인가? 인간은 자연을 어떻게 대해야 하는가? 대부분 서양의 근대 철학자들은 인간이 동물보다 우월하다는 주장에 이의를 제기하지 않는다. 그들이 보기에 동물이 본능에 따라 행동한다면 인간은 행동에 앞서 미리 생각하는 동물이다. 네 발로 걷는 동물은 땅을 보고 걷지만 직립보행하는 인간은 하늘을 보면서 걷는다. 인간과 동물의 차이는 하늘과 땅의 차이처럼 절대적이다. 이것이 서양의 근대적 세계관이다.

그러나 서양에서도 중세까지는 인간이 동물과 완벽하게 다른 존재라고 생각하지 않았다. 동물과 마찬가지로 인간도 자연의 품에 안겨서 땅에 뿌리를 내리고 살아가는 존재였다. 인간도 동물과 마찬가지로 식욕과 성욕을 가지고 있으며 화내고 흥분하기 쉬운 존재였다. 그리고 인간이 소우주라면 자연은 대우주였다. 인간의 몸에는 우주의 구조와 원리가 담겨 있고 또 우주에는 인간의 모습이 반영되어 있다고 생각하였다. 하늘을 보면 인간을 알 수 있고 인간을 보면 하늘을 알 수 있다는 것이다. 이러한 우주관으로 인해서 점성술도 가능했다. 자연과 인간이 서로 상응하는 문학적 표현도 가능했다. 예를 들어, 사람이 죽으면 하늘에서 별똥이 떨어지고 하늘도 슬퍼서 비가 내린다. 이와 같이 인간과 자연과 서로 분리되지 않은 유대를 가지고 있었다.

이와 같이 전근대의 특징이었던 자연과 인간의 밀접한 유대는 근대로 접어들면서 깨지기 시작한다. 단적인 사례로 점성술이나 연금술은 혹세무민하는 미신으로 간주되었으며, 기독교의 창조설은 비합리적이라는 의견들이 제기되기 시작하였다. 우주는 신의 섭리에 따라서가 아닌 자연의 법칙에 따라 기계적으로 움직인다는 것이다. 이와 더불어서 인간이 기계를 만들고 조작할 수 있는 지적 능력의 소유자라는 사실이 강조되었다. 이러한 변화를 대변하는 것이 '아는 것이 힘이다'라는 베이컨Francis Bacon의 명제이다. 아는 것이 덕이라고 말했던 소크라테스의 시대와 얼마나 커다란 차이가 있는가. 후자는 '아는 대로 행동해야 한다'는 윤리적 의미를 가지고 있다. 그러나 전자에게 지식은 사물을 원하는 대로 조작할 수 있는 힘과 권력이다. 베이컨에 의하면 자연은 인간이 자신의 욕망을 충족하기 위해서 이용할 수 있는 자원과 도구에 지나지 않는다. 이것은 그의 저서 《세계의 영혼The Soul of the World》의 8장 제목 "유용성의 이름으로: 자연의 착취와 쾌락의 감소"만 봐도 잘 알 수 있다. 이 대목에서 그가 근대 실험과학의 아버지로 불린다는 사실을 생각해 보자. 그는 자연을 지식의 대상이자 실험의 대상으로 보았다. 이때 실험은 지식을 확보하는 최선의 지름길이다. 이러한 실험의 중요성을 강조하기 위해서 그는 실험을 고문에 의한 피의자의 범죄 고백에 비유하였다. "인간의 손과 기술로 고문을 해서라도 자연이 본성을 토로하도록 해야 한다. 자연을 쥐어 짜서 원하는 모습으로 만들어라." 자연을 지켜보기만 하면 그것이 무엇인지 알 수 없다. 가만히 놔두면 자연은 입을 열지 않는다. 실험실에서 '쥐어짜야만' 입을 여는 것이 자연이라는 것이다. 이러한 실험실의 쥐어짜기를 통해서 베이컨이 원하는 것의 정체가 무엇인지 파악하기는 어렵지 않다. 한편으로 그는 중력법칙과 같이 자연을 지배하는 법칙을 발견하고 싶어 한다. 그것으로 끝나는 것은 아니다. 그러한 지식의 채찍으로 자연이 잘 길들여진 노예처럼 자신의 명령과 욕망에 복종하기를 바란다. 우리는 이러한 과학자와 자연의 관계에서 가부장제적 남녀 관계를 떠올릴 수 있다. 남자가 갖은 수단을 다해서라도 고집 센 말괄량이를 순종적인 여성으로 길들이려는 것이다.[9]

베이컨보다 한 세대 늦게 태어난 데카르트는 인간이 자연을 자원으로 마음껏 이용할 수 있다는 것을 이원론의 철학으로 정당화하였다. 물론 데카르트 이전에도 플라톤이나 아리스토텔레스와 같은 전근대 철학자들도 인간과 동물의 차이를 나름대로 규명하려 시도하였다. 그들에게 대부분의 동물은 먹고 마시는 본능만을 가지고 있고 인간은 거기에 감정과 생각까지 가지고 있다. 데카르트는 이러한 인간과 자연의 차이를 더할 나위 없이 분명하고 명백한 이원론으로 정식화하였다. 그에게 그러한 차이는 질적인 것이 아니라 양적인 것, 생각과 육체의 차이, 영혼과 기계의 차이였다. 기계란 무엇인가. 그것은 기계적 법칙에 의해서 만들어진, 그래서 기계적으로 완벽하게 설명할 수 있는 인공적 장치이다. 우리는 시계를 분해해서 재조립하고 그 작동 원리도 설명할 수 있다. 말하자면 기계에는 신비나 영혼이 없다. 결정적인 것은 데카르트가 모든 물질을 그러한 기계로 보았다는 사실이다. 물질의 본질은 시간과 공간을 차지하고 있다는 점에 있다. 그렇다면 동물도 돌이나 쇠와 같은 물질의 한 종류라는 말이 된다. 눈으

---

[9] Carolyn Merchant, *The Death of Nature: Women, Ecology, and the Scientific Revolution*, San Francisco: HarperOne, 1990, p. 141 참조.

로 보고 손으로 만질 수 있는 인간의 육체도 예외가 아니다. 바로 이 대목에서 극적인 전환이 일어난다. 인간의 본질은 육체가 아니라 생각하는 정신이고, 정신은 공간과 시간을 초월한 영역에 있다는 것이다. 그렇다면 그의 이원론은 다음과 같이 정리될 수가 있다. 한편에는 기계적으로 완벽하게 설명할 수 있는 물질이 있다면, 다른 한편에는 그러한 기계적 설명이 불가능한 초월적 정신이 있다. 이때 기계적으로 완벽한 설명될 수 있다는 것은, 기계적으로 제작과 조작이 가능하다는 말이 된다. 인간이 자신의 몸까지도 그렇게 기계적으로 조작할 수 있다면, 한갓 물질에 지나지 않는 자연의 동식물에 대해서는 더 말할 나위가 없다.

이와 같이 베이컨과 데카르트에게 자연의 본질은 기계이다. 그리고 인간은 그러한 기계를 마음껏 제작하고 자신의 편의를 위해 마음껏 이용할 수가 있다. 자연은 인간의 행복을 위해서 존재하는 것이다. 이러한 생각이 자본주의와 결합되면, 자연은 달리 말해 상품이 되기 위해서 존재한다고 할 수 있다. 이때 중요한 것은 과학적 지식이다. 물질이 저절로 상품이 되는 것은 아니다. 과학적 설계도에 물질은 상품이 된다. 과학은 자연을 재설계하고 재구성할 수 있는 위대한 힘이다. 비록 그 위대한 힘이 20세에 지구의 온난화와 생태계의 파괴를 초래하게 되었지만.

자연을 설계하고 재구성할 수 있는 인간의 능력은, 생태학적 사유를 위한 우리의 논의에서 결정적인 중요성을 갖는다. 인간은 생각하고 설계하는 능동적인 정신인 반면 자연은 설계당하고 조작당하는 수동적 물질에 지나지 않는다. 인간이 조각가라면 자연은 암석이며,

인간이 사냥꾼이라면 자연은 사냥감이다. 이때 인간은 정신의 높은 고지에서 물질 자연을 지배하고 지휘하는 자이다. 이렇게 인간이 자연을 지배하는 과정에서 들판은 도시나 논밭으로 바뀌고, 산에 있던 암석은 도시로 옮겨져 저택이 되고, 늑대는 개가 되고, 땅은 아스팔트가 된다. 인간의 손길을 거치면서 자연이 문명화되기 시작하는 것이다. 일단 시작되면 문명화 과정은 멈추지 않는다. 곡물과 과일은 쌀이나 보리, 포도가 되고, 또 쌀과 보리, 포도는 밥이나 떡, 막걸리, 포도주가 된다. 그리고 어느 순간에 새로운 과학기술이 등장하면 자연이 문명화되는 과정은 새로운 국면으로 접어든다. 개로 길들인 늑대는 새롭게 교배된 개로 바뀌고, 이러한 단계를 거치면서 유전공학적으로 복제된 개가 태어난다. 이와 같이 자연은 인간에 의해서 거대한 실험실과 거대한 공장으로 바뀌는 것이다.

　이러한 자연의 문명화 과정이 일방적이라는 것을 짐작하기는 어렵지 않다. 인간은 자연을 바꾼다. 그렇지만 자연은 인간을 바꾸지 못한다. 베이컨과 데카르트의 정의에 따르면 자연은 어디까지나 인간의 정신에 의해 변형되는 물질에 지나지 않는다. 세상을 작업하는 지혜와 지식은 자연이 아니라 인간의 두뇌에 있다. 지혜로운 인간이 물질인 자연에게 복종할 수는 없는 일이다.

휴머니즘의 위대한 영웅과 생태적 비영웅

　　•인간이 미리 세운 계획에 따라서 자연을 정복하고 지배한다는 말은 너무나 당연하고 상식적으로 들린다. 그래서 그것이 가진

의미의 깊이와 강도가 눈에 들어오지 않을 수 있다. 상식적인 것을 꼼꼼하게 살펴보는 사람은 없다. 그러니 앞으로 나가기 전에 여기에서 잠깐 멈춰서 그것의 구체적인 윤곽을 그려볼 필요가 있다. 그것은 우리의 일상과 무관한 철학적 문제라고 생각하면 잘못이다. 우리의 소소한 일상이 그러한 철학을 실천하고 있기 때문이다. 우리가 전투를 지휘하는 장군이라고 가정하기로 하자.

전투에서 승리하기 위해서 우선 무엇을 해야 할까? 카를 폰 클라우제비츠의 《전쟁론》을 공부해야 할까? 손자의 《병법》도 참고할 수 있을 것이다. 나폴레옹이 유럽을 정복했던 전쟁사도 도움이 될 것이다. 이들 책의 내용이 상이함에도 불구하고, 한 가지 공통점이 있다. 작전의 중요성에 대한 강조이다. 근대적 병법의 기본 지식이 있는 장군이라면 출전하기 전에 참모과 작전 회의를 할 것이다. 전쟁에서 승리의 비결은 무엇보다 작전과 병법에 있다. 지략이 뛰어난 장군은 우군에게 불리한 전세와 자연 여건에도 좌절하지 않는다. 오히려 악조건을 환영하기까지 한다. 전쟁은 자신의 실력을 발휘할 수 있는 절호의 기회이다. 조건이 불리하면 불리할수록 전투의 승리는 자신의 위대함을 천하에 각인할 수 있는 계기가 될 것이다. 반전의 스릴러처럼 적의 허를 찌름으로써 자신의 역량과 용기를 증명할 수 있을 것이다. 알렉산더 대왕이나 나폴레옹을 보라. 승리가 불가능한 상황에서 적을 공략함으로써 불멸의 명성을 얻지 않았던가. 아무튼 우리는 좋은 작전을 세우기 위해서 시간을 할애한다. 그리고 그러한 사유의 실험이 끝난 다음에서야 무장을 하고 전투에 나선다. 만약 작전 계획에 없었던 지형지물이 앞을 가로막는다고 하자. 그것이 강이라면 흙으로 메우거나 다리를 만들어서 적을 공격해야 한다. 자연의 지형지물이 지도의 그것과 다르다면 자연을 지도처럼 바꾸면 된다.

그러나 위와는 다른 전투 방법도 생각해 볼 수 있다. 작전 계획을 아예 무시하고 전쟁에 임할 수도 있다. 근대인이 생각하듯이 인간만이 전투에서 지혜를 독점하는 것이 아니라 자연에게서 인간이 한 수 배울 수 있다고 생각해 보자. 미리 세운 계획에 따라서 자연을 지배하고 변형하는 것이 아니라 반대로 자연에 깃든 계획에 따르고, 자연 앞에서 군림하는 것이 아니라 겸손한 자세를 취하는 것이다. 이때 우리는 작전 회의 실험실에서 계획을 세우지 않는다. 그것은 시간 낭비일 수 있다. 중요한 것은, 작전이 아니라 자연이다. 그렇다면 회의실에서 생각할 것이 아니라 직접 전쟁이 일어날 장소로 가야 한다. 그리고 자연의 지형지물과 계절, 산세로부터 자연의 목소리를 들어야 한다. 바람의 강도와 방향, 공기의 습도, 나무의 종류, 토질, 이 모든 것이 의미를 가지고 있다. 자연은 단순한 물질이 아니라 지혜와 의미가 내장되어 있기 때문이다. 그러한 자연의 지혜를 빌리지 않는다면 우리의 지략과 용기가 아무리 뛰어날지라도 전투에서 승리할 수 없다. 인간만이 아니라 자연도 전투에 참여하는 주체이기 때문이다. 아무튼 우리가 전쟁에서 이겼다고 하자. 우리가 승리의 영광을 독차지하는가? 아니다. 그 공로를 자연에게 돌려야 한다. 내가 승리한 것이 아니라 자연이 승리하였기 때문이다.

두 장군이 전쟁에 임하는 방법의 차이는 단지 그들이 자연을 대하는 태도나 전투의 승패 차이로 끝나지 않는다. 근대적 장군은 자신의 이성과 계획을 믿는 자, 자연을 정복하고 지배할 수 있다고 믿는 자이다. 전투를 위해 필요하다면 강을 메우고 숲을 들판으로 만들고, 적에게 유리한 지형지물을 아군에게 유리하도록 바꿔야 한다. 자연은 작전 계획과 일치하도록 변형되어야 하는 것이다. 톱과 도끼, 망치, 삽, 마차, 그것으로 충분치 않으면 다이너마이트를 사용할 수 있다. 이러한 과정에서 나무가 찍혀 넘어지고, 숲에 마차가 달릴 수 있는 길이 만들어지고, 산이 폭파되기 시작한다. 그리고 호랑이나 표범과 같은 야수들은 제거되어야 한다. '돌격 앞으로'를 외치는 병사들 앞에 나타날 수가 있기 때문이다.

근대적 장군은 자신의 강한 의지력과 결단력, 용기를 가지고 자연을 바꾸는 자이다. 전쟁에서 승리하면 그는 일약 신화적인 인물이 된다. 그의 일거수일투족이 경이와 찬탄의 대상이 되고, 죽은 다음에는 그가 숲을 밀어내고 세웠던 도시의 한복판에, 그의 위업을 기리는 동상이 세워지고 그의 업적을 기록한 위인전들이 서가를 장식하게 될 것이다. 그는 야생의 공간과 적의 영토를 정복해서 자기의 제국을 세운 위대한 인물이지 않은가.

16세기 이후로 유럽의 역사는 이런 위대한 인물들의 역사, 즉 실험실에서 자연을 길들였던 과학자들의 역사였다. 갈릴레오의 지동설, 뉴턴의 만유인력, 베살리우스의 해부학, 라브아지에의 질량보존의 법칙, 멘델레예프의 주기율표, 멘델의 유전학, 파스퇴르의 미생물 발견 등 이루 헤아릴 수가 없을 정도이다. 이들은 노력과 집중력은 가히 초인적이었다. 이들은 침식을 잊고 실험에 몰두하며 이론과 원리를 만들어 내고, 그럼으로써 세상을 완전히 바꿔 놓았다. 그들의 위대한 업적은 과거에 야생이었던 자연을 화려한 문명과 문화로 변형시켰다. 그 결과 동식물과 인간이 공존했던 자연은 이제 인간을 위한 자연이 되었다. 인류의 역사를 한시도 떠나지 않았던 굶주림과 기근의 공포에서도 벗어났고 기대수명이 획기적으로 늘어났으며, 안락하고 편안한 삶이 보장되었다. 석유 4.5리터는 한 사람이 8일 동안 일해야만 생산할 수 있는 양의 에너지를 지니고 있다. 이제 인간은 노동으로부터도 자유로워지게 되었다.

베이컨의 꿈이 현실이 된 것이다. 그는 인간은 모름지기 자연을 정복하고 길들여서 노예처럼 부려먹어야 한다고 생각했다. 인간의 의지와 계획에 저항하는 자연은 채찍질하고 고문해서라도 고분고분하게 복종하도록 만들어야 한다고 주장했다. 자연의 지구가 이제 인간의 지구가 된 것이다. 불과 1세기 전만 하더라도 한반도에서 우리는 약초를 캐기 위해서 깊은 산으로 들어갈 수 없었다. 산은 인간의 것이 아니라 호랑이와 표범, 곰의 것이었다. 그러나 지금은 험한 산도 인간의 산, 인간의 등산과 기쁨을 위한 산이 되었다. 이미 20세기 초반에 이미 그러한 야수들이 한반도에서 전멸하고 말았기 때문이다.

과학의 문명화하는 손길이 자연에서 끝났던 것은 아니다. 인간도 문명이 되기 시작했다. 앞서 설명했듯이 데카르트가 이러한 인간의 문명화 과정의 철학적 기초를 제공하였다. 그에게 인간의 육체는 나무나 강아지와 커다란 차이가 없다. 이 모두가 기계적 원리에 따라서 움직이고 작용하기 때문이다. 강아지의 구조와 작용을 파악하기 위해 해부할 수 있다면 인간도 예외가 아니다. 마찬가지로 강아지를 복제하는 것도 인간 복제의 우회로에 지나지 않는다. 어차피 복제양 돌리이건 인간의 몸이건 기계적이라는 점에서는 차이가 없다. 문명화된 근대의 지구에서 기계가 아닌 유일한 실체는 인간의 정신이다. 그리고 인간의 정신은 수동적인 물질에 의해 영향을 받지 않는다.

유일한 길은 삶의 생태적 전환에 있다

• 기후온난화, 오존층 파괴, 이산화탄소 증가, 해수면의 증가와 같이 인류가 직면한 지구의 위기를 해결하기에 시기가 너무나 늦었는지 아닌지를 따지는 것은 의미가 없다. 어차피 그 진위 증명은 불가능하기 때문이다. 그러한 불가능성의 테제는 역설적으로 낙관적인 전망을 정당화하기 위한 기제로 사용될 수도 있다. 트럼프 대통령과 같은 사람들은 지구의 위기를 거짓 담론으로 돌리지 않는가. 앞서 말했듯이 그러한 낙관적 전망이 중립적인 것은 아니다. 그것은 하나의 정치적·경제적 결단이다. 현재까지 유지해 왔던 삶의 방식을 바꾸지 않고 계속해서 유지하겠다는 입장의 표명이다. 이들에게 자연은 인간의 욕망을 충족하는 수단에 지나지 않는다. 그리고 이들은 거칠고 다루기 힘든 자연과 지식으로 싸워서 정복하는 과학자들에게 경의를 표한다. 오랜 시간 동안 헐벗고 굶주렸던 인류에게 풍요와 건강의 선물을 안겨주었기 때문이다. 인간을 만물의 영장으로 만들어주었기 때문이다.

나는 갈릴레이와 뉴턴, 파스퇴르와 같은 과학자들의 위대한 업적을 아무리 강조해도 지나치지 않는다고 생각한다. 마찬가지로 알렉산더 대왕과 나폴레옹과 같은 장군도 지구의 정치적 지형을 바꾼 위대한 전략가였다고 생각한다. 그런데도 나는 그와 같이 위대한 업적을 성취하는 것이 우리가 지향해야 하는 미래라고 생각하지는 않는다. 오히려 노자의 무위자연처럼 아무것도 하지 않는 것이 인류의 미래에 더욱 바람직할 수 있다. 물론 그들이 인류에게 끼친 영향은 긍정적일 수도, 부정적일 수도 있다. 이 질문에 대답하기 전에 우리가 한 가지 사항을 고려해야 한다. 긍정적인지 부정적인지를 묻는 말은 상대적인 질문이다. '누구에 대해서'라는 질문과 떼어놓을 수가 없기 때문이다. 가령 나폴레옹 군의 총칼에 스러진 수많은 병사에게는 그가 영웅이 아니라 악마로 비쳤을 것이다. 자연을 정복해서 인류의 노예로 삼았던 과학자들에 대해서도 그러한 질문을 할 수가 있다. 그들은 인류의 건강과 부에 많은 공헌을 했다는 사실을 부정할 수는 없다. 그렇지만 다음과 같이 물을 수도 있다. 자연과 지구, 동물에게는 어떠했을까?

필자는 근대 과학의 업적이 가능했던 세계관의 의미와 가치에 대해서 질문해야 한다고 생각한다. 앞서 베이컨과 데카르트의 철학을 소개했던 이유도 이 질문과 직결되어 있다. 그들은 자연을 인류와 공존해야 하는 대상이 아니라 지배와 이용의 대상으로 보았다. 물질과 정신이라는 이원론이 그러한 생각의 근저에 깔려 있다. 정신과 달리 자연은 물질에 지나지 않는다는 우주관이 없었다면 근대 실험과학의 위대한 행보가 시작될 수 없었을 것이다. 인간중심적인 우주관이 없었기 때문에 중세 후기까지도 실험과학이나 의학이 발달할 수 없었다. 자연을 인간이라는 목적을 위한 자원이나 수단으로 보지 않았기 때문이었다. 그 결과 자연의 저항에 맞서서 불굴의 의지로 승리하는 위대한 과학자들이 등장할 수가 없었다. 자연을 실험 대상으로 보지 않았기 때문이었다. 자연에서 인간을 발견하고 인간에서 자연을 찾았던 우주관을 가지고 있었기 때문이었다.

이제 두 장군의 에피소드로 돌아가기로 하자. 위대한 전략가 장군과 정반대로 행동했던 장군에 대해 생각해 보기로 하자. 그는 근대적 세계관이 아니라 전근대적 세계관, 서양이 아니라 동양적 세계관을 가진 인물이었다. 그는 자연을 지배와 이용의 대상을 보지 않았다. 그의 세계관은 전쟁에서 이기기 위해서 자연 지형을 바꿀 수 있다는 관념을 허용하지 않았다. 자연도 인간과 마찬가지로 나름의 지혜와 의미를 가진 존재였으며, 자연도 인간과 마찬가지로 말하고 생각하는 주체였다. 단지 차이가 있다면 말하고 생각하는 방식이 다르다는 것이었다. 늑대의 울부짖는 소리는 인간이 이해할 수 없는—그러나 현자는 이해 가능한—늑대의 언어이다. 자연은 타연이 아니라 자연이었다. 늑대를 길들여서 개로 만드는 것은 바람직한 일이 아니었다. 그것은 늑대의 자연을 거스르는 폭력적 행동이었다. 인간의 행복을 위해서 자연의 심장에서 금과 은을 채굴하고 자연의 허리에서 석유를 채취하는 것과 같은 생각은 그의 세계에 있을 수가 없었다. 자연을 이용할 수 있음에도 안 하는 것이 아니라 자연＝자원이라는 인간중심적 관념이 그의 세계에는 뿌리를 내릴 수 없는 생각이었다. 이러한 이유로 그에게 역경과 맞서 싸우며 온갖 장애를 극복하는 근대적 영웅의 행동은 권장할만한 것이 아니었다. 악조건과 싸워서 이기기 위해서는 자연과 병사들의 희생이 필수적이었을 것이다. 장군은 감동적인 웅변과 설득으로 병사들의 사기를 북돋우고 불 속으로도 기꺼이 뛰어들도록 만들어야 했을 것이다. 불리한 전투에서 승리하기 위해서 병사들은 적의 총칼에 쓰러지면서도 후퇴하지 않고 희생을 감수해야 했을 것이다. 그러나 장군에게 그것은 자연에 반하는 것이었다. 자신이 전쟁의 영웅이 되는 것도 자연에 역행하는 것이었다. 때로는 행동하지 않는 것無爲이 영웅적 행동人爲보다 현명하다.

무위의 장군은, 필자가 생각하는 생태적 윤리를 구현하는 인물이다. 그는 자연을 인간처럼, 그리고 인간을 자연처럼 대하는 인물이다. 인간과 자연은 서로 떼어놓을 수 없다. 그리고 자연은 인간이든 동식물이든 자신에게 주어진 모습 그대로 계속해서 존재하고 싶어 하는 성향이 있다. 이 점에서 자연은 능동이나 수동이 아닌 중간태라고 할 수 있다. 영어 "It rains"에서 동사 rain은 능동도 수동도 아니다. 비가 내리도록 명령하는 주체도, 이에 복종하는 대상도 없다. 그냥 비가 내릴 따름이다. '그냥'이 자연이다. 여기에는 위대한 정복이나 발전의 서사, 문명의 거대한 발걸음이 없고, 스토아적인 극기와 영웅적 용기와 같은 자질도 미덕으로 간주되지 않는다. 그것은 조화로운 자연에 난데없이 끼어드는 불협화음이나 폭력에 지나지 않는다.

이러한 무위의 장군을 빌려서 필자가 말하는 것은, 인간과 자연이 대립하는 근대적 세계관에서 벗어나야 한다는 것이다. 문명과 발전, 진보, 풍요와 같은 인간중심주의적 이념에 사로잡힌 근대는 이론을 세우고 이론에 의해서 자연을 지배하려는 욕망의 독무대였다. 이러한 근대적 세계관이 등장하던 초기에는 그러한 자연의 지배가 무엇을 의미하는지 보이지 않았다. 자연과 인간의 분리와 이에 따른 자연의 문명화와 상품화는 자연의 소멸과 파괴를 수반한다는 사실을 깨닫지 못했다. 그리고 인간은 자신이 자연을 일방적으로 지배하고 통제하는 정신이라고 믿었기 때문에 그러한 정신이 자연에 의해서 역으로 영향을 받으리라는 것은 상상할 수 없었다. 인간과 마찬가지로 자연도 존재하려는 성향이 있다는 사실도 상상하지 못했다. 자연을 단순 물질로 간주했기 때문이었다.

결론적으로 지구의 위기는 근대적 상상력의 실패를 의미한다. 나무와 돌에게서 물질밖에 보지 못하였다는 것은 상상력의 실패이다. 나무와 돌이 있고 없음의 차이가 인간에게 미치는 영향력을 느낄 수 있는 섬세한 감성의 실패였다. 자신의 명령하는 목소리와 욕망에 취해서 자연의 목소리를 듣지 못했던 것이다. 근대적 세계관의 중심에는 그러한 실패가 자리 잡고 있다. 그렇다면 우리는 자연을 바라보고 관계하는 방식, 우리 삶의 방식을 근본적으로 바꾸지 않으면 안 된다. 일부 학자들은 지구의 위기를 더욱 첨단인 과학기술에 의해서 해결할 수 있다는 믿음을 버리지 않고 있다. 《가이아》의 저자 러브록은 원자력 발전소가 지구온난화를 해결할 수 있는 유일한 방법이라고 주장한다. 이산화탄소를 줄일 수 있는 획기적인 방안이라는 것이다. 팔자는 이 주장이 바람직한지 아닌지에 대해서는 관심이 없다. 필자가 걱정하고 근심하며 안타까워하는 것은, 어떤 대가와 희생을 치르더라도 현재의 풍요와 소비를 유지하고 싶어 안달하는 우리의 욕망이다. 이 욕망이 악어의 입처럼 자연을 씹어 삼키고 있다. 이 욕망의 배를 채우기 위해서 얼마나 많은 동물과 식물들이 멸종하였던가. 윌슨이 에레모세라는 용어를 제안한 것이 전혀 무리가 아닌 것이다. 문제는 근대적 욕망이 만족을 모른다는 사실에 있다. 전근대인들은 동물과 마찬가지로 배가 부르면 숟가락을 놓았다. 더 이상 사냥하거나 숲을 갈아엎고 농장으로 만들며 바다를 간척할 생각을 하지 않았다. 배가 고프지 않음에도 먹잇감을 취미로 사냥하는 동물은 지구에 오로지 인간밖에 없다. 인간이 동물은 본질적으로 물질에 지나지 않고 자신은 특권적 존재로서 동물을 사냥할 권리가 있다고 믿기 때문이다. 두말할 나위 없이 이 인간중심적 특권 의식에서 지구의 위기가 도래했다. 이 특권 의식이 욕망을 위해 욕망하는 악순환을 가져왔다는 사실을 굳이 설명할 필요는 없을 것이다. 우리 힘이 없는 개인들이 지구의 위기를 해소하기 위해 할 수 있는 것은 많지 않다. 그렇지만 그러한 구체적 실천보다 더욱 중요한 것이, 인간≠자연이라는 근대적 세계관에서 벗어난 인간=자연이라는 생태적 윤리로 우리 일상의 모든 것을 되돌아보는 것이다.

2장
이산화탄소 배출을 포기할 자유, 인간에게만 있다

_최은주

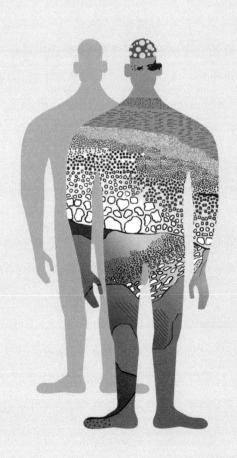

욕먹을 소리지만 '출장은 여름에'를 모토로 삼을 만큼 나는 여름 더위를 견디지 못한다. 신체적으로뿐만 아니라 정신적으로도 상당한 영향을 받는다. 폭염 중에는 시름시름 앓는 데다가 우울 증세까지 동반되어 아무것도 할 수 없는 상태에 이른다. 지구온난화를 모르고 있던 바는 아니지만, 피하는 것만이 방법이며 지구 어딘가 내 몸 하나 숨을 곳은 있다는 생각이었다. 출장지는 한국보다 기온이 낮은 국가여야만 했고, 반드시 여름이어야 했다. 대한민국의 여름은 아열대 기후를 닮아간다든가, 한여름 뙤약볕이 내리쬐는 시기에는 근로 시간에 법정 휴식 시간을 포함시켜야 한다는 말들이 들려 온 지 오래다. 그런데도 여름 한 철 잠시 피하면 되지, 하는 생각만 해 왔다. 그렇게라도 피할 수 있다면 피하거나, 정 피할 수 없다면 비장한 마음으로 여름을 버텨내곤 했다.

하지만 2018년 여름은 사정이 달랐다. 마침 잡혀 있던 연구 출장 시기가 여름으로 정해졌고, 한국의 여름 기온보다 훨씬 낮은 독일로 가게 되었다. 베를린에 있는 한 대학교의 연구소에서 독일의 이주·통합 정책 및 방향에 관한 조사를 위해서였다. 그런데 2018년 베를린의 7, 8월은 34도를 웃도는 날들의 연속이었다. 며칠은 37도를 웃돌기까지 했다. 그동안 베를린의 여름 평균 기온은 23도를 유지했으므로 호텔과 박물관, 도서관과 같은 공공장소를 제외하면 에어컨은 말할 것도 없고 선풍기가 구비되어 있는 곳도 거의 찾을 수가 없었다. 카페에서 커피를 마시기도, 식당에서 밥을 먹기도 힘겹기만 했다. 어디든 에어컨이 잘 나오는 한국보다 나을 게 없었다. 지구온난화를 넘어 '지구기후붕괴global climate disruption'가 시작된 것이다. 오늘날의 기후변화는 더 이상 예측하기 어렵고, 인간이 적응하기 어려운 속도로 일어나고 있어서 조용하고 점진적이며 온화한 느낌을 주는 '온난화'라는 단어로 설명하기에는 적절하지 않다.[1]

아이러니하게도 나의 연구 분야는 내전 등을 이유로 발생한 난민의 강제 이동, 국경의 정치성에 관한 것이다. 그동안 난민 발생의 주된 원인이 내전이었다면, 최근에는 기후로까지 그 원인이 확대되고 있다. 난민이 발생한 이유가 다름 아닌 기후변화로 인한 사막화 때문이며, 사막화된 거주지에서 지역 주민들이 더는 살 수 없게 되어 난민의 처지에 놓이게 된 것이다. 심지어 기후 이변이 내전의 촉매제로 작용했다는 설도 유력하다. 특히 아프리카의 사하라 사막 남쪽 가장자리의 국가들은 기후변화로 인해 정치 위기가 촉발될 수 있는 위험 지역에 속한다. 사헬Sahel 지역으로 불리는 이곳을 지도에서 살펴보

---

[1] 미국 오바마 정부에서 과학기술 고문을 맡았던 하버드대학교 환경과학·정책학과 존 홀드런(John Paul Holdren) 교수가 이와 같이 지적하였다. 〈폭염·혹한 … 지금은 '기후붕괴 시대'〉, 《오마이뉴스》, 2018. 8. 10.

왔다. 케냐, 탄자니아, 남아프리카공화국, 세네갈, 가나, 나이지리아가 여기에 속한다. 사헬 지역은 위에서부터 건조한 북동풍이 불어오고 아래로부터 온난 다습한 남서풍이 불어온다. 이곳은 강수량이 적기도 하지만 지구온난화 현상으로 그 마저 내리지 않는 상황이다. 그 결과, 최악의 흉작과 질병으로 높은 사망률을 기록하고 있으며, 긴급 식량과 생계 지원을 필요로 하는 710만여 명의 사람과 영양실조에 걸릴 위험에 처한 160만여 명의 아이들이 있다.[2]

그럼에도 불구하고, 이들 국가나 위험에 처한 사람들의 숫자는 막연하고 그저 먼 곳의 이야기처럼 들린다. 식량자급률이 23%인 한국도 이와 같은 위험에서 예외가 아니다. 이 이야기를 아무리 들려줘도 사람들의 체감온도는 낮기만 하다. 그렇다면 기후난민들이 한국까지 유입될 수도 있다고 말할 때 그 심각성을 깨달았을까? 2018년 481명의 예멘인이 제주에 도착한 것은 난민 문제와는 아주 무관해 보였던 한국으로서는 혼란스러운 경험이었다. 사람들은 "왜, 어째서, 우리와 상관없는 사람들이 여기까지 왔어요?"라고 묻고 싶은 심정이었다. 사람들은 두려워했고 무슬림에 대한 혐오로 그들의 난민 인정을 결사반대하였다. 그런데 세계화, 지구화는 자본, 각종 소셜 네트워크 서비스SNS에만 국한된 것이 아니라, 머나먼 곳으로부터 긴 여정을 통해 국내로 유입될 난민과의 조우를 뜻하기도 한다. 앞으로는 기후난민이 급증할 것이다. 이것은 안보 문제와 직결될 뿐만 아니라 우리도 언제든지 기후난민이 될 수 있다는 가능성을 암시한다. 우리가 지구

---

[2] 〈삶의 터전 잃은 기후난민들 … 테러보다 무서운 환경변화〉, 《동아일보》, 2018. 9. 12.

에 대해 계속해서 모른척한다면 말이다.

그동안 기후변화를 자각하고 우리를 향해 경고했던 기구 및 협정들이 없었던 것이 아니다. 1988년에 설립된 유엔 기후변화에 관한 정부 간 협의체IPCC는 물론, 교토의정서, 파리기후협정, 유엔사막화방지협약UNCCD 등이 그 예다. 그보다 먼저 세계 환경 감시를 포함시킨 유엔환경계획UNEP이 세워졌다. 국내에도 이미 국토환경연구원, 모두를위한환경교육연구소, 재단법인 숲과나눔, 기후변화건강포럼, 포럼 지구와사람 등의 활동들이 있었다. 그들은 지속적으로 목소리를 내고 포럼을 마련하였고 책들을 출간해 왔다. 특히 기후변화에 관한 정부 간 협의체의 경우, 전 세계 기후정책 수립에 직접적인 연관을 가지고 있고 과학과 정책을 연결하는 통로 역할을 하고 있다. 그런 IPCC는 일찌감치 인간의 활동이 기후변화에 미치는 영향을 평가하고 국제적인 대책을 마련하기 위해 설립되었으며, 지구 표면의 대기 온도 상승과 해수면 상승, 이산화탄소 배출량 증가에 따른 심각한 기후변화를 경고해 왔다. 나는 미국 빌 클린턴 정부 시절에 부통령이었던 앨 고어Al Gore가 '탄소 중립적Carbon Neutral' 삶을 권고하는 등 지속적인 환경운동을 했던 것으로 기억한다. 탄소 중립적 삶이란 배출한 탄소를 다시 흡수해 실질적 배출량을 0으로 만드는 것이다.

그런데 우리에게 미친 영향은 도드라지지 않는다. 매체들을 통해 분명히 보았을 텐데 무심히 지나쳤을 것이다. 잠시 잠깐 경각심을 불러일으켰다가도 잊혔을 것이다. 어쩌면 일상적인 삶을 변화시킬만한 구체적인 가이드라인 없이 단편적인 소식을 전하는 방식으로만 그쳤기 때문일 수 있다. 오히려 미세먼지라는 나쁜 체험을 학습하고서야

비로소 기후 전반에 대한 우리의 인식에 적잖이 영향을 주었다고 할 수 있다. 몇 년 사이 국내의 대기를 바꾸어 놓은 미세먼지, 초미세먼지는 사람들에게 무엇인가 잘못되어 가고 있다는 것을 감지하게끔 하였다. 이 또한 아직은 중국에 대한 비난과 정부의 외교 정책을 질책하는 수준에 머물고 있지만 말이다.

이 글은 미세먼지와 폭염·폭설·폭우·가뭄 현상을 경험하면서 포착하게 된 이상한 시대감에서 시작되었다. 우리는 계절마다 순환하는 기후의 개념과는 완전히 다른 지구의 시스템 속으로 진입하였다. 학계에서는 이미 2000년에 인간이 가진 위력이 지구 시스템을 바꿔 놓았다는 목소리를 내면서 기존의 지질연대를 교체할 새 이름을 내놓기도 하였다. 바로 인류세다. 학자의 말을 빌리지 않더라도 눈으로 보고 신체가 느낄 수 있을 정도로 환경은 달라져 있다. 앞을 볼 수 없는 대기는 마치 영화 속 한 장면의 암울한 종말 시대와 흡사하다. 사람들은 일제히 마스크를 착용하고 걸어가고 있다. 영화 속이라면, 슈퍼 히어로가 나타나 위기의 지구를 구해야 할 때이다. 현실적으로 대응하기 위해서는 이미 익숙해진 삶의 패턴을 전환시키는 새로운 방식으로 지구를 사유할 때이다.

인간이 주범이다

• 지방으로 이사 온 지도 햇수로 9년이 되었다. 이사 와서 몇 년은, 창밖 멀리 보이던 산도 맑은 날에는 윤곽이 또렷해서 바로 앞에 있는 것 같았다. 그러던 산이 몇 년째 아예 보이지 않는 날이 많

아졌다. 미세먼지 때문이다. 지금은 아침에 눈을 뜨자마자 스마트폰의 미세먼지 농도 측정 애플리케이션을 확인한 후 창문을 여는 것이 습관이 되었다. 시골 공기 좋다는 말은 이미 옛말이다. 미세먼지 농도가 서울보다 시골이 높은 일수가 더 많다. 미세먼지에 대한 비난의 화살은 중국으로 향한다. 그런데 그 근본 원인은 그렇게 단순하지 않다. 인간은 오랫동안 기후변화를 자연의 섭리로 알았다. 인류가 살기 이전부터 지구는 기후변화를 겪었기 때문이다. 기상질서에 '교란'이라는 말이 붙기도 하지만, 현재의 교란에 유력한 원인은 온실가스 배출에서 찾아야 한다. 온실가스 배출은 주로 인간의 행위에서 나왔다. 아무리 소의 트림과 방귀 탓을 해도 다수의 인간이 고기에 대한 수요가 있으므로, 더 많은 소의 공급이 이루어지는 만큼 온실가스 배출은 인간 행위와 무관하지 않다.

화석연료를 태울 때 발생하는 이산화탄소로 인한 지구온난화는 바닷물을 따뜻하게 하여 빙하를 녹게 만들고 이는 불가피한 해수면 상승을 일으킨다. 온도가 올라가면 그만큼 태풍이 발생할 수 있는 조건이 충족되며 강수양극화 현상이 발생한다. 기후변화로 인한 가뭄과 건조화로 죽어가는 땅만 해도 어마어마하다. 사막화된 땅은 당연히 먼지를 일으킬 수밖에 없다. 중국 발 미세먼지는 이러한 과정을 겪으면서 나오게 된 하나의 사례이다. 인도 또한 예외가 아닌데 경제가 급격히 성장하면서 공장과 화력발전소에서 사용하는 화석연료가 급격히 늘어난 탓이다.[3] 인접해 있는 국가들은 고통을 토로할 수밖에

---

3 〈국경 맞댄 죄 … 이웃나라 미세먼지에 콜록콜록〉, 《국민일보》, 2018. 11. 24.

없다.

탄소는 원자번호 6번, 원소기호 C로 분류된다. 네이버 지식백과를 찾아보면, 탄소는 모든 생명체의 구성 원소로 인체 무게의 약 18.5%를 차지하고 대기에서는 주로 주요 온실가스인 이산화탄소 CO_2 형태로 존재한다. 여러 광물에서는 탄산염의 형태로 존재하면서 석탄, 석유, 천연가스와 같은 화석연료의 주된 구성 원소가 된다. 고등학교를 졸업하고 나서 한 번도 떠올려 본 적 없는 이산화탄소는 요즘 거의 매일같이 모든 곳에서 출몰한다. TV 뉴스, 신문 지면은 말할 것도 없고 다큐멘터리 등에서도 기후변화 대책 마련을 위한 협상 테이블이 만들어지고 있다. 지구온난화를 가져오는 온실가스의 주범이 바로 이산화탄소이다.

온실가스는 지구온난화의 원인이 되는 대기 중의 가스 형태 물질이다. 자연적으로도 발생하지만, 그 농도가 급격히 증가하면서 지구 표면에 도달한 태양열이 우주로 빠져나가지 못하여 온도가 점차 상승하는 데는 인간 활동이 지대한 영향을 미쳤다. 가뭄, 홍수, 이상고온, 냉해 등 전 지구적인 현상이 된 이상 기후는 이산화탄소 때문이며, 궁극적으로는 인간 때문이다. 인간이 살길을 마련하기 위하여 선택한 화석연료 사용은 인간이 더는 지구에서 발붙이지 못하게 할 주요 원인인 것으로 확인되었다.

바오밥, 또는 바오바브baobab라고 불리는 나무가 고사하는 것도 지구온난화 때문이다. 나는 오랫동안 바오바브나무가 실재한다고 생각하지 못했다. 바오바브나무가 앙투안 드 생텍쥐페리의 《어린 왕자》에서 아주 비실재적으로 그려졌기 때문인 것 같다. 바오바브나무는 어린 왕자가 사는 B612호 별을 가득 채웠던 나무인데, 그래봐야 세 그루가 고작이다. 행성이 작은 것도 이유지만, 바오바브나무는 유독 거대하기 때문에 위협적인 이미지를 가진다. 특히 그 뿌리는 이 작은 행성을 파괴할 것 같이 보였다. 문학적으로는 초기에 다스리지 못한 나쁜 습관을 재현하기도 하며 심지어 반유대주의나 히틀러와 같은 사람을 상징하기도 한다. 이런 바오바브나무는 실제로 아프리카에 주로 서식하고 있으며, 수명이 3천 년에까지 이른다. 그 때문에 생명의 나무로 불리기도 한다. 바오바브나무는 이미 1천 년 내지는 2천 년까지 살아남고도 최근 지구온난화 때문에 비 오는 시기가 늦춰지면서 말라죽기 시작했다.

18세기 영국에서 시작된 산업혁명 이후 지구의 평균 기온은 1도가 올라갔으며, 최근에는 10년마다 0.17도씩 오르고 있다. 이런 추세라면 2040년에는 산업혁명 전과 비교해서 1.5도가 상승할 것으로 전문가들은 예상한다. 지구가 인간을 지구에 적응시키는 단계가 있었다면, 인간은 그 자유의지에 따라 지구를 탐험하고 개척하는 단계로 나아갔는데, 이 사실은 지구의 기온 상승과 무관하지 않다. 유발 하라리 Yuval Noah Harari의 《사피엔스》(2014)에서 볼 수 있듯이, 사피엔스종이 호주에 도착할 즈음 호주에 살고 있던 50여 종의 동물이 멸종하였다. 지구가 심각한 기후변화를 겪을 때조차도 살아남은 동물종이었던 만큼 사피엔스의 침입은 확실히 다른 종들에게 치명적이었다.

사피엔스의 후손들은 계속해서 지구를 약탈하였다. 인간이 살기에 최적인 온화한 기후의 홀로세가 지속된 지난 1만 년 동안 인간들은 개발과 착취를 극대화할 수 있었다. 인간맞춤형의 지구를 만들기 위하여 무수히 많은 것을 발명하였으며, 가장 편리한 방식의 생활세계를 지속해서 찾아냈다. 마침내 자연의 일부였던 인간은 점점 더 다른 모든 생물과의 간극을 넓혀서 자연과 대척 관계에 놓이게 되었다. 바오바브나무뿐만이 아니라 앨버트로스라는 새도 같은 처지다.

앨버트로스는 영국의 낭만주의 시인 새뮤얼 테일러 콜리지Samuel Taylor Coleridge의 《노수부의 노래The Rime of the Ancient Mariner》(1834)에 등장한다. 긴 항해를 떠난 노수부가 도중에 신성한 새 앨버트로스를 죽인다. 그 후 항해단은 여러 가지 어려운 상황을 겪게 되고 그 모든 책임을 앨버트로스를 죽인 노수부에 돌리며 비난한다. 노수부는 외로움과 공포 등의 고난을 겪은 후 마침내 죄를 고백하고 구원을 받는다. 최근에 미국의 사진작가 크리스 조던Chris Jordan의 기후변화와 환경문제에 대한 국내 전시 소식에서 다시금 앨버트로스의 이름을 듣게 되었다. 조던이 제작한 2017년 다큐멘터리 영화 제목이기도 한 앨버트로스는 태평양섬에 서식한다. 영화가 시작되자마자 죽어 있는 앨버트로스의 가른 배 속에 쓰레기로 가득 찬 모습이 보인다. 주로 색이 알록달록한 플라스틱 쓰레기다. 다음 장면에는 세계지도가 펼쳐지고 그 지도에 나타나 있는 태평양 하와이 미드웨이섬Midway Islands에 동그라미가 쳐 있다. 그리고 실제 미드웨이섬에 서 있는 조던이 죽은 앨버트로스의 사진을 찍고 있다. 앨버트로스 한 마리의 배 속에서 상당한 양의 플라스틱 쓰레기가 나온다. 플라스틱은 20세기 기적의 소재로 알려졌지만, 앨버트로스에게는 치명적인 물질일 따름이다. 조던은 내레이션 중에 "이것이 바로 우리의 문화다This is out culture"라고 말한다. 개인적인 범주에서 지구적 문제를 담아내는 일을 하고 있지만, "영국 일간 신문 《가디언The Guardian》과의 인터뷰에서 "1억 명의 사람들이 바뀌어야만 변화가 일어날 수 있다"[4]고 말한 바에서도 알 수 있듯이, 무엇인가 행할 자유를 가진 인간 존재가 더 이상 그 무엇을 중단하고 포기하는 선택을 하는 것이 어려워졌다. 수렵채집인으로 살았던 고대 이후로 인간은 아주 많은 것을 소유하게 되었으며, 그만큼 포기하고 버리는 것은 거의 불가능해졌기 때문이다.

ⓒ Chris Jordan

---

4 "Saving the albatross: 'The war is against plastic and they are casualties on the frontline'", *The Guardian*, 3. 12. 2018.(https://www.theguardian.com/environment/2018/mar/12/albatross-film-dead-chicks-plastic-saving-birds)

인간에 대한 자연의 복수

• 한나 아렌트Hannah Arendt의 말처럼 지구는 인간 존재에게 움직이고 숨 쉴 수 있는 거주지를 제공하지만 노동labour과 대립되는 작업, 즉 행위action를 통해서 모든 자연적 환경과 뚜렷이 구별되는 사물들의 '인위적' 세계가 형성되었다.[5] 인간이 인간이기 위하여 감행한 노동은 인간이 경제적·기술적 진보를 통해 인류를 필연성이라는 것에서 자유롭게 하였다.[6] 필연성에서 자유로워진 인간이 지구(자연)와 대립된 세계를 형성한 것은 당연한 행보였다. 다만, 그 과정에서 선택, 개발, 발명한 것이 언제나 옳은 것일 수가 없었다. 다만, 인간이 이룬 혁명을 인간이 정당화했을 뿐이다.

그 예로, 영국 작가 크리스 클리브Chris Cleave의 소설 《다른 쪽 손 The Other Hand》(2008)에서 나이지리아의 석유를 캐 가며 개발에 힘쓴 영국을 들 수가 있다. 석유를 캐기 위하여 유전이 있는 땅 위의 마을에 불을 지르고 이를 목격한 주민들을 죽이기 위해 석유회사가 인간 사냥꾼을 고용하는 데 나이지리아 정부와 담합한다. 마을에 불을 지르던 것을 목격한 어린 소녀 리틀 비Little Bee는 죽음을 피해 달아나다가 결국에는 영국으로 건너가 불법 난민 신세가 된다. 리틀 비는 영국 사람들이 나이지리아를 일컬어 개발도상국이라고 부르는 이유는 개발할 미래가 그 땅에 있었기 때문이라고 말한다. 일찍이 주디스 버틀러Judith Butler도 지적했듯이 개발이야말로 지속 가능한 착취의 구

---

5 한나 아렌트, 《인간의 조건》, 이진우·태정호 옮김, 한길사, 2017, p. 56.
6 맬컴 불, 〈생명정치적인 것의 벡터들〉, 《뉴레프트리뷰》, 김정한 옮김, 길, 2009, p. 427.

실이다. 무고한 주민들을 학살하는 일이 벌어지자 리틀 비의 마을은 붕괴되었으며, 가족들도 뿔뿔이 흩어지거나 죽임을 당했다. 그런데 난민 발생은 이와 같은 석유 전쟁뿐만 아니라 기후변화에서 큰 영향을 받는다. 사막화는 식량 부족을 가져오고 굶주림을 견디지 못한 주민들은 살던 지역을 떠날 수밖에 없다. 따라서 기후는 국가적 안보, 인권의 문제일 뿐만 아니라 개인의 생명, 삶과도 직결되어 있다.

앞에서 바오바브나무와 앨버트로스의 예를 들었지만, 지구 개발의 대가를 치를 대상에서 인간이 예외가 될 수는 없다. 인간의 착취 덕분에 자연은 "우리의 피부만큼이나 가깝고, 따라서 자연을 단순한 우리의 배경으로 취급하기 어렵게 된"[7] 증거이기도 하다. 미세먼지만 하더라도 미세먼지 발생 국가인 인도, 중국, 몽골뿐만 아니라 인도의 접경국가인 파키스탄, 방글라데시까지 지대한 영향을 미친다. 파키스탄의 대기오염 또한 인도에 영향을 미친다. 아프리카와 중동은 모래폭풍으로 대기오염에서 자유롭지 못하다. 자연적이었던 모래폭풍이 점차 심해지는 것 또한 기후변화와 가뭄이 주요 요인이다.[8] 이와 같은 초국가적 대기오염과 직면하면서도, 각 국가들은 인접 국가들의 탓으로만 돌릴 뿐 공동 대응까지 이르지는 못하고 있다.

이렇듯 지구온난화는 이미 심각한 물 부족, 식량부족 사태 등을 야기했으며 기아, 내전, 전쟁 유발까지 이어지게끔 하고 있다. 문제는 이러한 사태에서 생겨나는 난민을 받아주는 국가가 거의 없다는 것

---

7 스테이시 앨러이모, 《말, 살, 흙: 페미니즘과 환경정의》, 윤준·김종갑 옮김, 그린비, 2018, p. 19.

8 앞의 기사, 〈국경 맞댄 죄… 이웃나라 미세먼지에 콜록콜록〉.

이다. 8년 동안 이어지고 있는 내전으로 난민이 수백만 명 발생한 시리아의 경우, 2011년 내전으로 이어진 정치적 불안과 민심 폭발의 발단은 2007년부터 2010년 기상 관측 사상 최악으로 기록된 가뭄이었다.[9] 농촌이 붕괴되면서 농촌 사람들은 도시로 밀려들었고, 정부는 손을 쓰지 못하고 소득 및 자원 배분 불균형 같은 사회적 긴장만을 키웠다. 여기에 집권 정부의 폭압, 중동 국가에서 폭발한 시위[10] 등과 결합해 반정부 봉기로 이어졌다. 높은 실업률과 치솟는 물가, 물·전기 공급 부족에 지친 시민들의 시위가 이어져 사망자와 부상자를 낸 이라크에서도 한낮 체감기온이 섭씨 50도를 오르내리는 폭염과 가뭄이 시민들의 긴장감을 키웠다는 분석이다. 소말리아의 경우도 2011년 당시 최악의 가뭄을 겪어 20만 명이 사망하고 146만 명이 집을 잃는 참사가 결국 내전으로 이어졌다.[11] 인간이 선택한 행위가 결국 자연을 통해 인간에게 담보되는 상황까지 이른 것이다.

먼 곳의 이야기라고 외면해도 될 만큼 한국의 사정이 좋은 것은 아니다. 국내에서 온열질환 사망자는 매년 증가하고 있다. 2018년에는 전년도 대비 다섯 배였다.[12] 온열질환이란 더위로 인한 열사병, 탈진, 실신, 경련 등을 말하는데, 다수가 길가나 공사현장 같은 실외에서 발생한다. 앞서 이야기한 미세먼지 또한 이미 국내의 경제, 정치, 사회에 지대한 영향을 미치고 있다. 석탄·석유 등의 화석연료는 오랜 기

---

9 〈삶의 터전 잃은 기후난민들 … 테러보다 무서운 환경변화〉, 《동아일보》, 2018. 9. 12.
10 2010년 12월 북아프리카 튀니지(Tunisia)에서 촉발되어 아랍·중동 국가 및 북아프리카 일대로 확산된 반정부 시위운동으로 '아랍의 봄(Arab Spring)'으로 불린다.
11 앞의 기사, 〈삶의 터전 잃은 기후난민들 … 테러보다 무서운 환경변화〉.
12 〈폭염·혹한 … 지금은 '기후붕괴 시대'〉, 《오마이뉴스》, 2018. 8. 10.

간 인간에게 가장 보편적이고 친숙한 에너지였으나 이제 사용을 중단해야 할 위험한 에너지라는 사실이 밝혀진 셈이다.

어쩌면 이 문제만큼은 단순하게 접근하는 것이 가장 확실한 방법일 수 있다. 지구를 쪼개고 쪼개어 우리가 사는 영토만 괜찮으면 된다거나 우리 영토 밖으로 쓰레기를 버리면 된다거나, 그래서 쓰레기를 버릴 곳을 찾아 돈만 주면 된다거나 하는 것으로 문제가 해결되지 않는다는 것을 인식하면 된다. 이 문제에 있어서는 '자국민', '민족주의', '우리'라는 이데올로기가 소용없다. 기후문제는 국가 간 정치적 이권 싸움이 개입되어 양보할 시간적 여유가 없는 모든 국가, 모든 인류의 책임이 되고 말았다. 샤워를 하는 동안에도 설거지를 하는 동안에도 생각해야 하는 것은 그렇게 내보낸 물이 내게로 다시 되돌아온다는 것이며, 이제 더 이상 플라스틱 쓰레기를 수입하지 않겠다고 선언하는 국가들에 대한 대응으로 방출이나 재활용이 아니라 플라스틱을 더 이상 생산하지 말아야 하는 단계적 구상을 할 때인 것이다.

그러나 전 지구적 사회에서 화석연료의 사용을 중단하는 문제는 각 국가의 정치적 이해관계가 얽혀있는 만큼 그렇게 단순하지만은 않아 보인다. 국경을 철벽같이 강화하여 이주자를 막아내려는 이민정책을 펴고 있는 미 대통령 도널드 트럼프는 280만 개의 일자리가 위협받는다는 이유로 파리기후협정에도 탈퇴를 선언했다. 그는 눈을 가리고 귀를 막으면서 기후협약에 불응하지만, 과연 지구 시스템에 생겨나는 균열을 놓고 20세기와 같은 종교적 종말론이라고 우길 수가 있을까? 누군가 내게 "당신은 지구 시스템에 균열이 생기는지 어떻게 아느냐? 기후변화가 일시적일 수도 있지 않느냐?"라고 질문한다면, 전문가의 지식을 빌린 대답도 필요 없다. 봄은 미세먼지 속에서 나타났다가 사라질 뿐이며, 여름은 거리를 걸어다닐 수 없을 정도로 폭염의 정도가 위협적이 되었으며, 가을은 여름과 겨울 속에 뒤섞여 있다가 겨울에 자리를 내어준다. 겨울은 더 이상 삼한사온이 아닌 삼한사미라는 이름을 얻을 만큼 미세먼지와의 전쟁을 의미하게 되었다. 전 지구가 산불과 허리케인, 지진, 쓰나미로 몸살을 앓고 있으며, 시간이 지날수록 그 정도는 육안으로도 확인 가능할 정도로 심해지고 있다.

누군가는 시골 공기도 나빠진 한국을 떠나 이민을 결심했다고 하지만 이런 추세라면 숨어들 만한 지구의 공간은 점차 줄어들 수밖에 없다. 창궐한 페스트를 피하여 이탈리아 피렌체의 피에솔레Fiesole 언덕에 모인 젊은 남녀 열 명처럼 돌아가며 이야기를 할 상황을 꿈꿔야 할까? 그만한 땅마저도 남지 않을 것 같다. 더 이상 난민을 들여놓을 땅이 없다고 주장하는 민족 국가적 개념이 무색할 만큼 우리 땅과 그들 땅이라고 나눌 사이도 없는 것이다. 가뭄과 해수면 상승, 극단적 기상 현상 탓에 살 곳을 잃거나 이민을 강요받는 사람이 2050년까지 1억 4천만 명에 달할 것으로 예상된다. 산업개발을 먼저 한 나라의 탓을 하느라 개발도상국의 화석연료 사용을 눈감아 주는 사이 지구는 손쓸 시간이 없어질 따름이다. 공동대응을 위해 국가 간 협력이 필수적인 상황에서 무책임하게 종말론의 망언쯤으로 간과하는 동안 인간은 설 자리를 잃을 수밖에 없다.

인류세, 인류가 내야 하는 세금이에요?

•"인류세가 뭐예요? 인류가 내야 하는 세금이에요?" 이 질문은 기후변화의 파급력에 대한 웃지 못할 현실을 고스란히 보여준다. 한편으로는 인류세라는 명칭이 대중에게까지 퍼져가고 있다는 증거이기도 하다. 사람들은 '인류세'를 이야기하기 시작했다. 클라이브 해밀턴Clive Hamilton에 의하면, 그다지 많은 인간 활동이 없던 19만 3천 년의 기간 뒤에 농업과 문명이 시작된 7천 년의 기간이 흘렀으며, 산업이 시작된 300년이 지나고, 지구의 자연적 경계를 벗어날 정도로 걷잡을 수 없는 성장이 지속된 70년 뒤에 인류세가 도래하였다.[13] 인류세는 기존의 지질연대였던 홀로세를 뒤이을 이름이다.

지질시대의 최후 시대로 알려진 홀로세는 신생대 제4기에 속하며 현세라고도 불린다. 그러나 극심한 기후변화를 겪고 있는 지금을 홀로세가 아닌 새로운 지질시대 개념인 인류세라로 칭해야 한다는 주장이 대기 화학자 파울 크뤼천에 의해 처음 나왔다. 따뜻한 기온의 인류가 살기 적합했던 홀로세가 지나가고 새로운 '세世'에 접어들었으며, 이름 붙인 것이 인류세였다. 단어에서도 드러나듯이, 인류로 인해 빚어진 '세'라는 뜻인데, 인간 전체가 행성의 지배적인 힘으로 올라선다는 서사가 담긴 것으로 인간이 자연의 거대한 힘들에 필적할만한 지질시대가 도래했다는 것이다.[14] 비슷한 정의들이 여럿 있지

---

[13] 클라이브 해밀턴, 《인류세: 거대한 전환 앞에 선 인간과 지구 시스템》, 정서진 옮김, 이상북스, 2018, p. 105.
[14] 위의 책, p. 75.

만 지구 시스템이라고 하는 전반의 기능에 생긴 균열을 설명하는 용어이다. 이것은 지식과 기술력을 통해 통제할 수 있는 지구가 아니라 지질연대의 전환을 의미한다. 지질의 연대를 나누는 단위는 절節, Age, 세世, Epoch, 기紀, Period, 대代, Era, 누대累代, Eon이며, 이 중에 '세'는 두 번째로 작은 단위에 속한다. 따라서 지질연대에 '인류'라는 호칭을 넣을 수 있을 만큼 인간의 힘이 강력해졌음을 보여준다.

인간의 힘이 강력해졌다고 해서 긍정적으로 생각하는 사람들도 많다. 특히 정치적 보수주의자들 중에 인류세를 환영하는 사람들도 있다. 이 개념을 인간이 낳은 오만이 아니라 인류의 능력에 대한 표시로 받아들이기 때문이다. 인간의 힘이 강력해진 것은 맞지만 긍정적으로 볼 일은 전혀 아니다. 그렇다고 해서 자연이 죽어가고 있는 것은 아니다. 오히려 인간과 대치하면서 활기를 띠고 있다. 자연은 더 이상 인간에게 길들여지기를 거부하고 냉담해져가고 있는 것이다. 인류세의 개념은 과학자들의 지지를 받으며 현재까지 이르렀다. 지층을 연구하고 구분하는 국제층서학위원회ICS, International Commission on Stratigraphy에서 아직까지 최종 채택을 하지는 않았지만 명칭 채택을 논의한다는 자체가 지구 생태환경이 위기에 처해있다는 사실을 확인시켜 준다. 앞서 탄소 축적량에 변화를 가져온 것이 인간이라고 말했다. 대기중에는 이산화탄소의 농도가 급격하게 증가하였으며 그로 인해 지구시스템 전반에는 연쇄적인 영향이 미치게 되었다. 그러나 인간의 부정적 역할만을 강조하여 환경과 대치시키는 것에 인류세의 핵심이 있지는 않다. 지구 시스템을 이해하고 인간사회 역시 지구 시스템의 일부라는 사실을 인식하여 지속 가능한 정책 결정과 상호작용할 수 있는 국제사회 시스템을 구축할 인간의 긍정적 역할 또한 인류세의 핵심이라면 핵심이다.

지구를 하나의 시스템으로 보는 것은 '가이아 Gaia' 가설에 의해서다. 태초의 신을 뜻하는 그리스 신화 속의 가이아는 대지의 의인화된 여신으로, 로마 신화 속 땅의 여신과 동일시된다. 생명을 지탱하는 지구 시스템은 35억 년 동안 지구가 생물이 살만한 대기, 기온, 바다 염도를 일정하게 안정적으로 유지할 수 있었다는 점에 근거한 것이다.[15] 인류세라는 새로운 지질시대에 접어들면서 가이아는 가이아 2.0으로 판올림을 하였는데, 의식 없이 자동으로 이루어지는 지구 시스템의 자기조절 능력이 더 이상 불가능해졌기 때문이다. 가이아 2.0에서는 이산화탄소 농도가 급격히 높아져서 인간이 개입하기에는 기후변화가 취약하고 불안정한 상태에 놓이게 되므로 인간의 행동이 지구에 끼치는 영향을 자각하는 일은 가장 중요해진다.

앞에서 앨버트로스의 이야기를 언급하였지만, 다큐멘터리 〈앨버트로스Albatross〉(2017)의 제작자 조던은 미드웨이섬의 목격자 역할을 해내고 있다. 미드웨이섬은 버려져 있고 비극으로 넘쳐난다. 1백만 마리 이상의 앨버트로스가 새끼를 낳고 키우는 미드웨이에는 아이러니하게도 군 기지가 있다. 조던의 내레이션에 따르면, 이 야생동물의 아름다움이 파괴와 공존하고 있었다.[16] 어미 앨버트로스가 새끼를 위해 바다에서 수집해 온 먹이에는 플라스틱이 섞여 있었고, 새끼는 이미 플라스틱을 먹고 있었다. 조던의 카메라에 포착된 앨버트로스

---

15 〈'가이아 2.0' … 인간 자각 없인 지구 시스템도 없다〉, 《한겨레》, 2018. 10. 1.

16 "ALBATROSS" by Chris Jordan(https://vimeo.com/264508490)

의 부리로 새끼에게 주어지는 것들은 색색의 플라스틱 조각들이다.

바다가 제공하는 것이라면 무조건 믿고 섭취했던 여러 세대의 앨버트로스도 이제 인간이 어떤 존재인지 학습하였을까? 인간을 포함해서 인간이 손을 뻗은 환경까지 피해야 한다는 사실을 알게 되었을까? 마지막 먹이를 주고 부모가 떠난 후에 살아남은 새끼들은 스스로 먹이를 찾아 떠날 준비를 한다. 비상 전 그들은 배 속의 플라스틱 이물질을 힘껏 토해낸다. 다 비워낼 수는 없지만 안간힘을 다한다. 아렌트의 지적대로 지구는 가장 핵심적인 인간 조건이다.[17] 그런 지구에서 별 노력 없이, 그리고 스스로 만들어놓은 수단 없이도 움직일 수 있고 살 수 있다는 것에 전적으로 동의하지는 못하더라도, 상당 부분은 사실에 입각한다. 다만, 인간은 지적 혁명을 통해 행할 수 있는 자유를 마음대로 누려왔을 뿐이다.

중단하고 포기할 자유

•제24차 유엔기후변화협약 당사국 총회COP24에서는 2015년에 맺은 파리 기후협정의 실질적 이행지침Paris rulebook을 채택했다. 온실가스 감축, 기후변화 영향에 대한 적응, 감축 이행에 대한 투명성 확보 등이 여기에 속하는데, 미국은 탈퇴를 선언했지만, 2020년까지는 공식 탈퇴를 할 수 없어 회의에 참석했다. 그러나 유엔 기후변화에 관한 정부 간 협의체IPCC의 〈1.5도 특별보고서〉는 미국과 러시

---

17 한나 아렌트, 앞의 책, pp. 50~51.

아, 사우디아라비아, 쿠웨이트 등이 문제를 제기하면서 채택에 실패했다.[18] 1.5도는 기후변화를 막기 위한 상승 제한 목표치다. 이 보고서는 기후변화의 속도와 강도, 영향에 대해 전 세계 정책 결정자들에게 알리고 현실적인 대안을 과학적으로 분석해서 알리는 것이었다. 지구를 위협하는 가장 중요한 요소로 기후변화를 손꼽고 있으며, 지구온난화의 주범인 화석연료 사용을 제한하고 탄소 배출을 줄이면 된다는 것도 분명한 방법으로 제시되어 있다.

그럼에도 불구하고, 선진국과 개발도상국의 현재 지구 시스템에 대한 정치적 환경은 제각기 다른 이해관계들을 강조하고 있을 뿐이다. 개발도상국들이 주장하는 바에 따르면, 결과적으로 지구를 위기에 처하도록 만든 것은 선진국의 온실가스 배출이다. 그러나 현재에 배출되는 온실가스 양은 인도, 중국 등과 같은 개발도상국이 훨씬 많다. 선진국에서 온실가스 배출량이 줄어든 것은 개발도상국으로 공장을 이전한 이유도 있다. 따라서 지구 위기를 바라보는 입장차가 각 국가마다 다르기 때문에 기후변화가 전 세계적 문제임에도 불구하고 제대로 된 논의나 대처방안이 나오지 못하는 것이다. 이와 같은 국가 간의 배타성은 세계화가 지닌 또 다른 얼굴이다. 지구 시스템의 관점에서 보자면, 지구상에는 선진국과 개발도상국 사이의 구분은 물론 국가나 문화, 인종, 성의 구분 또한 없다. 그저 지구 시스템을 교란하는 크고 작은 힘을 가진 인간들이 존재할 뿐이다.[19]

문제는 시급한 현안임에도 불구하고 다른 국가, 기관의 눈치를 보

---

18 〈기후변화 협상 극적 타결 … 파리 기후협정 불씨 살렸다〉, 《중앙일보》, 2018. 12. 16.
19 클라이브 해밀턴, 앞의 책, p. 65.

느라 자발적인 움직임을 늦춘다는 것이다. 앞서 인용한 한나 아렌트의 말을 한번 더 상기해보면, 인간을 인간이게 하는 것은 정치적 삶이며, 정치적 삶을 구성하는 것은 노동 외의 행위이다. 이 행위에 대해 생각해 봐야 할 때이다. 인간에게는 어떤 것을 행할 자유가 있다. 물론 이것은 사실이 아닌 가정이다. 가정인 만큼 행하지 않을 자유도 있다. 사실 인간의 행위성은 더 이상 신념으로 이루어지는 것이 아니라 제약이 가해지는 시대로 진입하였다.[20]

한편, 이산화탄소 배출에 대한 경고나 중단의 권고 방식의 언론 보도는 넘쳐나지만 여전히 현실적으로는 동떨어져 있는 추상적인 대안들만 무성하다. 기후변화에 대한 대응으로 '무엇을' '어떻게'에 해당하는 공공 가이드라인은 제대로 만들어지고 있는지, 만들었다면 제대로 보급되고 있는지가 관건이다. 지구 시스템의 변화에 대한 자기 인식을 위하여 모니터링과 기록 활동이 중요한 만큼, 세계 주요 기업들이 참여하는 기후변화 대응 성과를 분석, 평가하는 국제기구 탄소정보공개 프로젝트CDP, Carbon Disclosure Project는 있다. 이것은 기후변화, 탄소배출 등의 환경문제와 관련된 기업정보를 투자기관에 제공하여 온실가스 배출량 감축 및 저탄소 경제를 지원하는 일을 하고 있다. 이미 국내의 공기업과 사기업들이 동참하고 있었다. 이외 탄소 배출을 0으로 하는 100% 자립형 제로 에너지 하우스라는 것도 있다. 전 세계의 에너지 36%를 주거용 주택과 건물에서 소비하고 있으므로, 2025년에는 국내 모든 신축 주택에 제로 에너지 하우스 인증을

---

[20] 위의 책, p. 205.

의무화할 예정이라고 한다.

이와 같은 사회 각계의 행보들은 널리 알려져 있지 않다. 특별한 관심을 가지고 검색을 해야만 찾을 수 있는 정보들이며, 그것도 기후변화의 심각성을 알리는 것에 그치는 정도다. 다시 말해, 환경이 결코 분리된 것으로 여겨질 수 없는 중대한 사건임을 충분히 알려준 데 비해 '무엇을, 어떻게'에 대한 구체성, 실천성을 결여하고 있으므로 전면적으로 부상이 되지 않는다. 이렇게 보면, 환경을 둘러싼 문제는 국가만의 일도 아니고, 전문가만의 일도 아니다. 슬라보예 지젝이 거론한 바 있듯이 개별적 죄책감에만 호소하는 방식을 멈추고 거대한 구조적 방안이 제시되어야 하는 것은 맞다. 그렇다 하더라도 개인을 포함한 사회적 차원의 정념e-motion, 즉 정서적 연대를 통한 행동이 동반될 때 윤리적이고 정치적인 입장도 정립될 수 있다.

3장

횡단하는 신체,
사람과 숲 그리고 다이아몬드는
어떻게 연결되어 있는가?

_김운하

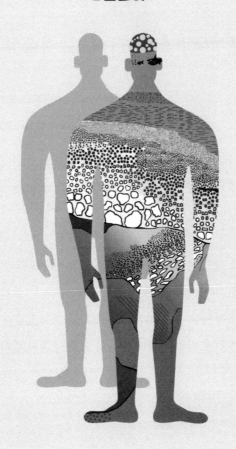

"우주에서 영광스런 고립상태로 존재하는 것은 아무 것도 없다.
모든 것은 존재하기 위해 다른 것들과의 관계에 의존한다."[1]

지구까지 걱정해야 하는 이런 이상한 시대라니

•나는 평소에 우주 다큐멘터리를 자주 즐겨 본다. 은하계, 팽창하는 우주, 태양보다 수십억 배나 큰 별들. 그런 다큐멘터리를 볼 때마다 우주의 광대한 규모와 크기, 그 놀라운 모습들에 전율과 경이감에 사로잡히지만, 동시에 지구와 이 지구에 발붙이고 사는 '나'라는 존재가 얼마나 작고 하찮은지 공연히 시무룩하고 서글퍼지기도 한다.

약 3백여 년 전 프랑스 철학자 블레즈 파스칼은 그런 느낌을 글로 적은 최초의 근대인이었다. 당시는 코페르니쿠스적 전회가 일어나 지구 중심의 천동설이 무너지기 시작한, 근대 과학혁명의 첫 씨앗이 뿌려지던 시기. 파스칼은 끝없이 펼쳐져 있는 광막한 밤하늘을 올려

---

1 스테판 하딩, 《지구의 노래》, 박혜숙 옮김, 현암사, 2011, p. 133.

다보면서 우울증에 걸릴 지경이었다. 그는 오늘날 《광세》라고 알려진 책 초고에 이렇게 썼다. "저 광막한 우주의 영원한 침묵이 나를 소름 끼치게 한다."

사실 지구든 나든 간에, 무한한 우주에 비하면 그저 무無나 다름없고, 우주는 그저 무심하게 제 갈 길을 갈 따름이다. 지구가 내일 당장 소행성 충돌로 산산이 조각나 버린다고 하더라도 우주는 그런 사소한 사건 따위엔 코털 하나 움찔하지 않으리라는 것도 확실하다. 지구의 운명은 우주의 운명과는 무관해 보인다.

그런데 나와 지구를 비교해 봐도 나보다 지구라는 행성은 너무 거대하다. 위에서 한 비유를 다시 빌린다면, 지구가 성인의 몸 크기라면, 나는 기껏 몸 세포를 구성하는 단백질 분자들 중 하나일 터이다. 여기서도 역시, 나라는 개인의 운명은 지구 행성의 운명과는 무관해 보인다. 내가 살든지 죽든지 간에 지구에 무관심하다면, 내가 지구의 운명에 굳이 시간과 에너지를 쏟을 중대한 이유는 없어 보인다. 솔직히, 내 작은 몸 하나 건사하기도 힘든 세상에 지구의 운명까지 걱정하고 있을 여유는 없다. 지구의 대재난을 다루어 SF 영화의 고전이 된 〈딥 임팩트〉나 〈아마겟돈〉처럼, 인터넷에 긴급 속보로 "앞으로 몇 년 혹은 몇 달 안에 혜성이나 소행성이 느닷없이 달려와 지구에 박치기를 할 예정입니다"라는 뉴스가 뜨지 않는 한은.

불쌍한 공룡들! 그들에겐 인터넷도, 인공위성도, 천문대도 없었다. 그래서 〈아마겟돈〉 영화에서 지구를 구한 영웅 브루스 윌리스 같은, 그들의 공룡 종족을 구할 영웅 '티라노 윌리스'도 나타날 수 없었다! 물론, 인류도 소행성 충돌에서 지구를 구할 정도로 과학기술이 아직

까진 완전히 발달하진 못했다. 가끔 뉴스에서 지구를 스쳐 지나가는 혜성에 관한 뉴스가 뜨긴 하지만, 그저 호기심 대상일 뿐 위험이 실감나진 않는다.

그래서 우린 속 편하게 이런 생각을 해버리기 마련이다. 지구는 어제도 무사했고, 오늘도 무사했고, 내일도, 그리고 내 목숨이 붙어 있는 날까지는 무사할 것이다. 내 자식 세대에는? 그리고 손자 손녀 세대엔? 그거야 그들이 감당해야 할 몫이지! 물론 현재 지구엔 인간 개체 수가 너무 많고 환경문제도 크다는 것도 알고 있지만 어쩌겠어? 요즘 경기가 너무 안 좋은 탓에 빌어먹을 주가가 너무 떨어져 짜증나는 데다, 어젯밤엔 또 불금이라고 달렸더니 속이 쓰려 죽을 거 같아. 어쨌거나 지구에게 신의 가호를!

20세기까지만 해도 이런 식으로 생각해도 별 무리가 없었다. 하루하루 이 무거운 생의 십자가를 짊어지고 살면서 가깝게는 나와 내 가족, 친구들, 좀 더 크게 본다고 해 봐야 나라 걱정까지만 내 주요 관심사 안에 들어와 있었지 인류 전체라든가, 인류를 포함한 지구 생물종의 대멸종이라든가, 지구온난화를 포함한 지구의 안위와 건강 문제까지 평범한 한 시민에 불과한 우리가 깊은 관심을 갖고 진지하게 걱정하기엔 그 문제들은 너무 크고, 너무 추상적인 까닭이다.

그러나 21세기, 특히 최근 들어서 상황은 크게 바뀌고 있다. 여름이면 사상 초유의 폭염이 이어지고, 겨울만 되면 미세먼지에 시달리고, 뉴스에선 지구온난화가 초래한 지구촌 곳곳의 기후재난 소식이 들려오면서 문득문득 마음 한 쪽이 불편하고 꺼림칙한 것이다. 그래서 농담조로 이런 말도 하게 마련이다. "우린 정말 이상한 시대에 살고 있어. 나라 걱정도 모자라 이젠 지구 걱정까지 하며 살아야 하는 세상이라니!"

맞다. 내 운명과 지구의 운명이 사실상 거의 무관하고, 지구의 안위가 나의 안위와 직결되어 있다는 걸 깨닫지 않으면 안 되는 시대, 그것이 지금 우리가 사는 21세기, '인류세'라는 이름이 붙고 있는 이 시대의 이상하고 독특한 운명이다. 20세기까지는 설사 어떤 환란이 닥쳐도 그건 인간들 사이에서 벌어지는 전쟁이거나 국지적으로 퍼지는 지독한 전염병, 혹은 홍수나 가뭄, 화산폭발처럼 특정 지역에서 일어나는 국지적인 재난일 뿐이었다. 20세기에 두 차례의 세계전쟁을 거치면서 핵전쟁에 대한 공포가 널리 퍼졌지만, 역설적이게도 상호 절멸에 대한 공포가 오히려 핵전쟁을 막아주었다. 그러나 21세기는 말 그대로 인류 멸종의 위기를 포함한 지구 생물종 전체의 운명과 직결되어 있으니 이 얼마나 충격적일 정도로 놀라운 세상인지!

생각해 보면 이 모든 문제가 우리가 지금까지 세상을 바라봐 온 관점, 나와 타인들, 다른 생물들과 환경 그리고 지구 행성의 관계를 바라보는 관점 혹은 세계관이야말로 진짜 문제의 근원인지도 모른다. 이 글에서 짚어보려는 것도 바로 나와 세상의 얽힘에 관한 문제이며, 이 글은 무엇보다 '몸들의 얽힘과 상호작용'에 관한 이야기다.

사람과 숲, 흑연, 다이아몬드가 알고 보면 모두 같은 탄소로 이루어져 있다니!

• 현재를 살아가는 한국인들만큼 자기 몸이 바깥 환경과 밀

접하게 연관되어 있고, 깊이 상호작용한다는 사실을 절감하는 이들도 없을 것 같다. 겨울철만 되면, 세포라는 생화학적 물질로 구성된 몸이 '초미세먼지'라는 이름의 온갖 유독성 오염물질들과 만나 무슨 일을 겪게 되는지를, 한국인들은 매일매일 쏟아지는 뉴스 때문에 거의 전문가 수준으로 알고 있다. 사상 최악의 고농도 미세먼지들이 대기를 싯누렇게 뒤덮어 숨쉬기조차 힘든 날, 우리는 황사용 마스크를 착용하고서야 겨우 바깥에 나서거나 아예 집안에 틀어박히곤 한다. 툭하면 미세먼지주의보, 황사주의보가 울리는 바람에 미세먼지 스모그는 이제는 일상이 되어버린 듯하다. OECD는 2060년에 한국이 대기오염으로 인한 조기 사망률 1위 국가가 될 것으로 전망하기도 한다. 미세먼지가 우리 몸의 호흡기나 심혈관 계통을 병들게 할 뿐 아니라, 각종 암, 뇌졸중과 치매, 우울증까지 유발한다는 연구 결과까지 쏟아지는 바람에 그런 뉴스 때문에라도 신경쇠약에 걸릴 지경이다.

그런데 미세먼지건 초미세먼지건 간에, 여기서 우리가 간과해서는 안 될 중요한 두 가지 사실이 있다. 먼저 말해야 할 사항은 그것들의 '물질성'이다. 비록 유독물질이긴 하지만, 모두가 지구 행성을 채우고 있는 다양한 물질 원소들이라는 사실, 즉 우리가 숨 쉬는 공기, 매일 먹고 마시는 음식이나 음료, 물 등을 이루는 필수 생명 원소들인 산소, 탄소, 질소 등과 마찬가지로 화학원소라는 사실이다. 두 번째는 미세먼지나 초미세먼지는 황산염, 질산염, 암모니아 등의 이온 성분과 금속화합물, 탄소화합물 등 유해물질들로 이루어져 있는데, 주로 자동차 배기가스나 석탄 연료 등 화석연료를 태우는 데서 발생한다는 사실이다. 한마디로 이 유독물질들 대다수가 자연을 인류가 인공적으로 가공해 사용함으로써 발생한 합성 유독물질들이다. 즉 인류가 자신의 편리한 삶을 위해 만들어 낸 인공 화학물질들이 대기를 거쳐 다시 우리 몸속으로 들어오는 물질들의 순환 속에 그것들이 존재한다는 것이다. 즉 대기오염은 순전히 인간 탓이란 뜻이다.

지구 행성은 물질들로 가득 차 있고, 또 그 물질들은 끊임없이 상호작용하고 상호교환하며 지구에서 순환한다. 흙, 돌, 나무, 꽃, 새, 물고기와 고양이, 코끼리, 그리고 인간, 그리고 물과 공기. 이 모든 것들이 물질들로 이루어져 있다. 예를 들어 모든 보석 가운데서도 가장 값비싼 다이아몬드와 흑연은 동일한 탄소 원소들로만 이루어져 있는데, 딱 탄소 한 개의 차이만 가진다. 탄소 하나 차이가 흑연과 다이아몬드라는 겉보기엔 전혀 다른 물질을 만들어 내는 것이다. 심지어 사람 몸도 다이아몬드와 크게 다르지 않다고까지 말할 수 있다. 사람 몸 자체도 탄소를 기반으로 하고 있기 때문이다. 그래서 요즘은 신장례 문화의 일종으로 죽은 가족의 추억을 영원히 간직하기 위해 유골을 푸른빛이 도는 인조 다이아몬드로 만들어 주는 사업도 있다! 이런 장례를 '다이아몬드장'이라고 부른다고 한다. 내가 죽어 불멸의 다이아몬드로 부활하는 것이다!

물론 사람과 다이아몬드, 흑연이 근본적으로 탄소화합물이라고 해서 사람이 단지 물질 덩어리에 불과한 것은 결코 아니다. 물질들은 어떻게 상호 결합하느냐에 따라 그 근본성질을 전혀 달리하는 '창발적인' 성격을 갖는다.

창발성emergent property이라는 개념은 쉽게 말하자면 '전체는 단순한 부분들의 합 이상'이라는 뜻이다. 사람의 몸을 구성하는 대부분의 화학원소들이 산소와 탄소, 수소로 이루어져 있다고 해서 그것들을 한데 모아놓으면 사람이라는 생명체가 나타나는 건 결코 아니다. 즉 원소들이라는 부분의 합이 절로 사람을 만들어 내지 않는다. 어떤 방식으로 정교하게 배열되고 결합하느냐에 따라 생명이 되느냐 못되냐가 달라진다. 어처구니없는 발상 같지만, 이를 설명하는 용어가 바로 창발성이다. 다시 말해 창발성이란 '하위 계층(구성 요소)에는 없는 특성이나 행동이 상위 계층(전체 구조)에서 자발적으로 돌연히 출현하는 현상'을 말한다.

예를 들어 산소는 물질을 태우는 데 필요한 무색무취의 기체이고 수소는 폭발성을 가진 가장 가벼운 기체이다. 이 두 원소가 잘 배열하여 결합하면, 즉 산소 원자 하나에 2개의 수소 원자가 결합하면 물(H_2O)이라는 전혀 다른 화학적 특성을 가진 물질이 돌연히 출현한다. 또 자동차는 모두 2만여 개의 부품으로 이루어져 있다. 이들 부품에는 볼트도 있고 너트도 있고 핸들, 바퀴, 추진축, 샤프트 등등 많은 것들이 있다. 이 부품들 하나하나에는 자동차의 특성, 즉 수송 수단으로서의 특성이 존재하지 않는다. 즉 자동차의 부품을 한군데 수북이 쌓아둔다고 해서 자동차로 기능하지는 않는다. 이들 각 부품들이 정확하게 배열되고 결합되어야 한다. 그리고 각 부품들 간의 상호작용이 설계된 대로 정확하게 이루어져야 한다. 마찬가지로 무생물에서 생물이 빚어지는 마법과도 같은 일에는 화학원소들이 정확히 배열되고 결합하며 상호작용하는 일련의 과정이 필요하다.[2]

우리가 발 딛고 사는 이 푸른 행성 지구는 이런 창발적 현상들이 가득한 특별한 세계다. 청소년 시절 과학 시간에 배운 화학원소 주기율표에 나오는 약 110여 종의 기본 원소들이 빚어낸 창발적인 생명 세계, 그것이 바로 지구라는 행성이다. 생명과 땅, 물, 공기는 근본적으로는 다르지 않다는 사실을 생각하면 그저 놀랍고 경이롭기만 하다. 지구의 지각을 구성하는 기본 원소들이 비록 구성비와 구성 물질은 조금씩 다르지만, 근본적으로는 비슷한 산소, 탄소, 수소, 칼슘이나 마그네슘 같은 미네랄 등으로 이루어져 있는 것이다!

　하긴 나무든 꽃이든, 사람의 몸이든 간에, 그 모든 생명체를 구성하는 물질들이 이 지구라는 행성을 이루는 물질들에서 생긴 것이지 어디서 나왔겠는가? 그리고 지구라는 구체를 이루는 물질들도 우주를 구성하고 있는 원소주기율표에 나오는 바로 물질들, 한마디로 우주 먼지로 만들어진 것이 아니고 무엇이겠는가! 지구와 사람의 몸, 고양이의 몸, 이 모든 것이 우주먼지로 만들어졌다는 점에선 동일하고, 그런 점에서 이 모두는 이음새 없는 물질들의 그물망을, 아름다운 융단을 직조하고 있다고 말할 수 있을 것이다. 그리고 이러한 모든 물질의 복잡한 그물망을 일컬어 우리는 '자연'이라고 부른다.

여보세요, 우린 늘 얻어맞기 위해 대기하는 샌드백이 아니랍니다

　　• 자연계를 이루는 무생물과 생물 모두가 근본적으로는 물질적 토대를 가진다는 사실, 그리고 그것들 사이에서 일어나는 창발

2　이일하, 《이일하 교수의 생물학 산책》, 궁리, 2014, p. 87.

적인 결합과 배치가 우리 눈에 보이는 모든 물질을 형성한다는 사실에서 우리가 깨닫게 되는 것은 다름 아닌 물질들의 '작용 능력agency'일 것이다. 물질들은 결코 수동적으로 어떤 작용을 받아 반응하기만하는 무엇이 아니다. 내 몸의 힘과 운동 능력을 향상할 목적으로 마구두들겨 대도 군소리 없이 얻어맞고만 있는 샌드백처럼 수동적인 사물들이 결코 아니다. 그것들은 마치 흑연이 숯이나 다이아몬드가 되고, 물과 단백질, 지방, 탄수화물로 이루어진 사람의 시체가 특정한방식으로 재배치될 때 다이아몬드가 되듯이, 원소 차원에서 끊임없이 결합하고 해체하면서 다른 물질들로 생성하고becoming 변화해 나간다. 이와 관련하여 캐런 바라드는 의미심장한 이야기를 한다.

> 물질은 수동적으로 의미화를 기다리는 자연의 작은 조각들, 빈
> 서판, 표면, 또는 장소가 아니다. 과학, 페미니즘, 또는 마르크스
> 주의 이론을 위한 논란의 여지없는 토대도 아니다. 물질은 변화
> 불가능하지도, 수동적이지도 않다. 또한 담론의 지속 가능성을
> 위한 고정된 지지대, 장소, 참조점 또는 원천도 아니다.[3]

인용문이 좀 어렵게 느껴질 수도 있겠지만, 최근 한국에서 벌어지고 있는 상황들을 생각하면 너무나 쉽게 이해될 수 있다. 치킨과 맥주, 케이크와 아이스크림에 든 지방이나 탄수화물, 당분 같은 물질들

---

[3] Karen Barad, *Meeting the Universe Halfway*, Durham: Duke University Press Books, 2007. 스테이시 앨러이모, 《말, 살, 흙》, 윤준·김종갑 옮김, 그린비, 2018, p. 16에서 재인용.

이 우리를 비만과 고혈압에 빠뜨리고, 가습기 살균제가 아기들을 죽이고, 우리가 누워 자는 침대의 라돈 방사능이 우리를 병들게 하고, 초미세먼지는 우리의 폐를 망가뜨리거나 암에 걸리게 한다! 살균제, 라돈 방사능, 초미세먼지 입자들은 우리 눈에 보이지도 않는 작디작은 입자들이지만, 그 물질들은 얌전하고 착한 물질들이 아니다. 물질들 그 자체는 선하지도 악하지도 않다. 하지만 그것들이 인체라는 생물체의 몸과 상호작용을 일으킬 때, 병과 죽음을 가져온다.

그러나 산소나 탄소 같은 물질들은 우리 생명을 유지하는 데 없어서는 안 될 필수 원소들로, 지구의 모든 생명체를 존재하게 하는 물질적 토대가 된다. 그런 의미에서 물질은 우리 인간이 조작하여 이용하거나 돈벌이 수단으로 삼기 위해 언제나 동원되고 기다리는 수동적인 존재가 아니다.

석유나 석탄을 생각해 보자. 석유와 석탄은 머나먼 고대 지질시대에 지구 위를 활기차게 걷고 뛰고 날던 어떤 생명체들을 만들던 물질들이 오랜 시간 지구 아래 깊은 땅에 묻혀 있다가 변형된 물질들이다. 우리는 그 생명들의 시체를 '화석연료'라고 부르면서 다양하게 인간적인 목적에 사용한다. 그런 화석연료들을 사용하여 난방을 하고 자동차와 기차를 달리게 하는 까닭에, 우리 인류는 자연을 이루는 모든 물질을 마치 언제나 이용 가능한 '자연자원'으로만 생각하기 십상이다. 그러나 그런 식으로 지난 3백 년 동안 화석연료를 태운 결과 오늘날 지구온난화라는 불길한 현상으로 되돌아오고 있지 않은가? 화석연료를 태울 때 나오는 이산화탄소가 지구 대기를 점점 더 가득 채워 지구의 몸 온도를 가속적으로 높여가고 있고, 이로 인해 인류를 포함한 전全 생물종에게 위험한 상태를 초래하고 있지 않은가?

산소와 탄소, 수소 같은 원소들은 지구 행성에서 다양한 모습으로 변신한다. 때로는 사람을 비롯한 각종 생명체들의 몸이 되고, 대기의 공기가 되어 떠다니며, 흙이나 나무, 돌, 강물과 바닷속으로 흘러 들어가면서 순환한다. 식물들은 이산화탄소를 흡수하며 산소를 내뿜어 주고, 그렇게 대기 중에 나온 산소를 인간을 포함한 동물들이 마시며 생명을 유지한다. 자연은 이처럼 닫혀 있는 하나의 단일한 계를 이루면서 물질들을 순환시키고, 물질들은 닫힌 계안에서 잠시도 머물러 있지 않고 끊임없이 다양한 물질들로 변신하고 또 변신한다.

그런 면에서 물질들은 '능동적인 행위자'로 간주돼야만 한다. 인간만 행위를 하는 것이 아니다. 행위능력agency이란 말은 지금까지는 대체로 인간에게만 적용되어 왔다. 인간만 주체이고, 나머지 세계, 나머지 모든 자연물질들은 수동적인 객체, 주체인 인간의 이용 대상으로만 간주된 것이다. 그것이 우리가 '근대'라고 부르는 시대에 인간과 세상을 바라보는 관점이었다. 인간만이 정신적인 존재로서 의식적인 행위능력을 가지고 있고, 동물과 식물, 광물, 공기, 물 등 다른 모든 물질은 그저 인간이 글을 써 넣어 어떤 의미나 가치를 만들어 주기를 기다리는 수동적인 '빈 서판' 정도로만 생각해 왔다.

그러나 이제는 이런 이분법적이고 인간 중심적인 사고를 근본적으로 전환해야만 한다. 발상과 사고의 대전환이 필요하다. 소립자처럼 작은 원소 물질들, 바위나 자동차 같은 무생물들, 표범과 물소, 기린, 인간 같은 생명체 모두는 서로 연결된 채로 상호작용하고 있고, 또 서로 물질들을 교환하고 있으며, 다른 존재들에 작용하는 능력을 갖고 있다는 사실을 인식해야 한다. 적어도 인간처럼 '의식적인' 행위 능력까지는 아니라고 하더라도, 물질들이 가진 능동적인 작용 능력, 즉 생명을 만들고, 생명을 유지하게 하고, 나아가 생명을 죽이기도 하는 거대한 작용 능력들을 갖고 있다.

브뤼노 라투르라는 과학인문학자는 이 세계는 이러한 능동적이고 상호작용하는 행위자들로 가득 차 있으며, 그런 점에서 세계는 행위자들의 네트워크, 행위자들의 연결망을 이루고 있다고 본다. '행위자 연결망 이론'이라고 부르는 그 이론에서는 근대적 관점처럼 세상을 주체와 객체, 능동적인 인간 주체와 수동적인 물질 객체라는 식의 이분법으로 구분하지 않는다. 또 이 세상의 그 어떤 존재도, 그것이 무생물이건 생물이건 간에, 결코 외따로 고립된 채로 존재한다고 보지도 않는다. 행위자들의 연결망은 모든 행위자가 마치 '이음새 없는 그물망'처럼 연결되어 있다. 그 어떤 물질이나 존재도 어떤 완전하게 완성된 형태로 고립된 상태로 머무르는 법이 없다. 매 순간 상호작용의 관계 속에서 움직이며 변화하고 있다. 모든 존재는 고립되고 분리된 상태로 머무는 것이 아니라, 특정한 상황 속에서 늘 다른 것들과 결합하거나 해체하면서 행위를 한다.

행위자 연결망 이론에서는 특히 인간 행위자가 소위 '비인간 행위자들'과 연결된 방식과 비인간 행위자들의 행위 양식에 주목한다. 물론 이 '비인간 행위자들'에는 인간을 제외한 모든 생물과 바위, 건물, 나무 같은 자연, 자동차나 로봇, 컴퓨터 같은 기계류 일체를 포함한다. 그에 따르면 세계는 이런 모든 행위자가 어떤 방식으로 연결된 상태로만 자기 자신을 유지 혹은 존재할 수 있고, 그러한 연결은 결합과 해체, 분리라는 형식으로 서로서로 작용·교환하면서 상호 행위를 한다. 그리고 수시로 자기 자신을 바꾸면서 변화한다. 그것은 원자나 분자 같은 미시적 단위에서부터 사람이나 나무, 건물, 나아가 지구와 같은 거시적인 단위에서도 마찬가지다. 인간 행위자뿐 아니라 이 모든 비인간존재들도 '행위자agent로' 자격을 갖추고 연결망에 참여하며 작동한다. 산소는 탄소와 몇 개씩 결합하느냐에 따라 전혀 성질이 다르고, 인체에 작용하는 방식도 다른 일산화탄소나 이산화탄소가 되기도 한다. 또 산소 원자 하나가 수소 원자 두 개와 결합하면 우리 생명의 근본을 이루는 물(H_2O)이 되는 방식으로 새로운 성질을 가진 물질로 변화하며 생성한다.

지금 나는 노트북 컴퓨터와 결합한 상태로 글을 쓰고 있다. 사실 내가 어떤 문장들을 만들어 내기 위해서는 반드시 다른 것들과 결합해야만 한다. 연필 혹은 펜, 컴퓨터 그리고 참고자료로 읽을 책과 말이다. 글을 쓰다 지칠 땐 뜨거운 커피 한 잔이 필요하다. 그러면 나는 커피콩을 가는 커피밀 기계와 결합하여 커피콩을 갈아야 하고, 주전자와 결합하여 물을 끓여야 한다. 그렇게 만들어진 커피 한 잔, 카페인이 든 진한 갈색의 액체는 내 입을 통해 내 몸으로 흘러 들어간다. 내 몸에 들어간 커피 성분 카페인은 혈관을 타고 뇌 속으로 흘러 들어가 뇌를 깨우는 작용을 하고, 다른 한편으로는, 내 몸에 탈수 현상을 일으켜 내가 화장실에 가도록 만든다. 그리고 너무 오랜 시간 노트북 화면을 보고 있으면 노트북에서 나오는 전자파로 인해 내 눈은 뻑뻑하고 피로하게 된다.

이처럼 인간 행위자와 비인간 행위자가 결합하고 연결됨으로써 변형이 이루어지는 방식은 매우 다양하다. 그리고 이러한 연결과 결합, 분리와 해체 과정에서 물질들과 몸들 혹은 신체들이 어떻게 이동하며 세계를 가로지르고, 상호 침투하는지를 알기 위해서는 조금 더 나아갈 필요가 있다. 나는 여기서 우리가 사는 세계의 구체적인 모습, 세계의 풍경을 보여주기 위해 다른 사례, 즉 자동차 운전과 관련된 이야기를 하고 싶다.

우리가 차를 운전할 때 무슨 일이 벌어지는가?

　　•추석이나 설 명절 또는 여름휴가를 맞아 혼잡을 피하기 위해 어느 낯선 국도를 차로 달린다고 생각해 보자. 그때 나는 자동차와 결합한 상태, 자동차의 일부가 된다. 이를 다른 식으로 말하면, 자동차가 내 다리의 연장이 되는 것이다. 그뿐만 아니다. 만일 내 차에 내비게이션이 장착되어 있다면, 그 기계는 공간지각력을 작동시키는 나의 시각과 뇌와 결합하여 내가 고생하지 않고도 처음 가는 낯선 길도 헤매지 않고 잘 찾아가도록 해 준다.

여기가 끝이 아니다. 내비게이션이 제대로 작동하려면 고도의 첨단 기술 시스템이 작동해야만 한다. 우주에 떠 있는 인공위성 위치 추적 시스템, 지상의 통신 기지국들, 그리고 데이터를 수집하고 업데이트하면서 내비게이션의 정확성과 안내를 이끌어 주는 거대한 컴퓨터 서버 시스템과 도로 교통과 관련된 모든 통신 전산 시스템 등. 나는 그저 운전대를 잡고 고속도로 위를 달리고 있을 뿐이라고 생각하지만, 실은 거대한 첨단 과학기술 시스템과 온갖 첨단 기계

장비들이 정교하게 맞물린 상태에서 마치 그것들이 내 신체의 일부인 양, 내 정신의 일부인 양 연결되어 작동하고 있는 것이다. 만일 내가 운전 중에 FM 라디오를 켜서 듣고 있다면, 그 순간부터는 방송 시스템과도 연결되게 된다.

다시 말해 고속도로 위를 달릴 때 내 몸과 정신적 인지능력은 다른 것들, 즉 '비인간 행위자들'과 고립되고 분리된 상태로 있는 것이 아니다. 우리가 그토록 소중하게 여기는 인간의 정신, 인지적인 능력조차도 낯선 국도 위를 달리는 그 순간엔 인공위성과 내비게이션, 통신 기지국 등 거대한 첨단 과학기술 시스템 같은 '비인간 행위자'들과 연결되고 또 그 일부가 됨으로써 낯선 도로 환경에서도 탁월한 지적 능력을 발휘할 수 있다.

비인간 행위자들 가운데 자연은 어떤가? 내가 도로 위를 달리는 날, 그날의 날씨 상황이나 밤 혹은 낮과 같은 지구의 현재 상태도 나의 운전에 작용하며 영향을 미칠 것이다. 거친 폭우나 바람이 몰아친다면, 그런 날씨는 나의 차분하고 안전한 운전을 방해할 것이며, 험난한 고갯길도 마찬가지일 것이다. 그것들은 나의 몸과 마음 상태에 영향을 미치고, 운전하는 차의 속도에도 영향을 끼친다. 이런 관점에서 본다면 내가 운전을 하고 있는 그런 상황에 과연 그 모든 자연적이고 기계적인 시스템들이 나와 서로 상호작용하는 행위자로 작동하지 않는다고 말할 수 있을까?

그런데 내비게이션을 이용해 도로를 달리고 있는 그 순간, 나와 자연-기계 시스템이 '연결'되어 있고, 행위자로써 상호작용하고 있다고 말하는 것만으론 충분치 않다. 연결은 '변형'과 '생성'을 초래한다.

무슨 변형인가? 신체의 변형이다. 내가 글을 쓰면서 노트북과 결합할 때 내 신체는 그 결합을 통해 인간-노트북 기계, 즉 글쓰기 기계로 변형된다. 내가 부엌칼로 요리를 할 때 나와 칼은 요리하는 기계로 변형된다. 반면에, 그 칼을 흉기로 사용한다면 나와 칼은 살인-기계로 변형된다. 이처럼 운전을 하는 나는 자동차와 결합하여 결합하기 이전의 느린 상태에 비하면 엄청나게 더 빠른 고속 주행 기계로 변형된다.

내비게이션을 켜고 도로 위를 달릴 때, 내 몸은 인공위성과 통신 교통 시스템 전체와 연결되고 결합된다

이러한 행위자들의 연결 관계, 결합과 분리 관계, 이 모든 상호작용 관계를 통해 발생하는 변형과 생성 이야기들에는 과거처럼 인간중심주의적인 주체-객체의 이분법적 관점이 들어설 자리가 없다.

운전자인 나는 의식적인 행위자이며, 나머지 모든 비인간 행위자들, 즉 자연이나 내비게이션, 자동차나 교통 통신 시스템은 모두 나의 지시와 명령, 의도와 목적에 봉사하고 복종하는 도구들이나 자원들로 보는 관점이 있어 왔다. 다시 말해 주인과 노예의 관점에서 인간 주인과 자연-기계 노예로 파악하는 관점, 이러한 인간중심주의적 관점은 지난 수백 년간 인간의 편리와 편의, 쾌락만을 위해 그저 수동적일 뿐인, 아무 말도 행위능력도 없어 보이는 자연 존재들과 지구를 착취하고 이용하도록 부추겼다. 이런 인간중심주의적 관점이야말로 오늘날과 같은 지구적 위기 상황, 즉 온난화와 생물다양성의 위기 같은 생태계의 위기를 초래한 오만하고 편견에 가득 찬 사고 패러다임이 아닐까?

화석연료의 무분별한 채굴과 이산화탄소를 대기로 너무 많이 방출하도록 함으로써 지구의 온도를 높이고, 그것이 결국 기후급변을 낳고, 그 결과로 여름철의 끔찍한 폭염과 겨울철의 황사, 초미세먼지 구름을 끌어들여 우리를 고통에 빠뜨리는 것, 이 모든 것이 세계와 인간-자연-기술 같은 행위자들이 서로 어떤 작용을 하는지 인식하지 못하는 인간 인식의 한계에 대항해 자연 스스로 자신의 거대한 작용 능력을 드러냄으로써 우리를 일깨우려는 말 없는 시위인 것은 아닐까?

횡단하는 신체들의 가로지르기, 이동, 그리고 순환

• 위에서 자동차 운전을 사례로 들었지만, 이 이야기에서 사실 결정적인 점은 빠져 있었다. 무엇이 빠져 있었는가? 바로 물질들의 이동과 순환, 그리고 작용에 관한 이야기다. 자동차를 운전하는 상황에서 일어난 행위자들의 연결망에서 핵심적인 행위자를 빠뜨린

것이다. 그건 바로 자동차를 달리게 하는 에너지인 화석연료, 휘발유, 그리고 내 몸에 에너지를 제공하는 음식에 관한 이야기다. 기이하게 들릴지는 모르지만, 석유와 내가 식당에서 사 먹는 음식 모두 이산화탄소, 메탄 같은 온실가스, 그리고 지구와 직접 연관되어 있다!

나는 운전을 하다 잠시 쉬기도 하고 무언가를 먹을 겸, 그리고 주유소에서 기름을 넉넉하게 더 채워 넣기 위해 마침 어느 국도변에서 발견한 작은 휴게소에 들르게 된다. 나는 주유소에서 기름을 넣고 유명한 패스트푸드 체인점에 들어가 소고기 패티가 들어간 햄버거를 사먹기로 한다. 내 몸은 햄버거와 결합하고, 내 자동차는 주유기와 결합한다. 그 순간, 내 몸과 차는 새로운 연결망에 접속하게 된다. 먼저 자동차부터 살펴보자. 내 차가 달리기 위해선 기름이 필요하고, 그 기름은 주유소 시스템에 연결된 어느 한 주유소에서 넣게 된다. 그리고 그 주유소 시스템은 한국 굴지의 정유회사들과 연결되어 있고, 정유회사들 역시 화석연료를 에너지원으로 하는 선박회사 시스템과 연결되어 있다. 또 궁극적으로는 석유를 캐내는 세계적인 석유자본들과 아랍의 석유수출기구Organization of the Petroleum Exporting Countries에 속한 여러 나라와 연결되어 있다.

그런데 많은 국가와 거대한 자본 그리고 기계, 많은 기술이 결합한 이 거대한 석유 관련 시스템이 오직 단 한 대의 차량, 즉 내가 운전하고 있는 이 차에 석유를 제공하기 위해 존재하는 것은 아니다. 지구 위에서 굴러다니고 있는 모든 자동차, 비행기, 선박 같은 교통 운수 시스템이 존재하기 때문에 내 차에도 기름을 넣을 수 있다. 더 중요하게는 석유나 천연가스 같은 화석연료는 교통 운송 시스템만을 위해 존재하는 게 아니다. 그것은 플라스틱이나 고무 같은 석유화학 제품들을 생산하는 화학자본들, 나아가 부엌에서 쓰는 가스나 난방용 기름이 필요한 가정들과도 연결되어 있다.

사실 우리는 차를 운전하면서 이런 복잡하고 정교한 연결망을 생각하진 않는다. 그저 빨리 목적지에 도달하기를, 그것도 사고 없이 안전하게 도착하기를 바랄 뿐이다. 또 지금 이 순간, 지구 위에 깔린 온갖 길들을 달리는 자동차나 하늘을 나는 비행기, 바다를 달리는 선박이 얼마나 많을지도 생각하지 않는다. 2016년 기준으로 약 10억 대의 자동차들이 달리고 있고 2035년경엔 약 17억 대가 넘을 것으로 예상된다. 한국에서만 자동차 등록 대수가 2천 3백만 대가 넘는다. 거의 두 명당 한 대꼴이다. 그런데 현재 중국은 약 열 명당 한 대 정도인데, 약 14억 인구를 가진 중국이 계속 경제 발전을 이루고 한국처럼 너도나도 자동차를 굴리겠다고 나선다면, 그리고 여기에 13억 인구를 가진 인도까지 가세한다면, 향후 20억 혹은 30억대의 자동차에서 뿜어낼 온실가스의 양은 얼마나 클 것이며, 그 온실가스는 또 지구의 온도를 얼마나 더 높일 것인가!

그런데 석유나 석탄 같은 화석연료란 게 무엇인가? 결국 수억 년 전, 고생대 시대에 지구에 번성하는 육상과 바다의 생명체들의 시체가 수억 년의 세월 동안 땅 밑에서 화학적이고 물질적인 '변형'을 거쳐 만들어진 것이 아닌가? 인류는 바로 그 수억 년 전의 시간을 거슬러 올라가 고생대 시대의 죽은 생명들과 접속하여 그들을 인류를 위한 에너지원으로 '변형'시키고 전기와 플라스틱, 차와 비행기를 위한 재료로 사용하고 있는 것이 아닌가? 그리고 그 결과로, 우리는 이산화탄소와 메탄을 비롯한 온실가스를 쓰레기처럼 대기 위로 마구 쏟아내고 있고, 그 온실가스가 지구의 온도를 높이고 있는 것이 아닌가?

바로 이 지점에서 우리는 수억 년을 관통하는 지구적인 차원에서 벌어지는 물질들의 이동과 순환, 그리고 그러한 이동과 순환이 초래하는 결과들을 본다. 살아 움직이던 생물체들이 죽어 땅 밑에서 오랜 세월을 거치면서 끈적끈적한 원유나 가스로 바뀌고, 그것이 자동차라는 매개를 통해 이산화탄소나 메탄 같은 눈에 보이지도 않는 기체들로 변하고, 그리고 그것이 호흡을 통해 다시 사람의 폐로 들어왔다가 나가는, 씨줄날줄 복잡하게 얽혀 있는 거대한 물질들의 이동과 교환, 횡단과 순환의 사슬.

이러한 물질들의 이동과 교환, 가로지르기 과정은 비단 화석연료에서만 나타나는 것이 아니다. 내가 휴게소에서 사 먹는 햄버거에 든 소고기 패티, 그것은 또 어디서 시작되어 어디를 경유하고, 마침내 고속도로 휴게소의 한 패스트푸드점에서 만든 햄버거 패티로 변형되어 내 몸속으로 들어오는가?

나는 목적지인 장소에 도착하면, 아는 지인들이나 혹은 고향의 가족들과 함께 고깃집에 가 소고기나 삼겹살 요리를 먹게 될지도 모른다. 삼겹살이건 소 등심이건 간에, 우리가 쉽게 '고기meat'라고 이름 붙인 그 맛있는 음식도 한때는 살아 숨 쉬는 몸을 가진 동물 생명체였다는 걸, 고깃집에서 소주에 상추쌈을 곁들여 고기를 구워먹을 땐 절대 떠올리지 않는다. 소고기 햄버거를 먹을 때도 물론이다. 나아가 이젠 거의 80억에 육박하는 인간종, 고기와 육식을 너무나도 사랑하는 이 종의 개체 수가 늘어나면 늘어날수록 우리에게 고기를 제공하는 소와 돼지, 닭을 키우기 위한 더 많은 땅이 필요하고, 또 그 동물들에게 먹일 콩과 옥수수 같은 사료를 재배하기 위해 더 많은 숲들이 벌목되어 사라진다. 그 결과 숲에 의지하는 많은 생물종이 멸종할 뿐 아니라, 그 동물들을 키우는 대가로 강과 토양의 오염, 그리고 메탄가스 같은 온실가스를 어마어마하게 내뿜게 된다는 치명적인 사실도 깊이 생각하지 않는다.

동물들의 몸에서 인간들의 몸으로 이어지는 이 과정에 연루된 동물들, 숲과 나무들, 자본, 사람, 기계들, 그리고 이러한 접속과 연결, 순환과정에서 나타나는 이산화탄소나 메탄, 단백질과 지방, 탄수화물 같은 작은 물질들을 가로지르는 이동. 이러한 이동에서 우리가 알게 되는 진실을 무엇인가? 바로 인간과 사회, 자연은 마치 앞뒤 구분이 불가능하도록 이어진 뫼비우스의 띠처럼 분리 불가능한 방식으로 연결되어 순환하는 하나의 사슬을 이루고 있다는 사실이다. 나아가 지구 시스템을 이루는 모든 구성원들, 구성요소들은 너무나 복잡한 그물망처럼 연결되어 있고, 그리고 그러한 구성요소들의 인위적인 변경이나 조작은 실로 예측 불가능한 결과를 초래한다.

나는 그저 배가 고파서 햄버거를 사 먹었고, 이동수단으로 차를 이용했고, 친지나 친구들과 만나 즐거운 시간을 갖기 위해 고깃집에서 고기를 구워 먹었을 뿐이다. 하지만 지금까지 살펴보았듯, 한 개인의 작은 이동 경로, 연결과 접합 이야기 속에 이미 지구적인 차원의 식물-동물-사람-자본-기술-국가-지구의 온도와 생물종 다양성과 관련된 생태계 전체가 들어있다. 무엇보다 산소와 탄소, 메탄, 수소 같은 소립자들의 뒤얽힘과 이동, 결합과 해체, 변형이라는 거대한 대하

서사가 숨어 있게 마련이다. 그리고 이 모든 서사는 요약하면 '살에서 살로' 혹은 '몸에서 몸으로'라는 몸과 신체의 횡단transition에 관한 이야기가 된다.

스테이시 앨러이모는《말, 살, 흙》에 17세기 네덜란드 철학자 스피노자의 영향을 받은 '횡단하는 신체' 개념을 끌어들인다. 그는 이 개념을 인간중심주의를 극복하기 위한 패러다임의 전환을 촉발할 수 있는 한 접촉지점으로 전개한다. 인간 신체와 인간을 넘어서는 다른 신체들, 즉 식물, 동물, 광물 같은 비인간 신체들의 세계와 맞물리는 지점들과 장소의 이동, 변형을 묘사하기 위해 사용한다. 이는 인간을 구성하는 물질들이 궁극적으로 우리가 '환경'이라고 부르는 것과 분리 불가능하다는 것, 그리고 텅 빈 공간이나 자원 정도로만 여기는 '환경'이 사실은 그들 자신의 필요와 욕구, 행위를 지닌 '살을 가진 존재들'의 세계임을 강조하기 위한 것이다. 횡단은 서로 다른 장소들을 가로지르는 운동임을 부각한다. 횡단-신체성은 인간 몸, 비인간, 생명체, 생태계, 화학 작용물, 그리고 여타 다른 행위자들의 예측 불가능하고 반갑지 않은 작용들을 인정하는 유동적인 공간들을 우리에게 열어 보인다.

그리고 횡단하는 신체라는 개념은 인간과 비인간 세계의 행위자들이 연결하고 접속하면서 서로서로 작용하고, 또 그런 과정에서 일어나는 신체적인 변형 과정에 주목하기 때문에 위에서 지금까지 살펴본 것처럼, 지구적 차원에서 작은 것이 큰 것과, 큰 것이 작은 것과 어떻게 연결되면서 예측 불가능한 결과들을 빚어내는지를 우리가 어느 정도 추적할 수 있게 도와준다.

무엇보다 인간과 비인간 행위자들을 모두 포함한 행위자들의 연결망, 그리고 횡단하는 신체라는 개념들이 포착하고자 하는 것은 근대 휴머니즘 패러다임이 갖고 있는 인간중심주의적인 패권주의, 오만을 넘어서고자 하는 윤리적이고 정치적인 지향성이다. 그것은 새로운 인식론적 패러다임, 윤리학적 패러다임을 요구한다. 인간과 비인간 행위자 모두가 연결된 '물질적인 상호연결'을 중시하고, 그 행위자들이 가진 현실적인 물질성을 고려하며, 특히 그러한 물질성의 연결과 접속, 상호이동과 변형을 인간의 관점이 아닌 지구적인 차원의 관점이라는 '더 높은' 관점에서 사고하길 요구한다. 이것을 우리는 패러다임의 전환, 즉 인간중심주의에서 지구중심주의로 패러다임을 크게 바꾸는 작업이라고 본다.

인간과 기술 산업이 만나면
오염물질과 산업 폐기물, 쓰레기가 생산된다

• 세상을 인간 중심 관점에서 지구 중심 관점으로 전환해야 할 필요성은 최근 급격하게 진행되고 있는 지구온난화와 생태계 위기 때문에 더욱 시급해졌다. 17세기 인본주의 세계관이 등장하고 과학혁명과 산업혁명이 시작된 이래, 인류는 지구를 구성하고 있는 모든 비인간 행위자들을 오직 인간의 편리와 이익, 쾌락을 위해 재배치하고 이용해 왔다. 마치 정부가 전쟁을 위해 총동원령을 내려 국민을 전쟁에 내몰듯이, 인류는 지구의 모든 생명체와 자연을 자신의 이익과 편리를 위해 동원체제로 배치해 왔다. 철학자 하이데거라면, '닦

달'해 왔다고 쓸 것이다.

그런 점에서, 근대의 휴머니즘이란 사실상 인간지상주의나 다름없었다. 인간중심주의가 오직 이윤 창출을 최대의 목적이자 미덕으로 삼는, 자본주의라는 이름을 가진 산업 경제 시스템과 결합할 때, 지구적인 차원에서 어떤 사태가 초래될지에 관해서는 아무런 관심도, 지식도 없었다. 인류가 인간중심적인 사고 프레임에 갇혀 있었기 때문에 나타나는 근시안적 시각의 한계이기도 했다.

지난 2018년 10월 경기도 파주에서는 지구와사람 포럼 주최로 대규모 생태문명 국제 콘퍼런스가 열렸다. 거기서 중국의 북경대학교 사범대 철학과 교수인 송 티안은 〈판타지는 이제 그만〉이라는 흥미로운 제목의 논문을 발표했다. 그 논문의 요지는 근대 산업주의 패러다임이 간과하거나 은폐했던 중대한 진실을 드러냈다. 그는 인간과 산업이 지구 환경과 어떻게 연결되고 상호작용하며 순환하는지를 지구 시스템적 관점에서 명료하게 보여주었다. 그에 따르면, 근대 자본주의 세계는 '과학-기술-제품-산업사슬 STPI, the Chain of Science-Technology-Product-Industry'의 순환에만 관심이 있었다. 거기엔 중대한 사슬의 순환고리가 하나 빠져 있었다. 즉 이 순환이 결국 환경오염과 폐기물을 만들어내고 그것은 결국 사회와 자연으로 다시 순환한다는 사실이다.

자동차 산업과 플라스틱 산업을 생각해 보라. 한국의 자동차 산업이나 플라스틱을 생산하는 석유화학 산업이 성장하면 국내총생산 GDP이 올라간다. 우리는 이를 '경제 성장'이라고 부르며 환호한다. 일자리가 늘고, 국민소득도 증가하고, 그러면 시민들의 주머니도 두둑해져 자동차를 더 많이 사게 될 것이다. 경제학은 바로 기술-제품-

산업의 순환만을 고려한다. 여기에 정작 빠진 것은 무엇인가? 바로 자동차 매연이 뿜어내는 유독가스와 각종 산업 폐기물, 가정에서 더 많은 소비를 통해 쏟아내는 각종 쓰레기들이다! 이런 부정적인 결과는 결코 국민총생산에 포함되지 않는다. 이것이 진실이다. 지난 수백 년간 인간중심적 사고, 거기에 기반한 자본주의적 산업 시스템은 기술-제품-산업 순환 사실만을 고려하면서 지구의 모든 비인간 행위자들을 인간의 편익과 자본의 이익만을 위해 '동원'하고 '착취'해 왔다. 그러나 지구적 관점에서 다시 순환의 사슬을 관찰할 때 드러나는 진실한 사슬은 과학-기술-제품-산업-오염-폐기물사슬STPIPW, the Chain of Science-Technology-Product-Industry-Pollution&Waste이다. 이 STPIPW사슬이야말로 지구적 관점에서 현실을 제대로 보는 것이다.

사실 자본주의 경제가 작동하면서 만들어 내는 순환 사슬은 물질과 에너지 변화의 사슬과 불가분하게 뒤얽혀 있다. 어떤 제품이든 그것의 원천으로 거슬러 올라가면, 숲, 광물자원, 물을 만나는 반면, 끝을 따라가 보면 다양한 형태의 쓰레기를 만나게 된다. 송 티안 교수는 이를 "기술제품의 오염과 폐기물 주기법the periodical law of pollution and waste of technology products"이라고 부른다.[4]

사람이라는 유기체도 공기와 물과 음식을 섭취하여 에너지와 살과 뼈를 얻지만, 그런 과정에서 불가피하게 이산화탄소와 땀과 오줌, 똥을 세상에 내놓는다. 자본주의 경제와 산업 시스템을 몸으로 비유하면, 이 무지막지한 먹성을 가진 거대 공룡 역시 많이 먹으면 먹을수록

---

[4] 송티안, 〈판타지는 이제 그만!〉, 《생태문명 국제 콘퍼런스 자료집》, 2018, p. 306.

많은 오줌과 똥(오염물질들과 산업 폐기물들)을 내놓게 된다. 그리고 자본주의적 소비자들인 우리 개개인들도 일상생활 속에서 엄청난 생활 쓰레기를 쏟아내고 있다. 수도와 전기를 펑펑 쓰고, 가까운 곳도 굳이 차로 다니고, 플라스틱 제품들을 아무렇지도 않게 마구 쓰고 있다. 그 결과로 우리가 돈 주고 사 먹는 생수에도 미세플라스틱 조각들이 나오고, 몸속에는 각종 화학물질이 쌓이며, 온난화로 인한 기후급변이 초래하는 폭염과 미세먼지, 황사에 시달린다. 인간과 사회, 경제 시스템은 이처럼 자연, 지구와 하나의 순환 사슬을 맺고 있어서, 끊임없이 물질들을 주고받고, 그 과정에서 생물권과 대기권, 수권, 지권은 서로에게 영향을 미치게 된다.

그런데 기술과 산업제품의 오염과 폐기물 순환이 지금과 같은 방식으로 계속 진행되고, 그로 인해 대기권에 이산화탄소가 점점 더 축적되고, 바다로 플라스틱 폐기물들이 계속 흘러 들어가게 된다면, 궁극적으로 우리 인류에게 어떤 운명이 닥치게 될까? 혹시 인류가 다음번 화석연료가 될 차례가 된 건 아닐까? 머나먼 미래에 인류의 시체가 깊은 땅 밑에서 화석연료로 변형되고, 그것을 어떤 미래의 종이 연료로 신나게 뽑아 쓰게 되지 않을까? 아마도 그에 대한 답은 21세기 후반이 되어 그때 지구의 평균 온도 값이 산업혁명 시대보다 몇 도나 더 높아지느냐에 달려 있을 것이다.

지구적 관점으로 패러다임 전환하기

• 불행 중 다행으로, 21세기 인류는 뒤늦게서야 지구 시스

템이 작동하는 복잡한 그물망의 연결과 순환 관계에 눈을 뜨고 있다. 인간과 비인간 행위자들이 상호 어떤 피드백을 주고받는지, 그리고 인간-기술-경제-환경이 어떤 방식으로 서로를 가로지르면서 이동하며 순환하는지를 이해하고 있다. 21세기 현실은, 지구의 운명과 나의 운명이 전혀 무관하다는 관점 자체가 오류임을 보여주고 있다. 내 몸은 내가 아닌 다른 모든 타자, 즉 인간과 동물, 식물, 대기, 강과 바다, 궁극적으로 지구 자체와 분리 불가능한 방식으로 연결되어 있고, 나의 행위는 결국 어떤 방식으로든 다시 내게로 되돌아오게 되어 있다. 그러나 이러한 순환 사슬을 보다 명확하게 인식하고, 현재 위기에 처한 생태계에 제대로 윤리적으로 개입하기 위해서는 인간중심의 관점을 넘어 지구적 관점에서 세상과 사물들의 연결과 이동, 순환을 살펴보는 패러다임의 관점이 절대적으로 필요하다. 특히 오늘날 21세기가 '인류세'라는 이름을 얻을 정도로 우리 인류가 지구의 조화로운 행보에 균열을 내고 있다는 상황에선 더더욱 그렇다.

인류세 시대의 생태주의 윤리는 바로 그러한 패러다임의 전환에 기반한다. 그 윤리는 휴머니즘의 인간중심주의를 넘어서 비인간 행위자들까지 포함하는 모든 행위자의 조화로운 공존과, 무엇보다 지구시민주의적 관점에서 모든 행위자의 이동과 연결, 순환을 고려하는 지점에서부터 시작해야 할 것이다.

4장

바디버든, 내 몸은 어쩌다
화학물질 칵테일이 되었을까?

_이승미

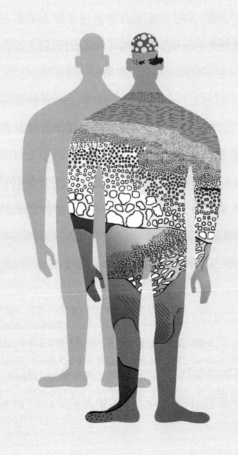

●미세먼지와 안개가 섞인 뿌연 하늘을 바라보며 나는 가끔 엉뚱한 상상을 한다. 소설이나 영화에 나오는 절대 미모의 드라큘라를 현실에서 만날 수 없는 이유는 어쩌면 그의 식량인 인간의 피가 너무 많이 오염되었기 때문일지 모른다는. 유럽연합 환경위원 발스트룀은 2003년 기자회견장에서 지극히 개인적인 정보를 공표하여 세계에 충격을 줬다. 그녀의 피는 무려 28종의 유해 화학물질이 섞인, "화학물질 칵테일"이었던 것이다! 스웨덴 청정지역에서 나고 자란 그녀의 핏속에는 놀랍게도 수십 년 전에 사용 금지된 약품까지도 들어 있었다. 혈액을 분석한 영국 리버풀대학교 독물병리학자 비비언 하워드 박사는 "현대인이라면 누구나 독성물질에 노출되어 있음을 보여준 것"이라 논평했다.[1]

　지구 반대편 미국에서도 경악하는 여성이 있었다. 텍사스대학교 알링턴 영문학과 스테이시 앨러이모 교수는 우편물을 뜯어보다가 놀

---

[1] 류재훈, 〈내 혈액은 화학물질 칵테일〉, 《한겨레》, 2003. 11. 7.

라움에 입을 다물지 못했다. 그다지 깊은 생각이나 기대 없이 몇 달 전 그린피스에 보낸 자신의 머리카락에서 검출된 수은 수치, 단 하나의 숫자, 그리고 그 숫자의 의미 때문이었다. 그녀는 편지를 열어보기 전까지는 숫자에 접근할 수 없었을 뿐 아니라, 그러한 측정 수치의 존재조차 알지 못했다고 말했다. 숫자 하나로 그녀는 자신의 몸에 수은이 유입되는 경로를 상상하고, 몸이 세계와 얽히는 방식에 대해 비로소 생각하는 계기가 되었다고 고백했다.[2]

지금 내 몸속은 어떨까? 당신의 몸속은?

바디버든이란?

• 아직 친숙하지 않은 단어, 바디버든 body burden을 옥스포드 영어사전에서는 이렇게 설명한다.

> 사람이나 동물의 몸 안에 있는, 방사성 원소나 독성 물질 등 특정 화학물질의 총량.(The total amount of a particular chemical present in a human's or animal's body, typically a radioactive element or other toxic substance.[3])

필요 없는 말이라면 만들어지지도 않았다. 현대인이 알아야 하고

---

2 스테이시 앨러이모, 《말, 살, 흙》, 윤준·김종갑 옮김, 그린비, 2018, p. 62.

3 옥스퍼드 영어사전, 'body burden'(https://en.oxforddictionaries.com/definition/body_burden)

외워야 하는 영어 단어는 차고도 넘친다. 그런데도 굳이 새로 만들어 사전에 등재된 용어 바디버든은, 실제 이것이 이미 존재한다는 증거이기도 하다. 각종 유해 화학물질은 이미 사람들 몸 안에 많이 들어 있다. 이미 있는 것을 표현하려다 보니 새로 단어가 필요했고, 가장 공신력 있는 영어사전에도 등재된 것이다. 그렇다면 대체 유해 화학물질은 언제, 어떻게, 우리 몸 안으로 들어온 걸까?

　우리 몸은 외부 '환경'과 깔끔하게 분리된, 독립된 개체가 아니다. 우선은 코나 입처럼, 무언가가 늘 드나들고 맨눈으로도 보이는 큰 구멍들도 구멍들이려니와, 살과 근육을 감싸고 있는 매끈한 피부조차도 자세히 들여다보면 실은 구멍이 숭숭 뚫려 있기 때문이다. 복숭아처럼 말랑한 조직체인 살의 최외각 껍질에 해당하는 피부는 차폐 기능이 완벽하지는 않다. 그런데도 왜 우리는 마치 우리 몸이 '코팅된' 것처럼 느끼고 사는 걸까? 우리는 시각이라는 감각기관에 의존하기 때문일 것이다. 눈을 부릅뜨고 봤을 때 간신히 보이는 크기는 약 0.1mm, 즉 100μg다. 요즘 많이 거론되는 미세먼지는 이 크기보다 십 분의 일 이상으로 더 작다.

　굳이 입으로 먹거나 마시지 않아도 눈이나 여성의 성기 같은 점막, 코, 때로는 피부를 통해서도 여러 물질이 우리 몸을 드나든다. 미세먼지가 대표적이다. 우리가 숨을 쉴 때마다 허파 깊숙이 공기 중의 모든 것이 드나든다. 몸에 방어체계라는 건 없느냐고? 인간의 코털은 아직 미세먼지까지 거르도록 진화하지 못했다! 문명의 발달은 급속도였지만 우리 몸의 진화 속도는 더디기 그지없어서, 우리 몸은 아직 2만 년 전 그대로이기 때문이다.[4] 코털이 거를 수 있는 크기는 눈에 보이는 정도로 큰 먼지뿐이다. 코털은 성실히 그것들을 모아서 콧속에 쟁여 둔다. 인간이 심심하거나 숨이 조금 답답하다 싶을 때 후벼내서 버리는 행위를 할 수 있도록. 미세먼지는 그대로 폐까지 무사통과다. 고속도로가 따로 없다.

좀 더 단순하게는 우리가 늘 해 오던 먹거나 마시는 행위 자체도 우리 몸이 '환경'과 단절된 코팅된 몸이 아니라는 직접적인 증거다. 귤 하나가 위장으로 내려가 소화액과 장운동으로 잘게 부서진 후에, 소장과 대장에서 영양분과 수분까지 흡수되고, 피를 통해 신체 곳곳에 배달된 후, 미토콘드리아에서 태워져 에너지원이 되거나, 또는 몸의 일부를 이루는 세포로 다시 태어난다. 귤은 내가 되었고, 지금 내 몸의 일부는 예전에는 귤이었다. "귤은 내 몸과 자연을 가로질러 경계를 무너뜨렸다"라고 표현할 수도 있다. 우리가 숨 쉬는 공기, 물, 음식 모두 구멍이 숭숭 뚫린 다공성 신체이자 생화학 공장인 우리 몸의 코, 입, 피부를 통해 몸속으로 들어와 몸을 구성하고, 그 일부는 몸속에서 각종 생화학 공정을 거쳐 다시 몸 밖 자연으로 돌아간다. 그리고 그런 과정을 통해서만 우리는 생명을 유지할 수 있다. 즉 자연과 환경은 이미 '체내화'되어 수시로 몸을 드나들며 순환한다. 자연과 우리 몸은 결코 분리되어 있지 않고, 이들 사이를 무수한 물질들이 가로지르고, 이동하고, 순환한다.

페미니스트이자 환경철학자인 스테이시 앨러이모는 공기나 물 뿐 아니라 특히 음식이야말로 손으로 만질 수 있는 최적의 '횡단-신체

---

4 데트레프 간텐, 틸로 슈팔, 토마스 다이히만, 《우리 몸은 석기시대: 진화의학이 밝히는 질병의 이유들》, 조경수 옮김, 중앙북스, 2011, p. 60.

적 물질'이라고 부른다. 사실 곰곰이 생각해 보면 수태의 순간부터 몸은 환경의 영향을 받아 형성되었고, '환경'과 '몸'이 연결되지 않았던 순간은 단 한순간도 없었다. 그렇다면 대체 어디에서 인간의 몸이 끝나고 어디서부터 '환경'이라 통칭되는 '비인간 자연'이 시작되는 걸까? 인간은 언제나 능동적이고 예측 불가능한 물질세계의 일부였다. 독성물질은 여기저기 늘 이동하기 때문에 인간의 안녕이 지구의 안녕과 무관하다고 생각하거나, 자연을 '보존'하기 위한 특정 지역을 지정함으로써 '자연'을 보호할 수 있다고 안심할 수는 없다.

달리 말하면 횡단-신체성의 윤리적 공간은 어디 다른 곳이 아니라 이미 우리가 살고 있는 바로 여기다. 환경과 인간은 더 이상 분리되어 있지 않다. "말과 살, 혹은 이제 더 이상 개별적 개체가 아니다."[5] 지구에서 일어나는 일은, 이를테면 지구의 바디버든은 내 몸에서 일어나는 것과 마찬가지다.

미세먼지는 먼지일 뿐인가?

• 먼저 최근 들어 한국인을 괴롭히는 미세먼지 얘기부터 해 보자. 그런데 미세'먼지'라니, 이름 참 잘(?) 지었다. 무섭지 않게. 이름 하나로 생각이 바뀌는 경우가 있다. 일본제국, 생체실험으로 악명 높은 731부대에서는 실험대상자를 사람으로 부르지 않았다. '마루타', 즉, 통나무라 불렀다. 사람이 아니라고 칭하니 함부로 대해도 죄

---

5 스테이시 앨러이모, 앞의 책, p. 49.

책감이 덜했다. 각종 생체실험을 당한 피해자들의 시체는 '여기 쌓인 건 인간 시체가 아니야, 통나무가 쌓여 있는 거지'라고 생각하며 땔감 태우듯 태워 버렸다. 그들이 그렇게까지 악랄할 수 있었던 건 '통나무'라고 이름 붙여 같은 인간이 아니라고 인식함으로써 죄책감을 희석해 버린 탓도 있었을 것이다.

　미세먼지에는 흙먼지, 꽃가루 등 고체 상태로 나온 1차 발생물도 있지만, 발생원에서는 가스 상태로 나온 물질이 다른 물질과 화학반응을 일으켜 2차 발생물이 되기도 한다. 이 2차 발생물의 비율이 전체 발생량의 삼 분의 이를 차지할 정도로 높다. 2차 발생물 주성분은 질소산화물(NO_x)과 황산화물(SO_x)로 알려져 있다. 뭔가를 태울 때 (그것이 자동차 연료든, 쓰레기든, 화력발전소 연료든, 고등어든 간에) 많이 나온다. 질소산화물은 주로 폐 질환을 일으키거나, 오존층에 구멍을 뚫거나, 다른 유기물과 화학반응하여 독성 물질을 만들곤 한다. 황산화물은 산성비의 주원인이고, 호흡기 질환을 일으키거나, 식물의 엽록소를 파괴하거나, 심지어 건물도 부식시킨다. PM_{10}이나 $PM_{2.5}$같은 표현도 워낙 뉴스에서 자주 보다 보니 이미 익숙하지만 그래도 다시 한번 기억해보자. PM particle matter은 입자 물질이란 뜻이고, 아래 첨자로 작게 써진 숫자는 입자형 물질의 직경을 나타낸다. 물론 숫자보다 단위가 더 중요한데, 여기서 단위는 마이크로미터다. 마이크로 micro는 백만 분의 일, 즉 1/1,000,000이라는 접두어다. 즉, PM_{10}이라 하면 '직경이 십만 분의 일 미터 이하인 입자 물질'이고, $PM_{2.5}$는 '직경이 백만 분의 2.5m 이하인 입자 물질'이다. $PM_{2.5}$짜리 입자는 사람 머리카락 단면에—길이 방향이 아니다—30개쯤 일렬종대로 올릴 수 있는 크기다. 이게 과연 눈에 보이겠는가? 이런 입자들이 공기 중에 꽤 많은 농도로 섞여 있는 게 문제다.

《어린 왕자》에서 사막여우의 명언, "중요한 것은 눈에 보이지 않아"를 굳이 끄집어내지 않더라도, 직관적으로 짐작이 된다. 보이지 않은 미세먼지들이 우리 몸 안에서 썩 좋은 일을 할 것 같지는 않고, PM_{10}보다는 $PM_{2.5}$짜리가 더 위험할 것 같다고. 실제로 그러했다. 미국, 일본, 유럽연합에서는 일찌감치 $PM_{2.5}$ 농도를 기준 삼아 왔고, 우리나라도 2015년부터는 PM_{10}에서 $PM_{2.5}$로 기준을 바꾸었다. 세계보건기구 WHO 권고 기준은 연평균 1세제곱미터당 10마이크로그램($10\mu g/m^3$) 이하, 24시간 평균치 $25\mu g/m^3$ 이하지만, 우리나라는 너그럽게도(!) 연평균 $25\mu g/m^3$ 이하, 24시간 평균치 $50\mu g/m^3$ 이하를 기준으로 한다. 이런데도 꽤 자주 마스크맨이 핸드폰에서 "절대 외출 금지"라며 경고를 하니, 우리는 어찌 맘 놓고 숨 쉬란 말인가? 십 년 전 첫 중국 출장에서 공항에서 내리자마자 숨이 턱 막히고 눈이 따끔거리던 경험을 이젠 내 고국에서 겪고 있다니…

미세먼지는 정말로 몸에 많이 나쁠까? 슬픈 예감은 잘 들어맞는 법. 미세먼지를 쥐의 혈관에 강제 투입하자 심장병이 발생한 사실이 관찰되었다. 폐 질환 및 뇌졸중, 뇌 인지 장애까지 유발한다고 알려졌다. 안타깝게도 태아에게는 그 영향이 더욱 크다는 게 밝혀졌다. 베이징에서 매일 조깅하던 사람이 폐 질환으로 사망했다는 기사도 본 적이 있다. 건강을 위한 운동이 오히려 조기 사망이라는 결과를 가져오고 만 것이다. 세계보건기구 WHO에서는 미세먼지 PM_{10}, $PM_{2.5}$에 대한 대기질 가이드라인을 1987년부터 제시해 왔고, 2013년에는 WHO

산하의 국제암연구소 IARC, International Agency for Research on Cancer가 미세먼지를 사람에게 발암이 확인된 1군 발암물질로 지정했다.[6] 다시 말하지만, 이름 참 잘(?) 지었다. 덜 무섭게. 미세먼지는 그저 조금 더러운 먼지가 아니다. 약간 과장을 섞자면, 미세먼지가 높은 날 장시간 야외운동을 한다면, 자신을 대상으로 흡입독성 실험을 몸소 실천하고 있는 것이다. 실험실의 모르모트처럼.

한편 1급 발암물질 담배로 자발적 흡입독성 실험을 장기간 지속하면서도 장수하는 흡연자들을 떠올려 볼 때, 미세먼지 이슈는 지나치게 공포를 조장하고 있다는 시각도 있다. 어쩌면 우리는 미세먼지 관련 가전제품들의 광고와 공포 마케팅에 너무 자주 노출되었는지도 모른다. 고등어를 구울 때 순간적으로 급격히 증가되는 미세먼지 농도보다 고등어 안에 존재할지도 모르는 방사성 물질 농도에 더 주의를 기울여야 하는 건 아닐까. 미세먼지를 제거해 준다는 공기청정기 선전은 많이 봤어도 식품 안의 방사성 물질을 제거해준다는 제품은 없으니 말이다.

가습기 살균제와 라돈 침대, 한국에 바디버든의 심각성을 일깨우다

• 바디버든이라는 용어가 알려지기 이전부터 우리 사회는 이미 그 심각함을 몸소 겪었다. 바로 가습기 살균제 사건이다. '한국전쟁 이후, 단일 사건 사망한 한국인 수 최대'라는 세간의 평이 내려

---

6 〈바로 알면 보인다. 미세먼지, 도대체 뭘까?〉, 환경부, 2016. 4월호, p. 6.

진 이 사건은 2011년 4월부터 알려지기 시작했다. 병원에서 급성호흡부전이 주증상인 중증폐렴 임산부 환자 입원이 눈에 띄게 증가한다며 질병관리본부에 역학 조사를 요청하면서 본격적인 조사가 시작된 것이다. 조사 결과, 원인 물질은 1994년부터(!) 판매되어 온 가습기 살균제, 특히 제품 속의 살균성분들 폴리헥사메틸렌구아니딘 PHMG, 올리고에톡시에틸구아니딘 PGH, 클로로메틸이소티아졸리논 CMIT, 메틸이소티아졸리논 MIT으로 밝혀졌다. CMIT와 MIT는 미국 환경보호청에서 1991년에 2급 흡입독성물질로 지정된 물질이었다.

제조업체는 동물실험으로 인체 안전성이 규명되었다며 1994년 신문 광고에 '인체 무해'나 '내 아기를 위하여'라는 광고 문구를 넣었고, TV 광고에는 돌쟁이 아기를 안은 엄마가 '가습기 친구 가습기 메이트'를 선전했다. 분명히 일반 가정, 특히 호흡기 질환에 걸리기 쉬운 아이들을 위한 '안전한' 제품이라는 인상이다. 하지만 2016년 가습기 살균제 청문회에서 밝혀진 바에 따르면, 90년대 당시 초창기였던 흡입독성실험은 일주일에서 열흘 정도의 급성 흡입독성실험뿐인지라 장기간 사용하는 인체에 관해서는 무해성을 입증할 수 없음이 밝혀졌다.[7] 실생활에서 가습기는 건조한 계절인 가을에서 겨울까지 거의 반년을 사용하지 않는가? 게다가 정량을 지켜 넣는 소비자는 얼마나 될 것인가?

설상가상으로 공업용 항균제 PHMG는 원료도매업체를 거쳐 여러 회사로 판매되었다. 그중에는 시민들에게 이번 사건의 주범처럼 알

---

7 MBC 스트레이트 제26회, 〈추적 가습기 살균제, 1300명 사망의 비밀〉, 2018. 10. 29.

려진 옥시레킷벤키저도 있었다. 1994년부터 2011년까지 관련 기업 27사, 연간 제품 판매량은 약 60만 개, 추정 사용자 수는 약 800만 명에 달한다. 가정에 널리 보급된 초음파형 가습기와 살균제의 조합은 초음파로 잘게 쪼개진 살균제가 직접 폐를 공격, 폐가 굳어가는 폐섬유화를 유발했다. 사망자는 주로 영유아와 임산부였다. 피해자들 중에는 "아이가 자꾸 기침하고 숨쉬기 힘들어서, 공기를 깨끗이 해주느라 살균제를 꼬박꼬박 넣고 가습기를 온종일 틀어줬다"는, 기침이 심해질수록 더 많이 틀어줬다는 가슴 아픈 경우가 많았다. PHMG와 PGH에 관해서는 2011년 11월에 일부 제품 수거 명령이, CMIT와 MIT는 2012년 9월에 유독물질로 지정되었으며 그 사용이 전면 금지되지는 않았다. 2019년 10월 기준, 가습기 살균제 사건으로 인한 공식 피해자는 6,578명, 그중 사망자는 1,449명이다.[8] 현재까지도 조사가 진행 중이기에 피해자와 사망자 수는 증가할 것으로 예상된다.

수익만을 추구하는 거대자본의 의도적이고 제한된 실험을 토대로 한 판매, 제한된 정보와 과장된 광고 때문에 사망에까지 이른 시민들, 사건 후 수습하기에만도 바빴던 보건당국. 과연 앞으로는 이런 사건이 다시는 일어나지 않을 것인가?

또 2018년 모든 시민에게 잠 못 드는 밤을 선사한 환경 사건은 단연 라돈 침대다. 도대체 어디서부터인지 명확하지 않지만, 언젠가부터 우리 사회에서는 '음이온은 건강에 좋다'는, 일종의 도시 신화가 자리 잡고 있다. 신화 대부분이 그렇듯, 근거는 딱히 없는 데도 믿는

---

8 정재림, 〈끝나지 않은 '가습기 살균제 사건' 8년의 시간〉, 《노컷뉴스》, 2019. 10. 20.

사람은 많다. 좋은 음이온으로 알려진 피톤치드_phytoncide_의 어원은 다소 살벌하다. 식물에 의한 몰살. 식물이 스스로를 지키기 위해 세균과 곤충의 활동을 억제하거나 죽이려고 방출해대는 활성 물질들을 뭉뚱그려 부르는 이름이다. 벌레에게 나쁜 게 사람에게는 좋을까? 농도와 노출 빈도의 문제다. 쉽게 말해 그 활성 물질로 벌레는 죽지만, 인간에게는 그다지 감각되지 않을 수 있다. 숲에 들어섰을 때 맡는 상쾌한 냄새 수준이냐, 혹은 농축되어 판매되는 공업용품을 매일 방 안 가득 뿌려대느냐는 차이가 있을 것이다. 이를테면, 피톤치드가 함유된 동시에 MIT도 함유된 가습기 살균제도 있었다.

실내 음이온 생성기는 오존을 발생시키는 공기 '청정기'나 에어컨이 있는데, 이것도 코미디가 따로 없다. 우리가 구멍 뚫릴까 봐 노심초사 인공위성 사진까지 들여다 보며 걱정하는 것과 달리, 내 코로 직접 들어오는 오존은 내 몸에 대단히 해롭다. 농도가 진해질수록 비릿한 냄새를 시작으로 기침, 따끔거리는 눈, 가쁜 숨, 심하면 시력장애까지 유발하기 때문이다. 대기 중 오존 농도와 함께 오존 경보가 발령되는 시대에 오존 생성 기능이 있는 가전제품이 팔린다니, 세상은 얼마나 요지경인지!

더 우스운 건 '게르마늄 팔찌'니 뭐니 하는 음이온 제품들이다. 음이온이 방출된다고 하면 내게는 방사능 물질이 먼저 떠오르는데, 이는 사실로 드러났다. 2018년 겨울, 이름도 생소한 라돈이라는 원소가 전 국민에게 알려졌다. 라돈_Rn_은 원자번호 86번 원소로서 주기율표의 맨 오른쪽 끝의 8족 불활성기체들의 모임인 He-Ne-Ar-Kr-Xe 다음에 위치한다. 솔직히 고백하자면, 물리학과 졸업생인 나에게도 썩 친숙치 않은 원소다. 아마도 환경공학과, 핵물리 전공자, 원자력공학 또는 의학물리학 방사선학과생들에게만 친숙한지도 모르겠다. 그런데 이 원소가 고작 일주일, 길어야 한 달 안에 전 국민이 이름을 아는 원소로 등극했다. 그토록 파급력이 컸던 이유는, 건강에 직접 관계된 문제였기 때문에, 다시 말하자면 죽고 사는 문제였기 때문이리라. 침대에 누웠다는 이유만으로 죽어야 한다면, 그 침대가 그리스 신화에 나오는 프로크루스테스의 침대도 아닐진대, 누군들 억울하고 원통하지 않겠는가? 더욱이 그 침대가 아침부터 저녁까지 노동의 대가로 받은 급여를 아끼고 쪼개 모아 구매한 것이라면? 침대 사느라 야근까지 했다면? 원통하고 억울해서 자다가도 벌떡 일어설 지경이리라.

라돈이 무엇이며 얼마나 몸에 안 좋은지를 알려면 우리는 방사능이 무엇인지부터 훑어봐야 한다. 방사능 물질에 관계되어 가장 유명한 인물은 아마 퀴리 부인일 것이다. 1911년 노벨화학상과 1903년 노벨물리학상을 모두 수상한 유일한 과학자이자 가장 유명한 여성과학자인 마리 퀴리. 그녀는 1898년 우라늄 광석에서 염화라듐을 분리했고, 1902년에는 무려 8톤의 폐우라늄 광석에서 0.1g의 염화라듐을, 1910년에는 염화라듐에서 전기 분해로 금속 라듐을 얻어내는 데 성공했다. 하지만 실험복 주머니에 라듐을 넣고 다니곤 했던 그녀는 방사선—이 이름도 그녀가 붙였는데—피폭을 피할 수 없었다. 결국 백혈병으로 고생하다가 1934년 타계했다. 그녀는 인류 최초의 방사선 관련 산업재해 사망자가 아닐까. 그녀의 실험 노트는 방사능에 오염되어 열어볼 수 없다는 속설도 있다.

방사능 원소는 방사선이란 것을 내뿜으며—이걸 '붕괴'라고 부른다—다른 원소로 바뀌어 버린다! 이런 특이한 성질 때문에 초창기에는 방사능이 신비한 능력을 갖췄다고 생각되어 화장품이나 치료제로 높은 가격에 거래되기까지 했었다. (왠지 요즘의 '음이온 건강용품'이 연상되지 않는가?) 마리 퀴리와 많은 과학자가 건강과 인생을 바쳐 연구한 덕분에, 오늘날 우리는 X-선, 제품 검사, 암세포 파괴 등에 방사선을 유용하게 활용하고 있다.

방사능 원소인 우라늄과 토륨이 붕괴되면 마리 퀴리가 1911년 단독으로 노벨화학상을 받게 된 원소 라듐이, 라듐이 붕괴되면 드디어 우리에게 친숙(?)한 라돈이 생긴다. 라돈은 1900년 독일 화학자 도른Dorn이 발견한 방사선 기체다. 같은 가족인 불활성 기체들처럼, 무색 무미 무취의 기체인 데다가 화학반응도 거의 하지를 않아서 존재조차 알기 어렵다. 인체에 들어와도 대개 밖으로 배출되지만, 먼지와 결합해서 체내로 들어가면 심각한 이야기가 된다. 몸 안에서 방사선이 방출되고 내부피폭이 일어난다. 폐 세포 손상은 폐암까지 일으킬 수 있다. 방사선을 '뿜뿜' 하는 물질이 폐 안에 들어와 있는데 어떤 허파가 견뎌 낼까? 라돈 침대 사태는 모자나이트라는 광물 가루를 매트리스 안에 뿌려 넣었기 때문에 벌어졌다. 검은 대리석처럼 보이는 모자나이트는 방사능 원소를 많이 포함하고 있는데, 침대뿐 아니라 부엌 조리대나 고급벽지 원료로도 많이 활용되었다. 주로 고급아파트에서 말이다. 이유는? 당연히 '몸에 좋은 음이온'을 발생시키기 때문이다! 무지의 대가가 방사선 피폭이라니!

라돈 침대만 없애면 방사선에서 해방될까? 그렇진 않다. 방사능 제로인 공간은 지구상에서는, 그리고 지구 밖에서도, 없다. 우라늄이니 토륨이니 하는 방사능 물질들과 탄소14(^{14}C)나 칼륨40(^{40}K)같은 동위원소들은 이미 자연에 존재하기 때문이다. 흙에서, 공기에서, 먹는 음식에도 방사능 물질이 있어 깊은 산 속에서 순수 자연인으로 살더라도 방사선에 노출된다. 이렇게 받는 자연방사선량은 한국에서는 약 1.5밀리시벗(mSv)이다. 핀란드의 경우 7mSv, 세계평균값도 2.4mSv이다. 2009년 국제암연구센터IARC에서는 라돈이 세계 폐암 발생 원인의 14%를 차지한다고 발표했다. 이를 방지하는 방법은 의외로 단순하다. (라돈 침대가 없다는 가정하에) 자주 환기하면 된다. 라돈은 공기보다 무겁기 때문에 창문 활짝 열고 바람만 잘 통하게 하면 실내에 쌓인 라돈은 밖으로 퇴치된다. 자연방사선 외에 추가로 더 방사선에 노출되기도 하는데, 병원에서 검진을 받는다거나 비행기를 탈 때가 그런 경우다. 고도가 높을수록 우주방사선이 강해지므로 비행기로 인천과 뉴욕을 한차례 오가면 엑스레이 아홉 번 찍은 것과 같은 정도의 방사선에 노출된다. (그러니 비행기 타고 자주 여행 다니는 사람을 부러워만 할 건 아니다.) 우리나라의 원자력안전법 시행령 별표1에 명시된 일반인의 연간 유효선량한도는 1mSv이며, 제방사선방호위원회ICRP에서 정한 값도 이와 같다. 1년에 10번 이상 엑스레이를 찍으면 기준치를 초과하니, 꼭 필요할 때만 검사받도록 하자.

'나는 그저 잘 자고, 잘 먹고, 건강하고, 행복하고 싶을 뿐인데, 내가 왜 이런 것들까지 머리 복잡하게 알아야 하나?' 하는 자괴감에 빠질 법도 하다. 그러나 어쩌겠는가. 현대인은 유해합성물질에서 벗어날 수가 없다. 게다가 일부분은 아직 유해성이 입증되지도 않았다. 침대가 방사선을 '뿜뿜' 하고 있으리라고 그 누가 짐작조차 했을까? 별수 없다. 알아야 나를 지킨다. '모르는 게 약이다'는 19세기의 구닥다리 명언이다. 21세기 명언, 아니 생존 명제는 '알아야 나를 지킨다'일 것이다. 편의와 위험이 양날의 검처럼 함께 포장되어 곳곳에 지뢰처럼 뿌려진 현대사회에는, 오래 사는 것보다 건강하게 사는 것이 중요해진 지금에는 말이다. 끊임없이 공부하고, 끊임없이 의심하고, 검증해야 한다. 전쟁도 없고 문명은 고도화된, 편리한 세상을 누리며 살아가는 대가라 생각하자.

정직한 측정, 그러나 기준을 정하는 게 문제다

• 측정값은 정직하다. 소극적으로 표현하더라도, 현재 과학기술 수준에서 최대한 정확성을 추구한 결과물이다. 그러나 '안전'의 기준에는 해석이 개입된다. 같은 음식을 먹어도 누구는 배앓이를 하고 누구는 멀쩡한 경험이 있을 것이다. 마찬가지다. 방사능이건 바디버든이건, 사람에 따라 받아들여지는 정도도 다르고, 견딜 수 있는 정도도 다르다. 그러나 사회에서는 '안전 기준치'를 만들어야만 한다. 무엇을, 어떻게 안전의 기준으로 삼아야 할 것인가? 누가 그것을 정하는가?

미세먼지의 기준부터 말하자면, 한국의 미세먼지 기준치는 대단히 느슨한 편이다. 세계보건기구 WHO의 PM_{10} 주의보와 경보 발령 수치는 각각 60과 90μg/㎥, $PM_{2.5}$는 30과 60μg/㎥다. 우리나라의 주의보 및 경보 발령 기준치는 PM_{10}의 경우 160과 300μg/㎥, $PM_{2.5}$는 90과 180

$\mu g/m^3$이다. 게다가 $PM_{2.5}$를 측정하고 발표한 것도 2015년부터로 매우 최근이다.

측정 수치 공개 이전과 이후를 상상해 보자. 누군가는 어제까지 위험한 공기라는 생각을 하지 않고 저녁에 강가를 따라 두 시간 조깅하고 뿌듯해했다. 그런데 오늘 갑자기 환경부 기상청에서 오늘부터 $PM_{2.5}$ 농도를 공개한다면서 수치를 보여줬고, '위험'하다고, 어제는 더 '위험'했다고 발표했다고 치자. 오늘 나는 운동하지 말아야 하나? 그럼 어제는? 갑자기 어제 조깅한 게 후회되고 조깅으로 오히려 건강이 나빠진 것 같다는 생각이 들기 시작한다. 이게 인간이다. 기준이 중요한 이유다.

극단적인 예는 2011년 일본에서였다. 도쿄전력이 운영하는 후쿠시마 제1원자력 발전소가 사고를 일으켰다. 반감기 3만 년짜리 방사능 물질이 마구 바다로 버려지는 와중에도 누군가는 일을 해야 했다. 서류에 사인하고 컴퓨터 작업하는 사무 일이 아닌, 사고 현장을 수습하는 일 말이다. 당시 일본 후생성에서 노동자들에게 제시한 연간피폭선량 기준은 평소 방사선업종 노동자에게 적용되던 수치보다도 2.5배나 증가된 수치인 250mSv였다. '안전' 수치가 몇 일만에 2.5배나 늘어난 것이다. 더욱이 건물 안으로 로봇을 보내 측정한 수치는 시간당 4000mSv에 이르렀는데, 이는 단지 5분 이내에 상향된 연간 피폭선량을 채우는 강력한 방사선량이다. 당시 후쿠시마에서 일하던 노동자들은 방사능에 영향을 받지 않는, 외계인이었나? 측정은 죄가 없다. 측정기에도, 측정하는 과학자에게도. 이처럼 실험 설계가 필요치 않은 단순한 측정일수록 더더욱.

이토록 기준치를 정하는 것은 대개 과학의 범주를 넘어선다. 이것이 21세기 지구인이 과학을 알아야 하는 이유다. 해석된 의미만 수동적으로 받아들이지 않고, 측정 수치를 직접 해독할 수 있어야 한다는, 때로는 목숨이 걸린 현실적인 이유.

일상생활 속의 바디버든은 도대체 얼마나 많은지!

• 케미포비아chimiphobia는 화학물질에 관한 불안과 공포 현상을 일컫는 말이다. 모든 화학물질을 무조건 피해야 할까? 자연물은 무조건 몸에 좋을까? 그렇게 단순하지는 않다. 알코올로 소독하면 상처가 덧나지 않으며, 자연에 존재하는 천연 독버섯을 먹으면 인간은 죽으니 말이다. 원론적인 이야기로 들리겠지만, 화학용품은 꼭 필요한 만큼만, 적절한 농도와 노출도로 사용해야 한다. 물론 그러기 위해서는 잘 알아야 한다. 공포는 알지 못하기 때문에, 대상을 내가 조절할 수 없기 때문에 생기는 감정이 아닌가.

현재 전 세계는 12만 종이 넘는 화학물질이 개발되어 사용 중이며 매년 신물질이 30%씩 증가한다고 한다. 유해성 정보가 확인된 물질은 이 중 15%뿐이라는데, 그 15%는 과연 신뢰할 수 있을까? 이를테면 모자나이트 가루를 침대에 살포한다든가 하는 예상치 못했던 활용과 엉성한 안전성 검사는 없을까? 안전성이 확보되었다 해도 용량과 누적의 문제가 남는다. 오랜 시간 화학물질의 약한 독성에 노출되는 경우, 즉 경피독도 영향을 무시할 수 없다. 바다는 오염되었고, 먹이 피라미드 위쪽인 큰 물고기로 갈수록 바디버든이 축적되는데, 그

물고기를 잡아먹은 인간은 바디버든을 고스란히 받아들여 혈액 속 수은 농도가 높아지고 만다. 우리는 서서히 바디버든을 늘여가고 있다. 인간의 수명은 무려 100년을 바라보도록 길어졌고, 수륙생물들을 먹이로 삼아서 그들 몸에 들어 있던 독성 물질까지도 축적해 가니 말이다. 그뿐이랴. 플라스틱이 배에 가득 차서 죽은 고래 사진의 충격, 그리고 조개류에도 미세플라스틱이 많이 함유되었다는 보고도 있다. 비인간 생명체들도 바디버든이 늘어나고 있다.

"네 몸에 종이컵 반만큼 독이 차면 병이 생기고, 종이컵 하나 가득 차면 죽는 거야. 이 과자 안에는 독이 반 방울 정도 들어 있어. 그래도 이거 먹을래?" 내가 아이들에게 하는 말이다. 나는 단지 사실을 말했을 뿐이다. 정량적으로는 대단히 부정확하지만—문제를 일으키는 양은 기껏 백만분의 일ppm, part per million 수준이라 종이컵 반 컵은 많아도 너무 많다—정성적으로는 맞는 얘기다. 문제는 이런 충격요법에도 불구하고 아이들은 과자를 즐겨 먹는다는 것. 거부하기에는 너무나 달콤하고, 인식하기에는 너무나 와닿지 않으며, 주변에 너무나도 많이 널려 있다는 게 바디버든을 피하기 힘든 이유다. 과자는 영양은 없고 칼로리만 높은 대표적인 식품인 데다가 방부제, 유화제, 색소, 향료 등 온갖 화학물질과 발암 유발 의심물질의 집약체다. 알레르기나 아토피 등으로 몸이 소리 없는 비명을 질러 댈 때는 이미 예방은 늦다. 원인이 명확치 않은 피부질환 아토피. 아토피atopy라는 이름부터가 그리스어 ἀτοπία, 즉 장소 밖의 상태, 부조리를 뜻한다고 하지 않는가. 화학물질 접촉을 줄이면 상태가 좋아진다는 임상보고가 많으니 임계점을 넘은 바디버든이 피부를 통해 드러나는 현상이 아토

피일지도 모른다.

　달콤한 아이스크림에도 영화 같은 사연이 있다. 세계적인 아이스크림 제조판매 기업인 배스킨라빈스의 유일한 상속자였던 존 로빈스 John Robbins는 금수저, 아니 다이아몬드 수저가 될 기회를 망설임 없이 내팽개쳤다. 새로운 맛의 아이스크림을 개발하느라 비만에서 벗어나지 못하는 아버지를 보고 자란 그는 기업 상속을 거부하고 미국 낙농업의 폐해와 육식의 위험성을 고발하는 작가이자 환경운동가의 삶을 택했다. 50대 초반에 심장마비로 사망한 그의 아버지와는 달리 환경운동가 존 로빈스는 72세인 지금까지도 건강하게 활동 중이다.

　매일 사용하는 세제와 화장품은 경피독의 주요 원인 물질이다. 세제는 의외로 범위가 넓은데, 그릇 씻는 주방세제와 빨래하는 세탁세제, 손 씻는 세정제, 샤워젤, 치약, 그리고 샴푸까지 포함된다. 이들을 구성하는 재료는 물, 계면활성제, 향료, 실리콘, 프탈레이트 phtalate이다. 계면활성제는 쉽게 말해 물과 기름을 섞이게 해주는 물질인데, 아이스크림부터 샴푸에 이르기까지 현대문명사회에서 자주 쓰이는 물질이다. 샴푸에 들어 있는 합성계면활성제 라우릴설페이트 lauryl sulfate는 고농도에서 피부 장벽을 파괴할 수도 있다는 우려가 확산되어 샴푸를 쓰지 않는 노푸 no-poo족이 생겨나기도 했다. 향료 성분, 특히 화장품에 첨가된 향 성분은 대개 기업 비밀로 분류되어 공개되지 않기 십상이라 당연히 분석도 불가능하다. 발향 성분은 판매와 직접 영향을 미치는데, 소비자는 제품을 접할 때 느끼는 감각적인 기분으로 상품을 구매하기 때문이다. 풍기는 향기나 만졌을 때 매끄러운 느낌처럼, 감각적이고 주관적인 느낌말이다. 이 매끄러운 느낌을 주는 성분은 첨가된 실리콘silicone인데, 화장품 판매를 좌우하는 '발림성'은 실리콘에 달렸다 해도 과언이 아니다.

무엇보다 걱정스러운 성분은 프탈레이트다. '말랑말랑한 느낌의 플라스틱'이라면 프탈레이트가 들어있다고 생각해도 좋다. 대부분의 향수와 방향제에서 프탈레이트가 검출되었다. 발향뿐 아니라 그 반대인 탈향도 썩 건강하지 않기는 마찬가지인데, 탈향제에서 1급 발암물질인 포름알데히드가 함량 기준을 크게 초과하여 검출된 사실이 있다. 콕 짚어 프탈레이트가 걱정인 이유는 이 물질이 환경호르몬의 대표주자이기 때문이다. 환경호르몬이란 몸 안으로 흡수되었을 때 호르몬 역할을 함으로써 체내환경을 혼란시키는 물질을 말한다. 한마디로 가짜호르몬이다. 원한 적도, 시킨 적도 없건만, 마치 자신이 호르몬인 양 우리 몸에 '일해라절해라' 명령을 내린다. 원래 사람 몸에는 조절 물질 호르몬이 분비되고, 때맞춰 적당한 양이 분비되어야만 그 사람이 건강하게 장수한다. 단순히 표현하자면 인간이란 동물은 한평생 고작 차 스푼 하나 정도의 호르몬에 따라 성장하고, 성징이 나타나고, 번식하고, 화내고, 우울해하고, 편안해하고, 병에 걸리고, 죽는다. 이러니 환경호르몬은 얼마나 심각한 유해물질이란 말인가.

최악의 환경호르몬 사건인 일본의 유증 사건Yushō disease을 잠시 살펴보자. 1968년 2월, 쌀겨기름의 부산물을 활용한 사료를 먹은 닭 수십만 마리가 폐사했다. 원인은 배합사료였고, 제조사는 주식회사 카네미 창고였다. 한편 3월부터 후쿠오카 지역에서는 여드름 같은 피부병 환자가 급증하여 역학조사가 진행 중이었다. 같은 해 10월 서일본 지방에서는 식중독 사건이 발생했는데, 또다시 동일 회사 제품인 쌀겨기름이 원인이었다. 1년에 걸친 후생성 조사 끝에, 식용기름 속에는 상상도 못한 물질들—폴리카보네이트비페닐PCB, polychlorinated biphenyl, 폴리클로리네이티드다이벤조푸란PCDF, polychlorinated dibenzofurans—이 들어 있었음이 밝혀졌다!

대체 몸에 좋다는 비싼 건강식품인 쌀겨기름에 왜 PCB니 다이옥신이니 하는 것들이 들어 있단 말인가? 설마 그게 건강에 좋아 첨가한 건 아니겠지? 당연히 아니었다. PCB는 열전달유체로 쓰이는 공업물질이지 식용이 아니다. 제조사는 탈취 과정에서 이 물질을 사용했는데, 배관이 부식되어 PCB가 제품에 섞여 들어가고 말았다. 게다가 요리할 때 기름이 가열되자 PCB는 다이옥신인 PCDF로 합성되어 버리고 말았다.

원인은 부식된 관의 구멍이었다. 사소해 보인다. 하지만 결과는 절대 사소하지 않았다. '몸에 좋은' 쌀겨기름을 먹은 주민들은 지속적인 섭취 약 5개월 후부터 만성중독 증상을 보였다. 내분비계 교란으로 인한 성장지연, 성욕감퇴, 말초신경장애, 탈모가 나타났고, 전신에 고름이 고이는 증상까지 보고되었다. 그해 보건소에 신고한 피해자는 14,000명도 넘었지만, 여기까지 읽으신 독자는 이미 짐작하셨듯이, 유관성을 인정받은 환자는 1,900여 명뿐이었다. 사건 40년 후 대부분의 환자는 사망했고—피해자가 사망할 때까지 적절한 조치를 취하지 않는 행위에는 기시감이 든다—생존자들도 대를 이은 피해와 병마에 시달리고 있다. 사건 발생 당시 소녀였던 피해자들은 성인이 되어 피부색이 검게 착색된 아기를 낳았고, 모유만으로도 신생아 피부가 검어진 경우도 보고되었다. 환경호르몬이란 이런 일을 한다.

이제는 상식이 되었듯, 환경호르몬은 무심히 쓰고 버리는 일회용품에서 녹아 나올 확률이 높다. 특히 일회용 폴리카보네이트PC, poly-carbonate 용기, 비닐 랩, 스티로폼 컵라면은 사용하지 말아야 한다.

환경호르몬과 유독물질이 문제가 된 경우는 여전히 많다. 최근 아이들에게 인기를 끌기 시작해서 이제는 어른들까지 찾는 카페도 생긴 액체 괴물 장난감도 문제가 많다. 액체 괴물, 다른 말로 슬라임은, 맨손으로 만지고 노는 핑거페인트나 클레이 같은 장난감을 말한다.

영어로는 슬라임인데, 말캉말캉하고 흐물흐물한 느낌 때문에 액체 괴물이라는 이름이 붙었다. 수상쩍게 생긴 모양 그대로, 이것은 유해 화학물질의 혼합체다. 2018년 1월 30일, 기술표준원은 총 14종류의 액체 괴물 상품을 포함한 어린이 제품 49개를 리콜 명령 조치했다.[9] 프탈레이트계 가소제, 납, 아민 등이 기준보다 초과 검출되었고, CMIT나 MIT와 같은 방부제까지도 최대 2.8배까지 초과했던 것이다. 프탈레이트계 가소제는 간과 신장에 손상을 유발하는 대표적인 유사 호르몬이며 납은 피부염이나 각막염, 중추신경 장애 등을 유발하는 독극물이다. 아민은 중독 시 적혈구가 산소를 운반하는 능력을 상실하면서 암을 발생시킬 수 있는 물질이다. CMIT와 MIT는 가습기 살균제로 쓰이던 물질이나 그 유해성으로 문제가 된 후에는 완구류나 점토, 찰흙과 같은 학용품에서 사용이 전면 금지된 바 있다. 주 사용자가 초등저학년이며, 아이들은 유해물질에 더욱 민감할 수밖에 없음

---

9 이보람·이모인, 〈액체 괴물 유해물질 검출, 총 49개 제품 리콜 명령 내려져〉, 《조선일보》, 2018. 1. 30. 리콜된 제품 목록은 제품안전정보센터(www.safetykorea.kr)에서 확인할 수 있다.

을 고려할 때, 이따위 '장난감'이 판매된다는 건 당최 말조차 안 되는 이야기다. 가습기 살균제 이슈가 아직 뇌리에 생생한데, 또다시 같은 유독물질이 가득한 '장난감'이 인기인 세상이란 얘기다. '장난감'이라니, 목숨을 건 장난? 대체 누구의 주머니로 얼마가 들어가기에 이딴 일을 벌일 수 있는 걸까? 알면 알수록 세상엔 분노할 일투성이다.

헤나 염색 부작용도 이슈였다. 헤나 염색제 소비자 상당수가 얼굴과 목까지 검게 착색되는 부작용을 보고했다. 천연 헤나 염색제의 원료는 이집트나 인도 등에서 자라는 열대성 관목인 로소니아 이너미스 Lawsonia inermis 잎을 말린 가루다. 조사하느라 들여다 본 사진으로는 헤나가루는 녹차가루와 색깔이나 질감에서 별반 차이가 없어 보였다. 오렌지색에 가까운 밝은 붉은색의 헤나 모발염색은 역사가 깊다. 기원전 1570년 경의 고대이집트 왕녀 휴누타메후 Ahmose-Henuttamehu 도 머리카락을 밝은 붉은색으로 염색했다.[10] 또한 이슬람 남성들은 수염을, 여성들은 손톱을 헤나를 써서 오렌지색으로 염색하는 전통이 있다. 지금처럼 흑색으로 피부 착색을 일으킨 사태는 지난 수천 년간 없었다. 주범은 헤나가 아니다. 아무리 양보해도 헤나 단독범은 아니다. 짙고 빠른 발색을 위해 함께 섞었을 합성 착색제—이를테면 파라페닐렌디아민 PPD, p-phenylenediamine —혹은 그들 간의 화학작용이 문제다. PPD는 산화형 염모제에 한해 전체의 2.0%까지는 첨가가 허용된다. 과연 이 수치는 지켜지고 있는가? 염색약에 피부가 노출되는 시간은 잘 지켜지고 있는가? 식품의약안전처는 제품 수거와 현장 조사

---

[10] G. Elliott Smith, *The Royal Mummies*, London: Duckworth Publishing, 2000. 위키피디아, 'Henna'(https://en.wikipedia.org/wiki/Henna)에서 재인용.

로 원인을 파악 중이며, 2019년 1월 29일에는 염모제를 사용할 때는 패치테스트로 안전성을 확인하고 정해진 사용 시간을 준수해야 한다는 내용의 소비자 안내문을 배포했다. 헤나 사건을 스피노자식으로 표현하자면, 빠르게 많은 이윤 내기를 추구하는 자본의 심리와 저렴한 합성 염색약의 '나쁜 만남'이 이번 헤나 피부 착색 사태를 불러일으킨 것이다. 헤나는 죄가 없다. '천연 헤나'라는 이름 뒤에 숨은 자들이 유죄다.

문제는 농도와 빈도다. 설사 약한 독성이라도 장시간 노출되면 강한 독성에 잠시 노출되는 것보다 오히려 더 인체에 유해할 수 있지 않을까? 40년 경력의 일본 산부인과 의사는 "일상생활용품의 유해 화학물질이 자궁내막증, 유방암, 자궁암, 난소암 발병률을 높이고 불임증을 증가시킨다. 그 위험은 태아에게까지 대물림된다"라고 보고했다.[11] 하루에도 많게는 수십 가지 접촉하는 화학물질들에서 조금씩 얻어지는 바디버든, 그 누구도 원하지 않는 십시일반 효과에, 우리 몸의 일일허용치는 쉽사리 넘어서고 만다.

게다가 몸 안에서는 화학물질들끼리—이 또한 원한 적 없건만—시너지 효과도 낼 수 있다. 화학물질이 가득한 환경에서 살아가는 우리 몸은 이미 '화학물질 칵테일'이며, 매일 더 높은 농도의 칵테일을 제조 중이라 하겠다. 쉐킷쉐킷 Shake it, shake it 샴푸를 듬뿍 칠해 머리를 감고, 헤어젤을 바르고 스프레이를 뿌리며, 세균을 깡그리 죽여준다는 세정제로 하루에도 열 번씩 손을 씻고, 마블링이 완벽한 1++ 등급

---

11 이케가와 아키라, 《여성과 아이를 병들게 하는 경피독》, 오승민 옮김, 끌레마, 2016. 뒷표지글 인용.

한우 스테이크와 케이크 디저트를 먹고 난 후, 야식으로 맥주와 치킨을 시켜 먹고 농약 묻은 과일로 마무리하는 일상. 그러한 하루하루가 쌓여간다.

결국 오래 살수록 바디버든은 늘어나기 마련이다. 더 큰 문제는 내 몸의 바디버든이 늘어가는 것보다 더 빨리 지구 몸의 바디버든도 늘어난다는 사실이다. 일회용품을 제조할 때, 그것들을 한번 쓰고 버릴 때, 내 입에 들어갈 소와 닭을 기를 때, 샴푸와 샤워젤과 헤어로션이 범벅된 목욕물을 하수구에 흘려보낼 때, 방향제나 탈취제를 뿌려댈 때, 그때마다 내 몸에도, 그리고 지구 몸에도 바디버든이 추가된다.

나는 나와 지구의 바디버든을 조금이나마 줄이기로 했다. 한 피부과 의사는, 사람들이 물을 충분히 묻히지 않은 상태에서 머리 감기를 시작하고 샴푸와 먼지와 때와 머리카락이 뒤섞인 상태로 끝내고는 거기에 트리트먼트 등을 더 발라대서 머릿결은 더 나빠지고 탈모까지 되는 것이라 분석했다. 나는 이제 샴푸, 린스, 하드젤과 이별하고 비누와 물로만 감은 지 한 달째인데, '웃프게도' 그 세 가지를 모두 겸했던 때와 머릿결에는 별반 차이가 없다. 내 지갑 사정도, 지구 환경도 살려주는 바디버든 줄이기. 뿌듯함은 부록이다.

화학물질로 가득 찬 위험사회, 어떻게 살아남을 것인가? 혹은 어떻게 살 것인가?

• 우리는 어떻게 살아야 하는가? 이 질문은 고상한 철학적 질문이 아니라, 무엇을 먹고 무엇을 입으며 어디에서 자야 하는지를

묻는, 일상생활에 관한 질문이다. 21세기 인간은 알아야 할 것이 너무나 많고, 실천해야 할 것도 많다. 바디버든 시대, 말 그대로 살아남기 위해서다. 나도, 지구도, 후손도.

2018년 9월 한 달간 나는 업무 때문에 독일에서 생활하게 되었다. 독일은 핵발전소조차 없는, 환경선진국이다. 일상생활에서 나는 큰 차이를 느꼈다. 그들은 기본적으로 모든 것을 아낀다. 에코백 휴대는 기본, 어두컴컴할 정도의 조명을 사용하면서 그조차도 동작감지 타이머를 설치해 사용하고, 세제와 전기를 아끼느라 빨래조차 드물게 했다. 그들은 '유한한 자원으로 살고 있는 지구인'임을 깨달은 사람들처럼 행동했다. 공동세탁기 순번이 돌아오기 어려운 상황에서 습관처럼 매일 하던 빨래를 나는 2주 만에 했었다. 속옷과 양말을 매일 저녁 세수하면서 빨아 입는 한, 수건 정도는 이틀쯤 써도 괜찮다는 것을 깨닫게 되었다. 옷을 매일 빨아 입지 않아도 괜찮고, 반찬은 뷔페식당처럼 각자 큰 접시에 밥과 반찬을 담아 먹으면 설거지도 줄이고 소화하는 데 아무 지장이 없었다.

모든 지구인이 한국인처럼 살려면 지구가 3.5개 필요하다고 한다.[12] 한국인들은 꽤 소비적으로, 부자인 양 살고 있다는 뜻이다. 지구라는 한정된 공간을 80억 가까운 인류가 함께 쓰고 있는 오늘날, 이기적이고 소비적인 행동은 모든 지구인에게 손해를 끼친다.

우리가 살아가는 사회, 곳곳에 예전에는 존재하지 않던 위험이 도사리고 있는 이 위험사회에서, 대부분의 시민들은 무엇이 무엇인지

---

12 생태문명 국제콘퍼런스 자료집, 《한반도와 동아시아의 생태적 전환》, 지구와사람, 2018, p. 231.

잘 파악하지 못한다. 어떤 상황인지 모르기 때문에 진정한 각성도 불가능하다. 따라서 행동도 하지 않는다.

울리히 벡Ulrich Beck은 저서 《위험사회Risk Society》에서 과학기술이나 과학기관의 도움을 받지 않는 한 근대화의 '위험'을 이해하는 데 지극히 어려움을 지적했다. "위험의 이해는 가설과 실험, 측정 장치와 같은 과학의 '감각기관들'을 필요로 한다. 그러한 기관을 통해서만이 "가시화되고, 또 위험요인으로 분류도 가능하기"[13] 때문이다. 현대인이 과학을 알아야 하는 이유다.

과학은 21세기의 상식이요, 환경인식은 지구와 지구인이 살아남기 위한 생존지식이다. 지구 시스템의 위기가 곳곳에서 위험 수준으로 감지되고 있는 오늘날, 우리는 내 몸의 건강과 안전을 해치는 바디버든만 생각하기보다, 내 몸을 구성하는 원천인 자연과 지구의 바디버든도 함께 생각하지 않으면 안 된다. 우리가 아무 생각 없이 사용하는 플라스틱 제품들, 샴푸, 세제, 동네 시장에 갈 때도 습관처럼 몰고 가는 승용차, 이 모든 것들이 환경을 오염시키고, 그것은 곧바로 우리 몸을 오염시킨다는 사실을 잊어선 안 된다. 내 몸의 바디버든을 줄이기 위해서는, 지구 환경의 바디버든을 줄이는 방향으로 삶의 방식을 바꾸도록 애쓸 필요가 있다.

보다 넓게 말한다면, 우리는 "자신의 인식론적-도덕적-정치적 활동에 대한 책임을 고백하고 그러한 책임을 떠안기 위해 집합적-개인

---

[13] Ulrich Beck, *Risk Society: Towards a New Modernity*, trans. Mark Litter, London: Sage, 1992. p. 27. 스테이시 앨러이모, 《말, 살, 흙》, 윤준·김종갑 옮김, 그린비, 2018, p. 61에서 재인용.

적 입장을 표명하는" 생태적 주체로 거듭나야만 한다. 그래야만 지속 가능성의 희망이 있기 때문이다. 인류의, 그리고 우리 인류를 포함한 지구생태계의 지속 가능성 말이다.

우리가 사랑하는 고기는
모두 어디에서 오는 걸까?

_이지용

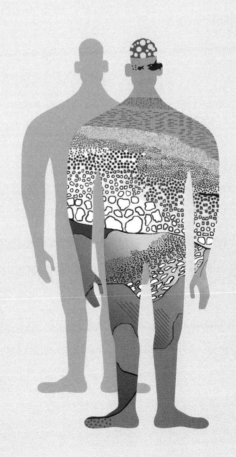

육식과 현대인의 생활

•'기분이 저기압일 땐 고기 앞으로'라는 인터넷의 유희 문구가 있다. 소셜미디어상에서 많은 사람에게 공감을 받은 이 문구는, 한국에서 육류를 소비한다는 것이 가지고 있는 다양한 의미들을 함축해서 보여주는 예이기도 하다. 원래 한국에서 고기는 특별한 식자재였다. 농업 중심의 고대사회에서 고기를 먹는다는 것은 생각보다 큰 리스크를 고려해야 하는 일이었다. 특히 소는 농사의 근간이 되는 상징재이기도 했기 때문에 함부로 먹을 수 없었다. 소를 먹어버리는 건 이후 생업을 이어나가는 데 어려움이 있다는 것을 의미했다. 그랬기 때문에 자식을 대학에 보내거나 결혼을 시키기 위해 소를 판다는 것은 단순히 소유물을 처리한다는 것 이상의 의미였다. 이러한 영향에서인지 한국에서 고기를 먹는다는 것은 특별한 의미를 지니고 있었다.

산업구조의 변화 이후에도 한국인들에게 고기를 먹는다는 건 경제적 성장과 더불어 식문화의 발달을 상징하는 코드이기도 했다. 경제 발전과 먹고살 만한 나라의 상징이 '이밥에 고

'기분이 저기압일 땐 고기 앞으로' 문구를 활용한 마케팅의 예(ⓒKB ISSUE Trend 네이버 포스팅)

깃국'이라는 언표들로 구성되었다는 것은 이러한 문화적 특징을 단면적으로 보여주고 있는 것이다. 농경사회와 가족 중심의 공동체 형태를 지니고 있던 한국에서 '외식'은 여유와 특별함을 상징하는 것이었고, 외식을 한다고 했을 때 '칼질을 한다'거나 '고기 좀 썰까'라는 말이 의미를 지니게 된 것은 이러한 연관성을 단적으로 보여주는 것이라고 할 수 있다.

물론 경제의 발전으로 인한 생활의 풍요로움이 육류 소비의 증가와 연관된다는 것은 전 세계적인 특징이기도 하다.[1] 한국도 예외는 아니어서 경제 발전이 가시화되던 1975년도 이후로 육류(소고기와 돼지고기)의 소비량이 비약적으로 증가하는 모습을 확인할 수 있다.[2] 통계자료를 확인해 보았을 때 흥미롭게도 GNP가 5백 달러를 넘어선 시점에서 이러한 현상이 나타나기 시작했다고 볼 수 있다.[3] 그렇기 때문에 한국에서 육류를 소비하는 것은 단순히 특정한 식품군을 소비

---

1 〈쇠고기는 用途에 따라 선택해야〉, 《중앙일보》, 1975. 7. 29.

2 〈衣食住는 변하고 있다: 肉類 소비의 급증〉, 《중앙일보》, 1976. 7. 6.

3 이규진·조미숙, 〈근대 이후 한국 육류 소비량과 소비문화의 변화 – 쇠고기·돼지고기를 중심으로〉, 《한국식생활문화학회지》 제27권 5호, 2012, p. 428 참조.

한다는 것 외에도 풍요롭게 된 문화를 소비하고, 식생활에서 공동체 구성원의 선택권이 자유로워졌다는 것을 상징적으로 나타낸다고 볼 수 있다.

그렇기 때문에 고기를 먹는다는 것은 한국에서 특정한 의미를 지니고 있다. 고기는 단순히 육류를 섭취하는 것이 아니라 사회적인 의미를 소비하는 것이기도 하다. 사회생활 등으로 스트레스를 받았을 때 고기를 먹어야 한다고 생각하거나 특별한 식사를 해야 해서 외식을 할 때 그리고 누군가에게 무언가를 대접한다고 했을 때, 고기를 먹는 것은 이러한 의미가 여전히 육류 소비에 덧씌워져 있기 때문이다. 외식 가운데 의미를 부여하는 특별한 음식으로 졸업식 이후에 가족들이 함께 먹는 음식 메뉴를 들 수 있는데, 이 메뉴의 변천사 역시 흥미로운 부분이다. 짜장면을 먹던 시대에서 돈가스 등의 경양식을 먹던 시대를 지나 한우나 스테이크 등으로 음식의 종류가 변해 오면서 그 시대에 음식이 가지고 있던 의미의 변화를 확인해 볼 수 있다.

좀 더 많은 양의 고기, 그리고 값비싼 고기를 소비함으로써 우리는 의미를 소비한다고 생각한다. 재화로 거의 모든 가치가 치환되는 현대 자본주의 사회에서 먹는다는 것 자체는 의미를 가지게 된다. 그리고 무엇을 먹는가에 대한 문제는 자신을 드러내는 것과도 연결된다. 고기를 먹는다는 것은 과거에는 안정과 부유의 상징이었다. 그렇기 때문에 우리는 단순히 고기 먹는 것을 즐기기 때문에 그것을 유용하는 것이 아니라 그 안에 담겨 있다고 믿는 부유함과 풍요로움, 냉정하게 이야기하면 상류계급이 누리던 식문화를 내 것으로 하는 것을 포함해 고기를 먹는다. 이러한 이유들이 뒤섞여 있기 때문에, '기분이 저기압일 때는 고기 앞으로 간다'는 말이 공감을 얻고, '조건 없이 선의로 대접을 할 수 있는 것은 돼지고기까지고, 소고기부터는 무언가 요구하는 것이 있을 것'이라는 말에 사람들이 무릎을 친다.

결국 고기를 먹는다는 것은 단순히 식생활이 변하고 입맛이 변한 것에 그치는 것이 아니고 먹는 행위에 부여된 욕구를 최대한 자유롭게 행사하는 것이기도 하다. 왜냐하면 고기를 먹는다는 것은 여유와 풍요로움이라는 상징을 대변하는 것이었기 때문이다. 이는 이전 시대까지 육식이 공격성과 폭력, 정복과 지배욕을 상징한다고 의미화했던 것들보다 조금 더 현실에 긴밀하게 붙어 있는 의미들이라고 할 수 있다. 설사, 육식이 가지고 있는 의미들이 그러했다고 하더라도 현대 한국인에게 육식이란 삶의 질을 고양하며, 자신에게 베푸는 선의 중 하나이다. 하지만 고기를 먹는 것이 문제라는 이야기들이 들려오고 있다. 물론, 최근에 갑자기 일어난 일은 아니다.

고기는 죄가 없다

• 고기가 왜 문제되기 시작한 걸까? 사실 고기는 인류의 진화과정에서 큰 영향을 미쳤다고도 분석되는 식품군이다. 인류의 뇌 용량이 증가하는데 육식을 시작할 수 있었던 것이 중요하게 작용했다는 것은 인류학자들이 공통으로 인정하는 바다. (물론 현대 인류는 더 이상 뇌용량의 증가를 위해서 육식을 할 필요가 없다고는 한다.) 그리고 실제 육식을 통해 얻은 단백질은 인간이 다양한 가능성을 만들 수 있는 육체적 토대를 세우는 데 일조했던 것이 사실이다. 또한

육식을 기반으로 하는 식문화는 다양한 문화 현상과도 연관되어 단지 식문화뿐 아니라 우리의 삶에 다양한 영향을 미쳤다. 고기를 먹는다는 것은 실제 그러한 것들과 긴밀하게 연관되어 있었다.

사실 고기에게 죄가 있는 것은 아니다. 문제는 언제나 그렇듯 욕망에 이끌려 고기를 지나치게 많이 소비하는 인간에게 있다. '인간의 욕심은 끝이 없고, 같은 실수를 반복한다'라는 인터넷 유행어와 같이 인간의 끝없는 욕심은 고기 소비에 대한 문제들을 전 지구적인 문제로까지 확대해 버렸다. 그리고 이러한 문제들을 희석시키기 위해 다양한 접근으로 육식의 위험성에 관해서 이야기를 해 왔던 것도 사실이다. 실제 의학 연구에서 붉은색 육류의 섭취는 대장암과 췌장암을 유발한다고 알려져 있다.[4] 20세기에 접어들면서 높아진 대장암과 췌장암의 발생 원인을 늘어난 육류의 소비에서 찾게 된 것이다.

이러한 원인들 때문에 풍요로운 식문화를 상징하던 육류는 어느새 건강하지 못한 식품의 대명사로 둔갑했다. 일찍이 경제 성장을 통해 풍부한 식품 인프라를 갖추었던 서구에서 육류의 소비를 지양하기 시작했다. 채식과 소박한 식문화를 갖추는 것은 건강한 삶을 위한 조건이 되어 버렸다. 풍요와 수준 높은 식문화의 상징이었던 육류는 어느새 저급하고 우리 몸을 해치는 식재료로 여겨지게 되었다. 그러기 때문에 채식하는 사람들 사이에서 고기는 인간이 살아가는 데 전혀 필요하지 않은 식품으로 여겨지기도 한다. 실제 채식과 관련된, 혹은 육식의 위험성을 알리는 많은 자료에서 육식을 하지 않아도 살아가

---

4 〈대장암, 폐암 제치고 2위(남성 기준)로 … 고기 좋아하는 한국인 노린다〉, 《조선일보》, 2010. 12. 29.

는 데 아무런 문제가 없다고 이야기한다.

하지만 의사들은 지방이 적은 살코기는 건강한 몸을 위한 식단에서 가장 효율적인 식품이라고 증언한다. 인간의 몸이 건강한 상태를 유지하기 위해서는 양질의 단백질을 공급해 주어야 하는데 지방을 최소화한 동물성 단백질이 가장 효과적이라는 것이다. 그렇기 때문에 그들이 제시하는 식단에서는 항상 적당량의 살코기가 포함되어 있다. 물론 이에 대해서 반대하면서 거대 자본과의 결탁이라고 주장하는 경우들도 있지만, 이는 극단적인 주장이라고 하면서 반박하는 자료들도 만만치 않다.[5] 과학적이고 정치적인 문제, 개개인의 사적인 경험 영역을 다 동원하더라도 확실하게 밝혀진 것들이라고 이야기하기에는 조금 부족하다. 미심쩍은 통계자료나 연구 결과들뿐이고, 때로는 음모론이며, 경험에서 유래된 확증편향일 수도 있다.

그렇기 때문에 그 무엇도 확실하게 밝혀지지 않았다. 의학적으로도 고기 자체를 직접적인 질병의 원인으로 규정하지는 않는다. 그들이 명시하고 있는 것은 과도하게 늘어난 육류의 섭취량일 뿐이다. 사실 고기는 아무런 죄가 없다. 오로지 정도의 문제가 핵심이라고 할 수 있다. 그리고 그 정도는 인간이 만들어 내는 문제다. 생태계에서 자연스럽게 균형을 유지하고 있는 정도의 문제를 허무는 것은 언제나 인간이다. 결국 문제는 다시 인간이다. 인간들은 정도의 문제를 탐욕적으로 확장해 온 결과 다양한 부작용들을 끌어안게 되었다. 첫 번째는 비윤리적인 공장제 축산 환경에 대한 것이고, 두 번째는 거대화

---

5 "What the Health", directed by Kip Andersen and Keegan Kuhn, A. U. M. Films & Media, 2017.

된 축산 환경이 유래한 환경오염의 문제이며, 세 번째는 이러한 문제들이 발생하고 해결되는 과정에서 불거지는 다양한 이해관계들과 국가 간의 정치적인 문제들이라고 할 수 있다.

그렇기 때문에 고기는 죄가 없고, 우리가 육식하는 것 자체가 문제는 아니지만 욕망의 정도를 제어하지 못한 인간들과 그것을 위해 주변의 모든 것을 굴곡해가면서 욕망을 채우기 위해 변형시켜 놓은 것들이 우리 몸을 죽이는 것이 되었다. 그뿐만 아니라 그것은 내 주변의 환경들을 파괴하고, 결과적으로 이 지구를 위협하는 원인이 되기에 이르렀다. 하나하나를 떼어놓고 생각했을 때 문제가 되지 않을 수 있던 것들이 현대 인류의 탐욕적인 효율과 시스템에 맞물려 지구를 죽이는 거대한 사슬이 되어버린 것이다. 그리고 우리는 이제 그것들을 해결해야 하는 시점에 서 있다. 이것이 우리가 인류세를 논하고 새로운 시대의 새로운 인류인 포스트휴먼Post-Human을 언급하면서 육식의 문제를 언급하는 이유이다.

고기로 태어나는 동물들

• 인간이 육류 섭취를 즐기는 문화적 풍토를 만드는 동안 조금 더 값싸게 조금 더 많은 고기를 공급하기 위해서 지난 시간 동안 축산업은 비약적인 발전을 거듭했다. 문제는 이러한 시스템 내에서 동물들은 그저 고기를 공급하기 위한 재료로서만 존재할 수밖에 없다는 것이다. 이는 생명을 대하는 윤리의 문제와 직결된다. 인간에게 수월하게 고기를 공급하기 위한 공장제의 축산 형태가 보이는 첫 번

째 문제는 종차별주의라는 것이다. 이는 "자기가 소속되어 있는 종의 이익을 옹호하고, 다른 종의 이익을 배척하는 편견 또는 왜곡된 태도"[6]를 의미하는데 사실 공장제 축산뿐 아니라 인간의 유희를 위해 동물을 유용하는 행태들을 포괄하는 개념이기도 하다.

하지만 그중에서도 인간이 육식을 원활하게 하기 위해서 구축해 놓은 현대 축산업의 형태가 이러한 종차별주의의 극단을 보여준다. 우리가 편리하고 저렴한 가격으로 고기를 즐기면서 우리의 욕구와 문화 향유에 대한 만족감을 획득하는 사이, 지구에서 함께 살아가고 있는 동물들은 생명체로서의 기본적인 의미마저 보장받지 못한 상태로 비윤리적이고 폭력적인 환경에 그대로 노출되어 있다. 공장제 축산을 가장 먼저 발전시켰고, 이로 인해 발생한 문제들도 가장 먼저 직면했던 네덜란드의 예나 미국과 호주의 자료들도 많지만 얼마 전 세간의 화제가 되었던 한승태의 《고기로 태어나서》는 바로 우리 삶의 터전 이면에서 일어나고 있는 일들을 생생하게 보여준다.

축산이 산업적으로 고도화되다 보면 어쩔 수 없이 효율성에 집착하기 마련이다. 그러기 때문에 좁은 공간에 최대한 많은 동물이 사육되기 마련이고, 좁은 공간 안에서 동물들은 육체적인 질병부터 스트레스로 인한 정신적인 질환까지 각종 질병에 노출된 채 사육된다. 닭들은 케이지 하나에 여섯 마리씩이나 우겨 넣어지고 그 안에서 스트레스를 받은 닭들이 서로를 쪼아 상처내지 못하게 부리가 잘린 채 사육된다. 분변 등을 제대로 처리하지 못하거나 중간에 이상이 생겨도

---

6 피터 싱어, 《동물 해방》, 김성한 옮김, 연암서가, 2012, p. 35.

제대로 조치할 수 없는 열악한 상황에서 과도한 스트레스로 인한 각종 질환에도 시달리게 된다. 그러면 인간들은 질병의 확산을 막기 위해 항생제를 비롯한 각종 약품을 닭들에게 주사하고, 그렇게 고기로 키워지게 되는 것이다. 말 그대로 그들은 닭이 아니라 인간에 의해 닭고기로 태어나서 달걀을 생산하거나 출하되기 알맞은 크기로 단기간에 성장해 도축 당하는 것이다.

《고기로 태어나서》에서 더 끔찍한 것은 부화한 병아리들을 분류하는 장면이다. 달걀을 낳을 수 있는 암컷 병아리들을 가려내느라 수컷 병아리들은 소위 폐기처분된다고 한다. 살아있는 생명임에도 그대로 자루에 담겨서 구겨지고 눌린 채 폐기물처럼 버려진다고 한다. 저자가 책에서 묘사하는 장면들은 생각보다 훨씬 더 끔찍하다. "늦가을 즈음 청소부들이 자루에 낙엽을 담는 모습"과 동일하다고 묘사하는 부분에 이르면 인간이란 무엇이며, 우리가 달걀을 먹고 고기를 먹는다는 것이 무엇인가 다시 생각해 보기 충분하다.[7] 우리는 그러한 환경들을 담보로 고기를 먹고 있는 것이다.

사실 모든 것에 대해, 모든 종에 대해 의미를 공평하게 부여하게 된다면 우리는 어떠한 음식물도 섭취할 수 없을 것이다. 식물도 통증을 느낄 수 있다는 연구 결과들도 나와 있고, 무언가를 희생하지 않고 우리가 생존할 방법은 제로에 가깝다고 볼 수 있다. 생존 경쟁을 통해 우위를 획득한 개체가 조금 더 수월한 삶을 영위하는 것, 그것이 자연의 순리인 것 역시 부정할 수 없는 사실이다. 그러기 때문에 인간들은

---

7 한승태, 《고기로 태어나서》, 시대의창, 2018, p. 57.

종의 층위를 나누는 데 꽤 많은 공을 들이기도 했다. 처음에는 이성과 영혼의 존재 여부라는 다소 신비적이고 종교적인 관점이었다. 더불어 고통을 느낄 수 있는가에 대한 문제로 분류하는 벤담의 방법론 역시 오래도록 유효하게 작용했었다.[8]

결국 여기서도 정도의 차이라는 모호한 문제가 발생한다. 고기를 먹기 위해 도축하는 것은 인류가 수렵시대부터 해 왔던 행위이다. 육식이나 잡식을 하는 모든 동물 역시 이와 같은 행위에서 자유롭지 않다. 도축을 하는 행위 자체가 지구를 죽이는 것이 아니다. 생존을 위해서가 아니라 유희와 쾌락을 위해, 인류가 만들어 놓은 여유로움이라는 허상을 위해 고기로 태어나서 고기로 죽어가고, 그럴 가능성이 없는 생명체들은 폐기물로 취급되어 생명의 의미 자체가 경시된다는 것이 큰 문제를 야기한다. 그것은 도나 해러웨이가 말했던 것처럼 우리가 이 지구상에서 하나의 종으로서 함께 살아가고 공동체를 이뤄 공진화co-evolution을 도모해야 하는 시대의 정신에 오히려 역행하고 있는 행위라고 할 수 있다.

공장제 축산과 분뇨의 문제

•동물들을 지구에서 함께 살아가는 생명체로 존중하지 못하고 인간의 욕망을 위한 도구로만 인식하는 공장제 축산은 단순히 윤리적인 문제 외에도 심각한 문제를 발생시킨다. 첫 번째는 위에서

---

[8] Jeremy Bentham, *An Introduction to the Principles of Morals and Legislation*, eds. J. H. Burns and H. L. A. Hart, with F. Rosen, Oxford University Press, 1996.

도 잠깐 언급한 항생제를 비롯한 약물과 이를 둘러싼 질병의 문제다. 공장제 축산에서는 불가피하게 동물들에 항생제를 비롯한 각종 약품을 사용하는데 그중에는 안정적인 생장을 위한 호르몬제도 포함되어 있다. 결과적으로 우리는 항생제와 호르몬제로 고기의 중량을 맞춰 출하된 고기들을 먹고 있는 것이다. 이러한 약품들이 잔존하여 인간의 건강에 어떠한 문제를 미치는지에 대한 자세한 연구 결과들은 아직 나오지 않고 있다. 특히 아동·청소년과 같이 성장기에 있는 인간에게 미칠 영향에 대해서는 그 위험성을 아무리 강조해도 부족함이 없을 텐데도 말이다.

두 번째는 효율성을 위해 너무 많은 동물을 한 곳에서 기른다는 것이다. 이들이 한 곳에 너무 많이 몰려 있으면서 발생하는 가장 현실적인 문제는 분뇨 처리이다. 이 문제는 우리가 고기를 먹는 행위가 지구를 어떻게 망가뜨리고 있는지를 설명하는 데 가장 큰 비중을 차지하고 있다. 공장식 축산으로 인해 고정된 자리에서 빠르게 자라게 하기 위해 많은 양의 사료를 먹이는 동물들의 분뇨는 인간의 8배에서 많게는 10배에 이른다고 한다. 돼지의 경우를 예로 들어보면 돼지 천만 마리가 배출하는 분뇨의 양은 1억 명의 인간이 배출하는 분뇨와 맞먹는다고 한다. 1억 명이면 한국 인구의 두 배에 가까운 수이지만, 돼지 천만 마리는 미국의 노스캐롤라이나주에서 사육되고 있는 돼지의 수이다. 공장제 축산 농장이 들어서 있는 주변의 주민들은 악취와 그로 인한 질환에 시달려야 했다.

선진화된 축산업을 구축했다는 네덜란드 역시 이러한 분뇨 처리 문제에서 오는 문제들을 처리하기 위해 축산업의 변화를 단행해야 했다. 네덜란드 축산업은 국가의 기간산업과 같았고, 한때 2천만 마리의 돼지와 젖소 150만 마리를 사육했었다고 한다. 이로 인해 얻은 이득 역시 막대했다. 하지만 동물들을 사육하는 과정에서 나오는 분뇨가 문제였다. 분뇨는 대부분 농경지에 뿌려졌는데 그 결과 네덜란드 농경지의 대부분 분뇨 때문에 토양이 오염될 지경에 이르렀다. 막대한 양의 분뇨는 한국의 국토 면적(1,002만 9,535.08ha)의 전반 정도 되는 네덜란드(415만 4천ha) 내에서 온전히 처리하는 것이 어려워 주변국인 독일 등으로 처리를 위탁해야 했지만, 그마저도 역부족이었다. 결국 들판의 분뇨들로 인해 다양한 질병들을 초래하는 지경까지 이르렀다. 네덜란드의 선진화된 축산 시스템은 이러한 위기를 겪으면서 고육지책으로 발생한 것이었다.

게다가 축산업은 지구온난화의 주범이기도 하다. 온난화가 전 지구적인 문제로 대두되는 동안 대단위 축산으로 인해 사육되는 가축들로 인해서 막대한 양의 온실가스가 발생하고, 그로 인해 온난화의 주범으로 거론되고 있다는 것이다. 이는 실제 우리가 공유하고 있는 일반 정보나 교육과정에서 자세하게 다루지 않고 있는 부분이기도 하다. 우리는 온난화의 주범이라고 하면 화석연료를 사용하는 발전 시설과 공장들, 그리고 이동수단에서 배출하는 이산화탄소를 주로 떠올린다. 하지만 월드워치연구소에 따르면 축산업으로 인해 배출되는 메탄과 이산화탄소를 비롯한 온실가스가 전체 온실가스의 51%에 육박한다고 밝히기도 했다.[9]

---

9 〈축산업이 세계 온실가스의 51% 방출〉, 《경향신문》, 2009. 11. 10.

이보다 조금 완화된 통계자료에서도 이동수단으로 인해서 배출되는 온실가스가 전체 온실가스의 13%인데 비해 축산업으로 인해 발생하는 온실가스는 18%에 이른다고 밝히고 있다.[10] 이러한 온실가스는 가축들의 트림과 방귀, 그리고 분뇨에서 발생하는 것이라고 한다. 결국 우리가 육식, 그러니까 조금 더 고급화된 식문화라고 여겨지는 것들을 원활하게 하고 싶다는 욕망이 우리의 몸을 잠식해 망치고 있으며, 생활의 터전인 지구의 토양을 오염시키고 나아가 온난화를 가속화해서 인류의 종말을 앞당기고 있다는 것이다. 과장을 보태서가 아니라 이러한 연쇄적인 영향력은 실재하는 것이고, 지금 우리가 당장 직면해 있는 과제이기도 하다. 그렇기 때문에 이미 유럽을 비롯한 선진국에서는 토양오염에 대한 각종 규제를 시행하고 있으며, 사육 시 동물권의 보장과 분뇨 처리에 대한 친환경적인 시스템을 개발해 적용하고 있다.

그렇다면 한국은 어떠할까? 한국은 지난 20여 년간 국가적으로 축산업을 장려해 왔다. 농촌에 신성장동력이라는 명목하에 많은 예산을 투입했다. 1990년대 초에 3천만 마리에 불과했던 가축의 수는 1996년 1억 마리를 돌파했고, 2006년에 1억 5천만 마리를 그리고 현재는 2억 마리에 육박하고 있다. 네덜란드보다, 노스캐롤라이나보다 많은 수이다.[11] 실제 단위면적당 가장 많은 수의 가축을 기르고 있는 전라북도의 익산시에서는 이미 몇 년 전부터 분뇨 문제를 해결하지

---

[10] MP Marianne Thieme, directed by Karen Soeters and Gertjan Zwanikken, "Meat the Truth", 2007.(https://www.imdb.com/title/tt1341746/)

[11] 〈육식의 반란2-분뇨 사슬〉(기획: 송인호, 연출: 유룡, 촬영: 홍창용), 전주MBC, 2013.

못해 골머리를 앓고 있다. 마을 주민들은 악취와 각종 질병에 시달려야 했고, 농가의 주변에 있는 학교에서는 악취 때문에 학생들이 밥을 먹을 수 없는 지경이라고 했다. 한국 축산품의 경쟁력을 이야기하고 우리가 기분이 좋지 않을 때 고기 앞으로 가며, 대접을 받는다는 느낌으로 한우를 먹는 문화의 이면에는 이러한 문제들이 여전히 산재해 있다.

이러한 문제들은 인간에게 고스란히 되돌아온다. 인간은 결국 지구 안에서 생존해 가는 하나의 개체라는 한계를 인정해야 한다. 인간의 욕구가 정도의 범주를 벗어나 뻗어 나가는 동안 인간의 삶은 비약적으로 안락해지고 만족스러워졌을지 모르지만, 그 생활의 기반을 지탱해 주는 지구의 온난화는 이미 손을 쓸 수 없는 지경에 이르렀다. 급격한 기후의 변화는 결국 지구상에서 인류의 멸종까지 초래할지도 모른다는 소리가 우스갯소리처럼 들리지 않게 된 요즘이다. 이제까지 온난화를 이야기할 때 제조업을 비롯한 중공업과 내연기관을 문제시했지만 우리가 무심코 향유하고 있었던 식문화 역시 막대한 영향을 미치고 있었다는 걸 이제 인지해야만 한다. 전 지구를 거대한 공동체로 인식하고 윤리적 소비의 문제, 윤리적 삶의 문제에 대한 방법론들을 재정립해야 하는 시기가 온 것이다. 이것은 더 나은 삶에 대한 이야기가 아니라 생존에 대한 이야기이기도 할 것이다.

고기와 지구에 대한 문제들

• 주지한 바와 같이 육류를 소비한다는 것은 경제 발전과 국민소득 증가와 연관이 있다. BBC에서 내놓은 자료를 보면 지난 50년간

한국뿐 아니라 전 세계적으로 육류의 소비가 5배가량 증가했는데,
이는 경제 수준의 성장과 밀접한 연관이 있었다. 경제적인 사정이 나
아질수록 고기의 소비량이 증가한 것이다.

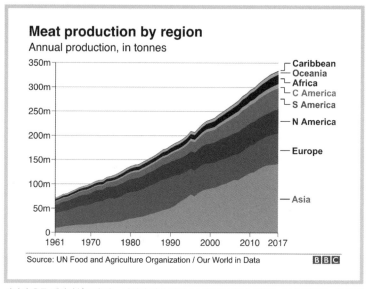

지역별 육류 생산량(〈고기 어느 나라가 가장 많이 먹나? 일년에 한 사람이 소 반 마리?〉, 《서울신
문》, 2019. 2. 4., 재인용.)

    그중에서도 눈여겨보아야 할 것은 중국의 경제 성장과 고기 소비
량의 증가이다. 21세기에 접어들면서 중국의 경제 발전은 괄목할 만
한 성과들을 보이고 있다. 세계적인 경제 대국으로 성장했고, 세계적
인 기업에 중국기업의 이름들을 보는 것이 더는 낯설지 않게 되었다.
게다가 중국은 약 77억 세계 인구 중에 14억 가량의 인구가 사는 국
가이다.('19, 통계청 KOSIS 기준, 참고로 한국은 5천만여 명) 중국의
경제 발전 속도에 맞춰 육류의 소비 성향이 가파르게 상승했고, 그것

은 바로 세계적인 육류 소비량의 비약적인 상승에 영향을 미쳤다.

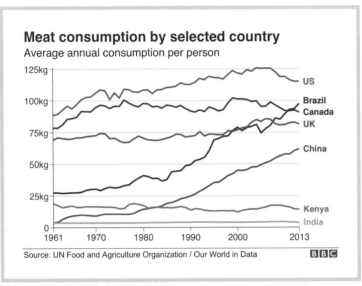

Meat consumption by selected country
Average annual consumption per person

Source: UN Food and Agriculture Organization / Our World in Data BBC

지역별 육류 생산량(〈고기 어느 나라가 가장 많이 먹나? 일년에 한 사람이 소 반 마리?〉,《서울신문》, 2019. 2. 4., 재인용.)

중국은 현재 세계에서 가장 커다란 시장이다. 세계의 공장이라 불리면서 화석연료를 비롯한 대기오염 문제의 뜨거운 감자로 부상했던 중국은 가파른 경제 발전 속도와 그에 맞물려 동시다발적으로 발생하는 문제들을 한꺼번에 끌어안고 있다. 그중에서도 식문화의 변화는 커다란 시장으로서의 진면목을 여실히 보여 준다. 예컨대 식생활의 서구화로 인해서 제과와 제빵에 들어가는 버터의 소비량이 증가하자 프랑스에서 생산하는 버터의 생산량으로는 감당할 수 없어서 버터 가격이 상승하는 해프닝도 일어났었다. 그렇기 때문에 중국이 어떠한 자세를 취하느냐는 더 이상 국제사회에서 무시할 수 없는 상황이 되고 있다. 단순히 고기를 많이 먹는다는 것에 대한 문제도 마찬가지다. 한국의 육류 소비량이 지난 세월동안 가파르게 상승한 감도 있지만 중국의 그것과는 상당한 차이가 있다.

육류의 소비가 늘어나는 문제는 또 다른 불균형과 문제를 야기하는데, 그것은 대량의 가축들을 길러내기 위한 사료의 조달 문제 때문에 발생한다. 식용으로 길러지는 가축은 엄청난 양의 사료를 먹어야 하고, 이를 위해 콩과 옥수수와 같은 사료용 작물의 재배면적을 늘릴 수밖에 없다. 하지만 기존의 다른 작물의 경작지에서 이를 수행하는 것은 상대적으로 경쟁력이 떨어지기 때문에 사람들은 열대우림 지역으로 눈을 돌렸다. 지구의 폐라고 불리던 아마존 적도지방의 열대 우림들을 무차별적으로 벌목해 내고 그곳에 화학비료를 투입해 대단위의 사료용 작물을 재배하게 된 것이다.

이는 생각보다 많은 문제를 발생시켰는데, 열대우림이 사라지기 때문에 온실가스를 완화할 수 있는 지구의 자정 기반을 무너뜨렸으며, 수많은 경작지를 사료용 곡물로 생산하여 가축들에게 제공하기 때문에 전체 곡물 생산량의 과잉에도 불구하고 지구상에 여전히 굶주림으로 인해 죽어가는 인구들이 상당수를 차지하게 되는 기이한 형태에 일조했다는 것이다. 세계식량농업기구FAO의 통계에 따르면 여전히 지구상의 8명 중 한 명은 기근으로 인해 죽어가고 있다는 것이다. 다양한 이유가 뒤섞여 발생하는 비극적인 상황이지만, 그 원인 중에 육류 소비의 비약적인 증가와 그로 인해 경작지의 상당 부분이 사료용 곡물을 생산하기 때문이라는 것을 부인할 수 없다.

인간의 건강한 삶과 풍요로운 식생활을 위한 육류의 소비가 전 세계 8분의 1의 인구를 죽이는 데 일조하고 있다는 건 우리가 의미심장하게 받아들여야 하는 부분이기도 하다. 그리고 그러한 풍요는 경제 수준이 높은 소위 중진국 이상의 국가들이고, 기근으로 죽음을 맞이하게 되는 이들은 경제 수준이 낮은 국가들에서 일어나는 일이다. 우리가 즐기고 있는 육식이 정치적인 문제와도 긴밀하게 연관되어서 결국 정치적으로 영향력이 미미한 나라들에 온갖 부조리를 부가하고 있는 것이다. 그러기 때문에 육식의 지양과 그에 반하는 대안으로서 채식에 대한 의미부여는 개인의 건강 문제를 벗어나서 정치적이고 윤리적인 소비의 문제와 맞물려 새로운 국면을 제시하고 있다.

사실 채식의 경우, 서구권에서 먼저 더 나은 삶의 형태를 지향하면서 나타났다고 할 수 있다. 경제 발전의 고도화를 미리 경험하고 육식 위주의 식단 확대를 주도했던 서구권에서는 육류 소비에 대한 한계와 부작용을 먼저 경험하고 이에 대한 대안을 마련하기 위해 다양한 시도를 해 왔다. 채식 열풍은 서구권으로부터 시작되어, 상류층의 고급문화가 육식을 자유롭게 유용하던 것에서 채식을 비롯해 이전보다 조금 더 의미를 부여한 식품들을 소비하는 형태로 변화한 것이다. 그동안 고기에 부여했던 의미들이 채소를 비롯한 다른 식품군으로 옮겨가면서 산업 전반에 대한 구조의 변화를 유도하기도 했다. 그 과정에서 채소의 구성이 상대적으로 높은 한식이 건강한 음식으로 인기를 얻었다는 것은 재미있는 현상이라고 할 수 있겠다.

하지만 그것은 경제 발전이 고도화되고 이미 육류 소비에 대한 반작용을 실제 경험했던 사회에서 가능한 것이었다. 이처럼 육류 소비와 경제 발전으로 인해 식문화가 변화한 양상은 묘한 그래프를 그린다. '먹는다'는 행위가 생존으로부터도 자유로워질 정도의 경제 발전이 있어야 하고, 거기에 그치지 않고 먹는 행위에 다양한 의미를 부여해 향유할 수 있는 시간이나 사건들이 필요해야 스스로 도달 가능한 문제이기도 하기 때문이다. 삶의 질이 풍성한 음식의 섭취로만 오는 것이 아니라는 사회적인 공감대가 형성되어야 자발적으로 육식을 조절하고 다른 식생활 문화를 개발할 수 있는 것이다. 그렇기 때문에 현대사회에서 채식을 지향하고 식문화에 대한 대안을 제시한다는 것도 역시 경제 수준이 높은 선진국들의 몫이 되었다. 애당초 육식 문화를 그들이 그렇게 주도했던 것처럼 말이다.

이러한 현상은 한국에서도 잠깐 나타난 적이 있다. 2000년대 중반에 웰빙 열풍이 그 단면을 보여주는 것이라고 할 수 있다. 고도성장이 멈추고 IMF라는 경제 위기를 겪으면서 사람들은 어렴풋이 정말 잘 산다는 것이 무엇인가에 대해 다시 생각하기 시작했다. 이밥에 고깃국이라는 단순했던 삶의 질 문제는 세기말을 지나면서 퇴색했고, 그 자리를 대신해 등장한 것이 웰빙 열풍이었다. 더 좋은 식재재와 건강한 음식과 삶에 대한 다양한 방법론들을 강구했던 것이 2000년대 중반 한국에서 나타났던 현상이었다. 한국의 웰빙 열풍은 사실 2000년대에 접어들면서 이미 미국에서 유행하던 LOHAS Lifestyles of Health and Sustainability의 특성을 그대로 따른 것이었는데, 이는 친환경적인 소비를 지향하며, 지속 가능한 소비기반Sustainability을 마련해 후손에게 물려주는 것을 골자로 하는 특징을 보인다.[12] 물론 당시에는 개인적인

---

[12] 김상일, 〈웰빙 열풍을 읽는 3개의 코드〉, 《LG주간경제》, LG경제연구원, 2004, pp. 20~21 참조.

건강에 관심을 갖다가 웰빙 열풍이 불었지만 이후에는 다양한 가치들에 대한 재고를 아우르면서 확장되어 자연스럽게 육식에 대한 위기감으로까지 이어졌다는 것이다.

흥미로운 것은 이러한 웰빙 열풍이 2000년대 후반의 2차 외환위기를 겪으면서 감쪽같이 사라져 버렸다는 것이다. 더 나은 삶과 식문화에 대한 관심을 확장하려 했던 한국사회는 경제 위기에 대한 불안감 때문에 생존으로 좁혀진 의미들을 부각하기 시작했고, 그 결과 2010년대에 접어들어서는 '포기'를 키워드로 삼는 사회 현상들로 변화했다. 그러한 시기를 10여 년 정도 지나 현재는 소확행이나 욜로와 같은 작고 개인적인 의미들을 유용하는 사회가 되어 버렸다. 물론 그 자체로 충분히 가치가 있는 일이겠지만, 그러는 사이 고기를 먹는 것과 환경에 도움이 되지 않는 행위들이 전 지구적으로 공유해야 하는 가치들은 개인의 작은 욕망 앞에서 지워져 버린다. 물론 개인적으로 소소한 행복을 즐기기 위해 하는 행동들이 지구를 죽이고 있다는 말을 들으면 억울하기도 할 것이다.

통계자료를 확인해 보면 한국은 OECD 국가의 평균에 못 미치는 정도의 육류를 소비하고 있는 국가이다.[13] 중국처럼 거대한 인구가 육식을 늘리고 있는 것에 비해, 인구가 중국의 10분의 1도 안 되는 한국에서 육식의 비중이 늘어나고 있는 것은 통계상으로는 미미해 보일지도 모른다. 또한 서구권에서 이미 충분히 향유하고 난 뒤에 문제점들을 발견하고 이제 막 그 문화를 즐기기 시작하는 이들에게 과도하

---

13 〈1인당 연간 육류소비량 51.3kg … OECD 국가 평균 못미쳐〉, 《한국농어민신문》, 2016. 4. 19. 참조.

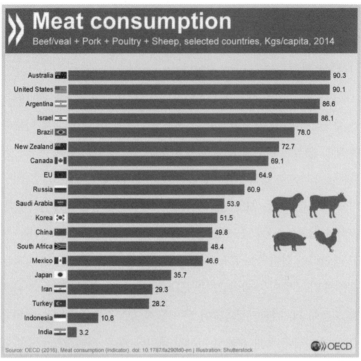

Meat consumption
Beef/veal + Pork + Poultry + Sheep, selected countries, Kgs/capita, 2014

Australia	90.3
United States	90.1
Argentina	86.6
Israel	86.1
Brazil	78.0
New Zealand	72.7
Canada	69.1
EU	64.9
Russia	60.9
Saudi Arabia	53.9
Korea	51.5
China	49.8
South Africa	48.4
Mexico	46.6
Japan	35.7
Iran	29.3
Turkey	28.2
Indonesia	10.6
India	3.2

Source: OECD (2016), Meat consumption (indicator). doi: 10.1787/fa290fd0-en | Illustration: Shutterstock   ))OECD

2016 국가별 육류 소비량(《돈 있으면 뭐하겠노 고기 사묵겠지~ 한국은 육식주의 국가?》, 《중앙일보》, 2016. 4. 11., 재인용.)

게 간섭을 하는 것이라고 생각할 수도 있다. 하지만 그러한 정치적이고 문화적인 문제들을 차치하고서 우리가 고기를 먹는다는 행위 자체에 담겨 있는 다양한 문제들을 되짚어 봐야 하는 시점에 우리는 이미 도달했다. 내가 고기를 먹겠다는 욕구를 당연하게 생각하기까지 지구가 죽어가고 있었다는 사실을 이제는 받아들여야 한다.

전체 인구를 기준으로 했을 때 고기 한 점을 먹는 것은 아무런 문제가 되지 않을지도 모르고, 그 영향력이 미미할지도 모른다. 하지만 문제는 내가 마음먹었을 때 손쉽게 고기를 먹을 수 있는 시스템을 구축

5장 우리가 사랑하는 고기는
    모두 어디에서 오는 걸까?

하기 위해 희생되는 것들에 대한 것이다. 우리는 일본이나 중국보다 1인당 육류 소비량이 많은 나라이기도 하다. 졸업식과 같은 특별한 날에 마음먹고 고기를 먹을 수 있던 시절 스트레스를 풀기 위해서는 고기를 먹어야 한다는 사고를 가졌기 때문에 이러한 통계 수치가 가능했을 것이다. 그리고 그것을 가능하게 하는 시스템들이 이미 우리 사회에 구축되어 있다. 하지만 그 시스템은 비윤리적으로 길러지는 동물들과 그들의 비명과 같은 트림과 방귀, 그리고 고혈과 같이 배출하는 분뇨가 만들어 내는 문제들 위에서 구축되었다는 것을 이제 기억해야 한다.

6장

지속 가능한 육식,
배양육은 처음이라…

_주기화

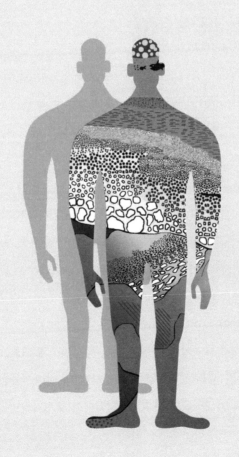

자본이 길들인 육식 습관

• 영화 〈옥자〉의 주인공 돼지 '옥자'는 미국 뉴욕에 본사를 둔 글로벌 기업 미란도 그룹이 유전자 변형을 통해 만든 지엠오GMO, Genetically Modified Organism 슈퍼 돼지이다. 이 영화는 인간 미자와 동물 옥자의 사랑을 그리면서, (옥자가 등 위에 공장을 이고 있는) 포스터에서 짐작할 수 있듯이 공장식 대기업 축산의 비윤리성과 폐해를 고발한다. 이 영화를 본 많은 사람은 잠깐이라도 고기를 먹지 못했다고 한다. 봉준호 감독 또한 한 TV 인터뷰에서 이 영화를 찍기 전 방문한 미 콜로라도의 한 육가공 공장에서 많은 소가 순식간에 도축되어 분해되는 과정들을 본 후, 한동안 고기를 안 먹는 게 아니라 못 먹게 되었다고 고백한다.

현대적 공장 축산업이 동물들에 행하는 잔인성과 살육, 그들의 식인성 질환, 육류 섭취가 인간에게 초래한 현대 질병, 목축지 확보를 위한 경작지와 열대우림의 파괴, 그 지역에서 쫓겨난 빈민들의 기아,

지구온난화 촉진, 생태계 파괴 등으로 이어지는 악순환의 근본 원인은 가난한 사람의 식량조차 빼앗는 전 세계 부유층의 고기 먹는 습관과 전 세계 식품 사슬의 맨 꼭대기에 쇠고기를 위치시키는 인위적 단백질 사다리, 그리고 잘못된 세계 식량 시스템 때문이다.

지구 남반구에서 소규모 경작지와 공유지, 열대우림에서 생계를 유지하던 사람들은 육우용 목축을 위해 그리고 가축 사료용 곡물 재배를 위해 자신의 터전에서 쫓겨난다. 세계 곡물 수확량의 1/3이 가축의 사료로 사용되는 반면, 거의 10억에 달하는 사람들 주로 어린이와 여자아이들이 영양실조에 시달리다 억울한 죽음을 맞이한다. 소는 비육장에서 배 터져 죽고, 인간들은 굶어 죽는다. 곡물 사료로 재배한 쇠고기를 즐기는 인공적인 식량 사슬의 최상위에 있는 부유한 소비자들 또한 또 다른 죽음을 맞는다. 그들의 동맥과 조직은 콜레스테롤로 망가지고, 동물성 지방으로 질식한다. 그들은 풍요의 질병의 희생자로서 심장병, 결장암, 유방암, 당뇨병으로 고통스럽게 죽어간다. 다큐멘터리 〈몸을 죽이는 자본의 밥상What the Health〉에는 육식으로 유발된 인간의 질병이 자세히 묘사된다.[1] 나는 이 다큐멘터리를 본 후 한동안은 고기를 못 먹었다. 몸이 거부해서다.

그러나 영화 속의 미자가 옥자를 자매처럼 생각하면서도 닭백숙은 즐겨 먹었던 것처럼, 또한 페스코 베지테리언Pesco-vegetarian인 봉준호 감독이 가끔 몰래 고기를 먹는다는 부끄러운 고백을 했던 것처럼, 인간이 고기를 끊는다는 것은 여간 어려운 일이 아니다. 인간은 어떻게

---

[1] 135쪽의 각주 5번을 참고하라.

고기에 중독된 것일까? 육식 습관이 내 몸과 지구를 망치는 데도 마치 폐암환자가 담배를 못 끊는 것처럼 우리는 왜 고기를 못 끊는 것일까? 인간 본성상 고기를 좋아해서?

사실 육식에 대한 탐욕과 고기 중독은 자연발생적인 인간 본성이 아니다. 예로부터 인류는 인간과 유사점이 많은 동물을 죽이고 그 고기를 먹는 데 불편함을 느꼈다. 이런 갈등심리를 해소하고 속죄하기 위해 전근대에는 일련의 의식 행위를 개발하였다. 희생제 중 동물의 머리에 신성한 물을 뿌려 머리를 흔들도록 하였는데, 머리를 흔드는 것은 동물이 도살에 협력하는 동의의 신호로 해석되었다. 이처럼 상징적인 희생제는 인간이 죄책감을 덜고 속죄하는 수단이었다.[2]

그러나 인류는 차츰 현대적인 육식 문화와 쇠고기 신화가 남성지배를 영속화하고, 계급차별을 조장하며, 인종주의와 국수주의, 식민주의의 이익을 증진하고, 전 세계적인 사회적 불평등과 경제적 박탈을 영속화하는 데 아주 요긴함을 알게 되었다. 그래서 육식을 정당화하기 위해 수 세기에 걸쳐 정교한 종교적, 생물학적, 기계적 관계들이 만들어졌다. 사람들이 고기를 많이 먹어서 현대식 공장 축산이 시작된 게 아니라, 공장 축산이 시작되면서 고기가 대량 공급되었고 고기를 쉽게 소비할 수 있게 되면서 고기 중독이 된 것이다. 현대인의 육식은 단순한 취향을 넘어서는 제도적 악이다. 현대적 축산 단지는 시장의 힘과 실용주의적 목표를 통합한 제도적 세력 폭력이다. 강도, 강간, 고의적 동물 학대 등이 뜨거운 악hot evil이라면, 이 제도적 악은 차

---

2 Walter Burkert, *Homo Necans: The Anthropology of Ancient Greek Sacrificial Ritual and Myth*, Berkeley: U of California P, 1983, p. 4.

가운 악 cold evil 이다.[3]

'탄소해방전선'에 성공한 인류

• 제러미 리프킨 Jeremy Rifkin에 따르면 지난 4천 년 동안 육식 문화의 서부 팽창 과정에서 경작지와 원시림에 대한 약탈과 강탈이 자행되었다.[4] 전 세계 축산단지는 육류 공급을 위해 지구상의 모든 생태 지역을 파괴하면서 지구 생태계를 훼손하였다. 숭배되던 신에서 발굽 달린 메뚜기로 격하된 소는 지구온난화를 촉진하는 주요 원인으로 지구 생물권의 화학작용까지 위협하고 있다. 왜냐하면 소를 살찌우기 위한 기계화된 사료 생산 농업은 엄청난 양의 화석연료를 연소해서 이산화탄소를 방출하고, 전 세계 13억 마리의 소들은 강력한 온실효과 가스인 메탄을 대략 6천만 톤(대기 중에 방출되는 전체 메탄의 12%)을 내뿜고 있기 때문이다.

지구의 부족적 동물인 인간은 자신의 육식 습관을 위해 가이아가 산소를 적절한 수준으로 유지하기 위해 묻었던 탄소 창고를 열어 탄소를 꺼내서 태우고 있다. 맥켄지 워크 McKenzie Wark는 "18, 19, 20세기의 해방운동 가운데 오직 하나만 무한정하게 성공했다. 민족 해방도 아니요 계급 해방도 아니며 식민지 해방도 아니고 성 해방도 아니다. 심지어는 동물 해방도 아니고 사이보그 해방도 아니다. 바로 탄소가

---

3 Jeremy Rifkin, *Beyond Beef: The Rise and Fall of the Cattle Culture*, New York: Plume, 1993, p. 284.

4 *Ibid,* p. 199.

해방되었다. 그래서 인류세Anthropocene의 주된 테마는 바로 '탄소해 방전선Carbon Liberation Front'이다"라고 말한다.[5]

탄소 해방에 성공한 덕분에, 현재 많은 과학자는 향후 50년에 지표 온도가 2~4도 정도 상승할 것으로 예상한다. 해수온도가 상승하면, 빙하가 녹아 연안 지역은 범람할 테고, 소금물은 식수를 오염시키고, 섬 국가들은 파괴될 것이며, 저지대 국가들은 연안 지역에 댐을 건설하고 버팀목을 만드는 데 수십억 달러를 쏟아붓게 될 것이다.

마치 영화 〈블레이드 러너 2049〉에서 지구온난화로 해수면이 상승하자 해안선에 바다 벽을 지어 도시를 보호하고 있는 것처럼 말이다. 섭씨 1도 상승할 때마다 기후대는 100~150km 북쪽으로 이동하게 될 것이며 수목은 온실효과 현상으로 인간 기후의 이동 속도를 따라잡을 수 없어서 지구생태계는 소멸될 것으로 예상된다.

탄소해방전선에 성공한 덕에 오히려 자멸하고 마는 암울한 인류의 미래 모습은 영화 〈설국열차〉에 잘 상상되어 나타난다. 지구온난화를 치유할 목적으로 살포된 냉각물질 CW-7이 지구의 온도를 적정 수준으로 유지해 줄 것이라 믿었지만, 반대로 지구는 빙하기에 갇힌다. 살아남은 생명체가 있는 곳은 달리는 열차뿐이다. 엔진 칸과 꼬리 칸으로 구분되는 열차는 제도적 악, 불평등한 세상을 상징한다. 특히, 차가운 악으로서 인위적인 단백질 사다리, 단백질 사다리에서 양극화되는 인류, 부자들의 포식과 빈자들의 굶주림 간의 경계가 선명하게 잘 드러나는데, 엔진 칸의 지배자 윌포드Wilford가 스테이크를 먹지

---

[5] McKenzie Wark, *Molecular Red: Theory for the Anthropocene*, London: Verso, 2015, p. 20.

만, 꼬리 칸에 배식되는 식량은 바퀴벌레로 만든 단백질 블록Protein Block이다. 윌포드의 스테이크는 전 세계 식품 사슬의 맨 꼭대기에 위치한 쇠고기를 나타낸다. 스테이크를 먹을 수 있는 윌포드의 엔진 칸 아래에 엔진의 필수 부품으로 세뇌되어 소모되는 아이는, 전 세계 부자들에게 고기를 공급하기 위해 자신의 경작지에서 쫓겨난 동남아시아, 남미 등 빈민 지역의 아이들을 가리킨다.

사라 멘커Sara Menker는 우리가 지금 하고 있는 대로 계속한다면 위기는 지금부터 10년 후인 2027년쯤 세계는 214조 칼로리가 부족한, 전 지구적 식량 위기가 올 수 있다고 경고한다.[6] 영국 옥스퍼드대학교 '식량의 미래에 대한 옥스퍼드 마틴 프로그램' 소속 연구원들은 2050년 인류의 생존을 위해선 육류 소비를 현재의 10분의 1 수준으로 줄여야 한다는 연구 결과를 발표했다. 지구가 2050년 예상 인구 100억 명을 수용하려면 인류가 육류 섭취를 최대 90% 줄여야 한다는 내용이다.[7]

이러한 경고에도 TV 프로그램은 먹방이 대부분이고(대부분이 육식이다), 전 지구적 육류 소비는 늘어만 가고 있다. 육식을 줄이는 것이 자신의 건강과 지구 환경, 동물 복지를 위해 좋은 일이라고 인식하지만, 식습관을 바꾸어 즐기는 것을 포기하기란 어렵다. 제도적 악, 차가운 악, 공장식 축산농장의 잔혹 행위에 가담하지 않는 가장 확실

---

[6] Sara Menker, "A Global Food Crisis may be Less than a Decade Away", TED, 2017. 8.(https://www.ted.com/talks/sara_menker_a_global_food_crisis_may_be_only_a_decade_away)

[7] 정은혜, 〈육류 소비 10분의 1 수준으로 줄여야 인류 생존 가능〉, 《중앙일보》, 2018. 10. 11.

한 방법이 그런 업체의 고기와 달걀 유제품을 일체 사 먹지 않는 것임을 알고 있음에도, 인류는 고기를 못 끊으면서 육류소비는 오히려 증가하고 있어서 환경 악화의 속도를 늦추지 못하고 있다. 전 세계 농지의 70%가 고기 생산에 쓰이는 현실에서 지금과 같은 고기 생산 방식은 지속 가능하지 않다. 게다가 유엔식량농업기구FAO에 따르면 세계 고기 소비량은 2002년 2억 2800만 톤에서 2050년에는 4억 6500만 톤으로 증가할 전망이다.[8]

배양육이란?

•배양육培養肉, In Vitro Meat이란 가축을 사육하는 과정을 거치지 않고, 연구실에서 살아있는 동물의 세포를 배양하여 조직배양기술tissue engineering로 세포증식을 통해 얻게 되는 식용 고기를 의미한다.[9]

배양육은 GMO가 아니다. 배양육은 통제된 인공적인 환경에서 배양된 세포이기 때문에 일종의 수경 재배되는 식물과 비슷하다. GMO 식품의 안전 논란을 벗어날 뿐만 아니라, 그것은 식량 위기를 끝낼 수 있으며, 환경을 파괴하거나 동물을 해치지 않고도 고기에 대한 수요를 충족할 수 있을 것으로 기대되고 있다. 배양육을 생산할 때 필요한 배양액은 해조류를 이용하므로, 광우병·구제역과 같은 가축전염

---

[8] 오승희, 〈배양육(In Vitro Meat)의 미래〉, *Future Horizon* 제26호, 과학기술정책연구원, 2015.

[9] 배양육은 '세포-기반 고기(cell-based meat)', '배양육(cultured meat)', '청정육(clean meat)', '인공육(synthetic meat)', 그 밖에도 'victimless meat', 'tubesteak', 'cell-cultured meat', 'vat meat' 등 다양하게 불린다. RIsearch 센터, 〈미래식량자원 연구개발과 고부가 식품산업의 시장동향〉, IPAI산업정책분석원, 2018, p. 99.

병 발병 위험을 배제할 수 있다. 또한 기술 수준에 따라 쇠고기뿐만 아니라 돼지고기, 닭고기, 어류 배양육 생산이 가능하다.

배양육 연구는 1999년 네덜란드 암스테르담 대학의 빌렘 반 엘런 Willem van Eelen이 최초로 배양육에 대한 이론으로 특허를 획득한 후 시작되었다. 그 후 많은 연구 개발이 진행되었고, 2001년 이래 미국항공우주국 NASA은 우주선에서 칠면조 고기를 배양해서 우주비행사들에게 먹이고 있다. 2013년 8월 네덜란드 마스트리히트 Maastrricht 대학교의 마크 포스트 Mark Post 교수가 세계 최초의 배양육 햄버거를 처음 선보였다.[10] 선보인 배양육은 실험실에서 3개월간 배양되었고, 혈관이 없는 근육 세포는 흰색이기 때문에 연구팀은 실제 고기처럼 보이도록 붉은 사탕무 주스와 사프란 가루를 추가했다.

세계 2위 규모의 미국의 다국적 축산기업 타이슨푸드 Tyson Foods 또한 배양육 개발에 뛰어들었다. 이 기업의 푸드테크 스타트업 '멤피스미트 Memphis Meat'는 2016년 1월 쇠고기 배양육으로 만든 미트볼을, 2017년 3월에는 세계 최초로 닭고기와 오리고기 배양육을 개발해 주목을 받았다.

한국 과학기술정책연구원의 오승희에 따르면 2013년 초기 개발 당시에는 햄버거 패티 1개를 만드는 데 무려 32만 5천 달러가 투입되었지만 2015년에는 100g에 8달러 수준으로 생산비용이 크게 낮아졌다.[11] 이 가격이라면 아직 상업적으로 경쟁력이 있는 것은 아니지

---

10 Alok Jha, "First Lab-Grown Hamburger gets Full Marks for 'mouth feel'", *The Guardian*, 2013. 8. 6.

11 오승희, 위의 글.

만 곧 목장에서 기른 육류보다 더 저렴해질 전망이다. 또한 근육질,
기름, 뼈 등을 배양육과 혼합하면서 실제 고기 맛을 내기 위한 연구도
활발히 진행 중이라서 많은 전문가들은 배양육이 10년 내 대중화될
것이라고 예상한다.

놀랍게도, 첨단 과학의 관점에서 볼 때 이 배양육의 제조 방법은
의외로 간단하다. ① 살아있는 동물로부터 조직세포를 확보한다. ②
이 조직세포에서 줄기세포를 추출하고 ③ 성장혈청을 주입해 세포를
증식시킨다. ④ 증식된 근육세포는 지지대에서 근육운동을 통해 단
백질을 늘린다. ⑤ 적당한 크기 배양육의 필요에 따라 비타민, 지방,
향, 철분을 적절히 혼합한다. ⑥ 요리하여 먹는다.[12] 이처럼 제조 방법
이 간단하다면, 이걸로 요리해서 먹을 때의 맛, 즉 식감만 자연육과
비슷하다면 배양육은 충분히 경쟁력이 있다고 볼 수 있다. 그리고 이
것이 가진 장점들도 많다.

배양육의 장점

• 고기를 배양할 경우 동물의 희생을 대폭 감소시키는 것은
물론, 가축들이 엄청난 땅을 차지하며 메탄과 기타 온실가스를 내뿜
어 환경을 오염시키는 것을 막을 수 있다. 월드워치에 따르면 매년
560억 마리의 가축이 식용을 위해 도살되는데 이들 가축이 배출하는
온실가스가 전체 온실가스의 18%를 차지한다.[13] 하지만 실험실의 배

---

[12] Jessica Almy, "The Clean Meat Revolution Is Coming", *Newsweek Magazine*, 12. 4. 2018.

양 쇠고기는 기존의 쇠고기에 비해 에너지 소비량은 55%, 온실가스 배출량은 4%, 토지사용량은 1%뿐이다.

마이클 폴란은 《잡식동물의 딜레마The Omnivore's Dilemma》와 《음식을 옹호하며In Defense of Food》[14]에서 전통과 생태학에 기초한 대안적인 식사법, 유기농법에 의해 잘 기르고 가공하지 않은 진짜 음식으로 이루어진 식사를 권장하지만, 전통적인 동물사육 방식으로 생산된 고기로 오늘날의 엄청난 도시 인구 수요를 충족시킬 수 없다. 미래에는 지속 가능한 지구를 위해서 배양육을 만들지 않을 수 없는 상황이다.

미국 사우스캐롤라이나 대학 기초과학연구소에서는 블라디미르 미로노프Vladimir Mironov 박사와 몇몇 과학자들이 배양육을 만들고 있는데, 여기서 일하는 니콜라스 제노버제Nicholas Genovese는 "연구소에서 배양되는 고기에 대해 사람들이 거부반응이 있지만" "우리는 이미 다양한 배양식품을 천연식품으로 생각하며 먹고 있는데," 가령 "요구르트는 효소를 배양해서 만들고" 포도주나 맥주도 브루어리brewery에서 생산된다면서 인간은 곧 배양육에 익숙해질 것이라고 말한다. 미로노프 박사 또한 미래에는 식료품 가게에서 배양육을 만드는 "세포배양기"bioreactor을 갖추고 맞춤식 고기를 디자인하게 될 것이라고 상상한다.[15]

---

13 곽노필, 〈배양육, 식품 혁명인가 위험한 도발인가〉, 미래창, 2013. 8. 6.(http://plug.hani.co.kr/futures/1416987)

14 국내 번역서는 《마이크 폴란의 행복한 밥상》(다른세상, 2009).

15 Harriet McLeod, "South Carolina Scientist Works to Grow Meat in Lab", *REUTERS*, 1. 31. 2011.(https://www.reuters.com/article/us-food-meat-laboratory-feature/south-carolina-scientist-works-to-grow-meat-in-lab-idUSTRE70T1WZ20110130)

미국 미주리대 가보 포객스 Gabor Forgacs 교수는 배양육 제조에 3D 바이오 프린팅 기술을 이용하여, 근육세포로부터 커다란 고기 조각을 만들어 내려 하고 있다. 그가 설립한 모던 메도즈 Modern Meadows 는 2012년 페이팔 PayPal 공동설립자인 피터 티엘 Peter Thiel 로부터 35만 달러를 유치했다.[16] 2008년에 동물의 권리를 보호하기 위한 세계적인 동물보호단체인 PETA People for the Ethical Treatment of Animals 는 실험실에서 배양한 닭고기에 100만 달러를 시상하겠다고 발표했다. 왜냐하면 "동물권리 운동 쪽에서는, 내연기관이 수백만 마리의 수송용 소와 말들의 고통을 없애준 것처럼 결국 배양육 In vitro meat 이 지금 식육용으로 희생되고 있는 수십억 마리의 동물의 고통을 없애 주리라 기대하기" 때문이다.[17]

배양육 외에는 2050년 90,100억 인구를 먹일 고기 수요에 대한 별다른 대안이 없는 상황에서, 배양육이 가져올 막대한 생태학적 이점을 등에 업고, 동물보호단체의 적극적 지지를 받으면서 현재 배양육 분야에는 막대한 자본과 기술이 집약되고 있다.

커먼즈로서의 배양육, 식량민주주의 디자인하기

• 말 없는 마차인 자동차의 발명으로, 환경오염이나 교통사고라는 위험성에도 불구하고 인간의 삶은 이전보다 훨씬 풍요로워지

---

16 곽노필, 앞의 글.

17 Peter Singer and Jim Mason, *The Ethics of What We Eat: Why Our Food Choices Matter*, Rodale: Holtzbrinck Publishers, 2006, p. 262.

고 자유로워졌다. 자동차가 19세기 말 영국과 런던에 넘쳐나던 말 분뇨가 가져온 환경 문제를 해결한 것은 그것이 경제와 정보의 민주화에 끼친 영향에 비하면 극히 지엽적이었다. 소 없는 고기인 배양육 또한 21세기 인류의 최대의 발명품이자 혁명적인 음식으로서 지구온난화를 해결할 뿐만 아니라 식량 민주주의도 가져올 수 있지 않을까? 닐 해밀턴Neil Hamilton은 모든 시민이 건강에 좋으며, 영양이 풍부하고, 독소가 없을 뿐 아니라, 문화적으로 적합한 음식을 어떤 방식으로 생산하고 먹을지 결정할 수 있는 체제가 바로 식량민주주의라고 본다.[18]

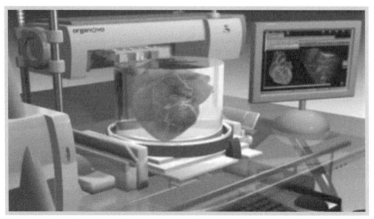

3D프린터를 활용한 배양육 제조(Andras Forgacs, "Bioprinting overview at Economist Ideas", 2012. 6. 18., https://youtu.be/khZFR9rclEA)

배양육을 디자인(설계)하는 소프트웨어 코드를 누구나 사용하도록 '오픈소스Open Source'화해서 전 지구적으로 공급하고, 세포배양기

---

[18] Neil Hamilton, "Food Democracy and the Future of American Values", *Drake Journal of Agricultural Law* vol. 9, 2004, pp. 21~22.

나 3D 푸드 프린터 같은 디지털 도구와 장비를 지역 공동체에서 공동으로 소유하고 관리한다면, 그래서 미래의 가정이나 공동체, 식료품 가게 등에서 마치 두부나 콩나물을 재배하고 산삼주스를 배양하듯이 배양육을 손쉽게 만들 수 있다면, 이러한 '커먼즈commons로서의 배양육'은 식량 민주주의를 앞당길 수 있을 것이다.[19] 공상 같은 뜬구름 잡는 이야기 같은가? 자동차가 처음 등장했을 때 사람들은 일시적으로 유행하는 장난감에 불과하다고 생각했다. 그러나 자동차는 20세기 인류 최대의 혁명적인 발명품이 되었다.

'커먼즈로서의 배양육'이라는 가능성의 세계 탐구는, 3차 디지털 혁명에 관한 연구를 접목하면 좀 더 분명하게 밝혀진다. 《현실을 설계하기Designing Reality》의 저자들에 따르면 3차 디지털 혁명에서는 물질세계가 구성되는 방식 자체가 근본적으로 바뀐다.[20] 전 지구적으로 디자인(설계)을 공급받지만 제작은 지역에서 하는 방식으로 개인과 공동체가 옷, 가구, 장난감, 컴퓨터와 심지어 주택과 자동차도 제작하게 될 것이다. 이제까지 물건을 만들고 유통, 판매하는 일련의

---

19 커먼즈(commons)란 공유된 자원, 공동체, 자원을 관리하고 공동체를 운영하기 위한 규칙들을 모두 합한 사회 체계이다.

20 닐 거센펠드(Neil Gershenfeld), 앨런 거센펠드(Alan Gershenfeld), 조엘 거센펠드 (Joel Cutcher-Gershenfeld)에 따르면 지난 반세기에 걸쳐 두 번의 디지털 혁명이 일어났다. 1차 디지털 혁명은 통신 분야에서 일어났으며 아날로그 전화에서 인터넷으로의 이행을 가져왔다. 2차 디지털 혁명은 컴퓨팅 분야에서 일어났으며 우리에게 개인용 컴퓨터와 스마트폰을 가져다 주었다. 3차 디지털 혁명은 비트를 기반으로 하는 가상세계의 프로그램화 가능성을 원자로 이루어진 물질세계로 가져옴으로써 1, 2차 혁명을 완성한다. 제작의 디지털화는 수요가 생길 때마다 즉 무언가가 필요할 때마다 언제 어디서나 개인과 공동체가 제품을 생산하고 공유할 수 있도록 하는 개별 제작에 대한 전망을 제시한다. Neil Gershenfeld, Alan Gershenfeld, Joel Cutcher-Gershenfeld, *Designing Reality: How to Survive and Thrive in the Third Digital Revolution*, New York: Basic Books, 2018, pp. 15~19.

과정은 기업이 할 수 있는 일이었다. 그러나 소프트웨어 코드를 누구나 사용하도록 공개 배포하고, 디지털 도구와 장비를 공유 관리해서 필요한 것을 직접 만든다면, 물건을 만들고 유통, 판매하는 일련의 과정을 독점하던 기업의 성역은 무너질 것이다. 배양육 같은 음식 등 필요한 의식주를 스스로 만드는 우리는 이제 '메이커Maker'다.[21] 개인은 '1인 기업'으로 활동할 수도 있다.

배양육과 3D 푸드 프린팅이 결합한 디지털 음식 제작의 미래, 식량 민주주의를 구축하는 데 필요한 작업 시나리오에서는 이처럼 사회적 체계와 기술적 체계가 함께 진화한다. 디지털 제작이 민주화되면서 삶을 향상하기 위해 비트를 지렛대로 삼아 원자를 능란하게 다루는 능력을 갖추게 된다면, 그래서 배양육을 가정과 지역 공동체에서 만들 수 있다면, 우리는 비유적으로나 말 그대로나 현실을, 식량 민주주의를 설계할 수 있을 것이다.

탈동물 육식, 동물해방

•동물들은 주로 식용으로 이용되었을 뿐만 아니라 우리를 치료하는 약품을 얻기 위해, 그리고 위안과 즐거움을 위해 이용되었다. 육식 습관을 채식으로 전환하는 것은 몹시 어려웠다. 다른 대안

---

[21] "데일 도어티(Dale Dougherty)는 'maker'(제작자)라는 용어를 만들어서 새로이 출현하는, 팹랩(Fab lab)에 있는 종류의 도구들을 사용하여 컴퓨팅을 제작과 연결시키는 덕후들의 공동체를 지칭"한다. "팹랩은 제작(fabrication)을 위한 실험실로서 MIT의 〈비트와 원자 센터〉(Center for Bits and Atoms, CBA)의 지역사회봉사 프로젝트로 시작되었다." Neil Gershenfeld, *et al., op. cit.*, pp. 44~51.

이 없기 때문에 고기 외 무엇을 먹을 수 있을지 상상하기는 쉽지 않았다.[22] 그래서 육식 습관은 동물해방운동이 직면한 최후의 장벽이었다. 그러나 소 없는 고기인 배양육의 등장으로 동물은 더 이상 바비큐가 되지 않아도 된다. 탈동물animal-free 육식의 가능성이 열린 것이다.

지금까지 동물은 그저 당연하게 인간들의 노예이고, 마음대로 사용할 수 있다고 생각되었다. 그러나 동물의 노예화는 잘못이다. 그들이 인간의 목적을 위한 수단이어서는 안 된다. 《동물해방Animal Liberation》에서 피터 싱어Peter Singer는 제러미 벤담Jeremy Bentham의 공리주의를 근거로 "고통이나 즐거움을 느낄 수 있는 능력the capacity for suffering and enjoyment"이 있는 동물들의 착취에 반대한다.[23] (반면 식물은 쾌고 감수능력이 없다고 생각하여 채식은 권장한다.) 그는 공리주의에 입각해서 인간의 작은 만족을 위해 동물에게 고통을 주어서는 안 된다고 주장한다. 단순히 우리와 동일한 종이 아니라는 이유로 동물들의 이익을 무시하거나 경시하는 종차별주의speciesism는 백인이나 남성만이 아닌 모든 인간에게 편리하기 때문에 남아있는 왜곡된 태도, 편견이다. 인종차별이나 성차별과 마찬가지로 종차별주의도 정당화될 수 없다. 가축을 사육해서 도축하는 것은 종차별주의적 관행이다.

가축을 사육하지 않게 되면, 인간이 먹을 수 있는 식량을 확보하고 제대로 분배하여 기아와 영양실조를 사라지게 할 수 있다. 동물 해방

---

22 한편 연구 분야에서는 대안들이 점점 가시화되었다. 예를 들어 신경생물학 쪽에서는 뇌 검사를 위해 동물들을 죽여야 했지만, 이제 fMRI나 PET 스캔 사용으로 동물 살상을 피할 수 있게 되었다.

23 Peter Singer, *Animal Liberation*, New York: Ecco, 2002, p. 7.

은 인간 해방이기도 하다. 종차별주의는 인종차별, 성차별의 논리와 유사하고 일맥상통한다. 여성을 학대하는 남성은 동물도 학대하고, 그 반대의 경우도 마찬가지다. 여성, 인간에 대한 폭력과 동물 학대 사이에는 밀접한 연관성이 있어서, 미국에서는 "많은 가정폭력 보호소들이 가정폭력 피해 동물을 위한 도피처를 마련하기 위해 지역 동물 보호소와 연계하고 있다."[24]

영장류의 행동과 인지를 연구하는 프랑스 드 발 Frans de Waal은 〈우리는 동물이 얼마나 똑똑한지 알만큼 충분히 똑똑한가?Are We Smart Enough to Know How Smart Animals Are?〉에서 경이로운 동물의 지능과 감정에 관한 이야기를 들려주면서 협력, 유머, 정의, 이타심, 합리성, 의도, 감정 등 인간적이라고 여겼던 특별한 가치에 의문을 제기한다.

그는 야콥 폰 윅스퀼 Jakob von Uexküll과 찰스 다윈 Charles Darwin의 연장선상에서, "각각의 종은 제 나름의 생태와 생활 방식, 즉 자신만의 움벨트 Umwelt"를 가지면서 저마다 다른 방식으로 적응하여 해결책을 찾아낼 뿐이어서,[25] "단일 척도로 인지의 순위를 매기는 것은 쓸데없는 짓"이라고 본다.[26] 그는 우리가 짐작하는 것보다 동물들이 훨씬 더 똑

---

[24] Margo DeMello, *Animals and Society: an Introduction to Human-Animal Studies*, New York: Columbia UP, 2012, p. 249.

[25] Frans de Waal, *Are We Smart Enough to Know How Smart Animals Are?* New York: W. W. Norton & Company, 2016, p. 462. 윅스퀼은 움벨트를 각각의 동물들 주변의 환경을 나타내는 "거품집(bubble)"에 비유하면서 "각자의 거품집 안에서 새로운 세계가 만들어진다"고 말한다. Jakob von Uexküll, *A Foray Into the Worlds of Animals and Humans: With a Theory of Meaning* , Minneapolis: U of Minnesota P, 2010, p. 43.

[26] Frans de Waal, *Ibid*, p. 28.

똑하며 심지어 어떤 측면에서는 인간보다 더 우월할 수 있다고 본다. 뛰어난 인지·정서적 능력을 가진 동물들에 관한 그의 이야기는,[27] 그동안 동물들을 식용 등으로 마음껏 살육했던 우리를 실로 오싹하게 만든다.

기술적 발달과 새로운 과학적 증거들은 동물을 포함한 비인간 개체들의 지위에 대해 그리고 그들의 기존의 지위에 대한 우리의 합리화에 대해 철학적 질문을 제기한다. 그뿐만 아니라, 비인간과 관련한 기존의 법적·제도적 측면에 대해서도 심사숙고하게 만든다. 비인간의 '도덕적 지위 귀속Moral Status Ascription'의 문제는 단순한 "(선) 의지 (good) will"의 차원이 아니라, "관계론적-생태학적 차원"에서 논의되어야 한다.[28] 왜냐하면 과거에 기술이 그랬던 것처럼 새로운 기술은 삶형태를 만들고 제한하면서 인간과 비인간의 관계, 우리의 도덕적 상상력, 비인간의 도덕적 지위와 가치에 영향력을 미치기 때문이다. 그러므로 비인간의 도덕적 지위는 "새로운 삶형태의 자라남the growth of a new form of life"과 동시에 자라난다(발전한다).[29] 배양육으로 비인간 동물들의 도덕적 지위가 자라나면 지구촌에서 그들의 새로운 역할은 무엇일까? 인간과 동물의 관계는 어떻게 변화할까?

미래에는 정서적 측면에서 인간과 동물의 협력관계가 증가할 뿐만 아니라, 동물과 인간의 관계가 인간과 인간의 관계보다 더 두드러질지도 모른다. 갈수록 감정이 메말라가는 인간사회에서, 그 빈 공간을

---

[27] *Ibid*, pp. 416~429.

[28] Mark Coeckellbergh, *Growing Moral Relations: Critique of Moral Status Ascription*, London: Palgrave Macmillan UK, 2012, p. 6.

[29] *Ibid*, p. 9.

우리는 동물과의 감정 교류로 채워가고 있다. 동물의 보살핌을 받는 인간 존재가 늘고 있다. 현대의 반려동물Companion Animal은 가족의 구성원으로 여겨지고 있다. 국내 한 연구소의 '2017 반려동물 양육 실태 조사'에 따르면, "국내에서 반려동물을 기르는 가구는 전체 가구 30.9%로 약 590만 가구로 추정된다. 반려동물을 길러본 가구는 3가구 중 2가구나 된다."[30]

에코바디를 만드는 요가 101, 배양육 선택

　•지구에서는 위대한 전환, 한 문명의 끝, 또 다른 문명의 탄생이 진행되고 있다. 인간중심적 근대휴머니즘에 대한 대안으로 등장한 탈인간중심적 포스트휴머니즘은 그동안 소유와 도구적 존재로만 착취당한 비인간에 초점을 맞추어, 이들을 인간과 동등한 행위자로 귀속시키는 그래서 동물을 포함한 비인간과 인간이 동등하게 공존하는 사회를 추구한다. 대안으로의 전환은 이미 시작되었고, 이제 그것을 가속화하는 것이 문제다. 노력보다는 행동과 체질 개선이 중요하다. 우리는 마블링이 좋은 스테이크에 길든 욕망보다 더 근본적인 깊은 욕망이 있다. 비인간들과의 공존, 자연에 한층 더 연결되고자 하는, 그들과 관계 맺고자 하는 깊은 정동affect을 활용하자. 대안적인 지식이 우리의 사유와 행동 속에서 숨 쉬고 살집을 가질 수 있도록 촉진할 문화적 (도덕적, 철학적, 정치적) 요가, 즉 우리의 포스트휴

---

30 명순영, 〈1인가구 시대 '펫코노미' 대세 '상팔자' 반려동물 시장 6조원〉, 《MK뉴스》, 2018. 3. 16.

먼적 호흡을 더 잘 알게 해주는 운동이 필요하다. 동물을 살해한 고기 대신 배양육을 선택하는 습관을 들이기는 생태 친화적인 에코바디를 만드는 요가 101일 것이다.

더 나은 선택은 항상 가능하다

• 10억 명이 굶주리며 살아가는 데다 세계 인구는 늘고 있기 때문에 거대 기업들은 기업들은 식품 논쟁을 생산성과 생산량을 어떻게 증대할 것인가라는 손쉬운 프레임에 가둬 왔다. 기아를 해결할 수 있다던 녹색혁명과 획기적인 GMO로 만든 곡물은 오히려 인간을 굶게 만들고 환경을 망가뜨리고 인위적 단백질 사다리를 구축하면서 사회적 불평등을 강화했다. 환경과 생태를 앞세우면서 획기적이라고 선전하는 배양육 환영의 뒤꼍에는 신생 산업계의 이해관계도 분명히 깔려 있을 것이다. 배양육 기술 또한 어떻게 관리하고 사용하느냐에 따라, GMO처럼 사회적 불평등을 강화할 수도 있다. 그리고 배양육이 인체에 미칠 수 있는 영향이나 잠재적 결과를 철두철미하게 따져 보아야 한다. 기술 발전은 문제 해결의 실마리를 제공할 수는 있지만 기술에 모든 희망을 걸 수 없다.

하지만 구글의 창업자 세르게이 브린이 현재 동물이 사육되는 방식에 불편을 느낀다면서 배양육 연구에 25만 유로를 투자할 때, 그의 진심을 의심하려고만 해서는 안 될 것이다. 폐허 속에서 아직 산 것을 가지고 즐겁게 발명하자. 어디 한두 번 속아보고 두세 번 실패했나? 실패를 즐기는 새로운 종류의 삶과 지혜와 기쁨이라는 것이 있다.

이제 도축된 고기는 부자만이 사 먹을 수 있는 진귀한 음식이 될 것이다. 그러나 그들의 식사가 부끄러운 일로 여겨지고 배양육을 구매하는 것이 더 윤리적이고 당당한 선택이 되는 정치·도덕적 문화가 정착되려면, 앞서도 언급했듯이 기술적 체계와 더불어 사회적 민주주의 체계가 공진화해야 한다. 배양육 기술을 누가 소유하는지, 누구를 위한 것인지가 중요하다.《굶주리는 세계World Hunger》에서 프란시스 무어 라페Frances Moore Lappé와 공저자들은 "분명 먹을 것이 모자라서는 아니다. … 지금 세계는 먹을 것으로 가득하다. 자연재해 탓도 아니다. 가장 단순하게 말하자면, 굶주림의 근본 원인은 음식과 토지의 부족이 아니라, 민주주의의 부족에 있다"고 일갈한다.[31]

인류세, 기후변화, 지구온난화는 말만 들어도 너무 울적하다. 무력한 우리가 할 수 있는 일이 없는 것 같기 때문이다. 매우 상이한 지식과 실천들 사이를 협상하는 하위 이론low theory을 활용하여, "앎과 함knowing and doing"의 협동적 노동을 고수하는 "대안적 리얼리즘alternative realism"이다.[32] 폐허 속에 아직 남아 있는 산 것을 재료로 만들 수 있는 새로운 세계를 다시 상상하자.

---

[31] Frances Moore Lappé, Joseph Collins and Peter Rosset, *World Hunger: 12 Myths*, New York: Grove Press, 1998, p. 4.
[32] McKenzie Wark, *Ibid*, p. 21.

7장

플라스틱, 살인의 추억

_심지원

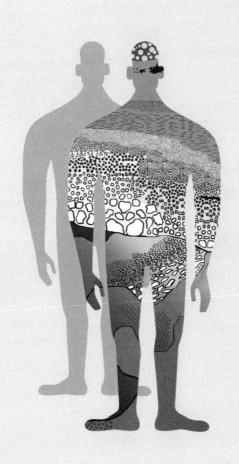

플라스틱을 품은 시체들

펭귄 A   젠장, 이젠 놀랍지도 않네. 오늘도 또 시체 들어왔어.

펭귄 B   뭐시라? 또? 환장하겠네. 나 휴가 좀 가자…

펭귄 C   팔자 좋은 소리 하네. 요즘 같은 상황에…

펭귄 A   법 과학의 창시자 에드몽 로카르는 이렇게 말했어, 모든
접촉은 흔적을 남긴다고.

펭귄 B   흔적은 개뿔. 흔적은 플라스틱이야. 이젠 시체 해부하면
플라스틱 나오는 것도 지겨워 죽겠어. 저번엔 바다거북이
뱃속에서 플라스틱 쓰레기가 잔뜩 나왔어. 바닷새도 만만
치 않을 거야.

펭귄 C   그건 아무것도 아니야. 내가 저번에 본 향유고래는 어휴

---

* 이 글은 관련 기사 및 논문의 일부 내용을 참고하고 발췌해 창작하였다. 일러스트는 다
음 기사를 참고했다.(https://www.huffingtonpost.kr/2017/05/08/story_n_1647
7232.html#gallery/520084/1)

말도 못 해. 크기가 거의 9.5m쯤 되었는데, 그 배 속에…
플라스틱 컵 115개, 플라스틱병 4개, 비닐봉지 25개, 실
뭉치, 슬리퍼 2개 등 총 6kg에 가까운 쓰레기들이 나왔어.[1]
시체보다도 사체에서 나온 쓰레기들 정리하는 데 시간이
엄청나게 걸렸어. 처음에는 너무 가슴 아팠는데 쓰레기
들 치우다가 너무 힘들어서 슬픔이 사라졌다니까.

펭귄 B   빨대가 콧구멍에 꽂힌 바다거북이도 있었어. 거의 호흡이
불가능한 상황이었어. 내가 겨우 살렸지…

펭귄 A   그물도 위험해. 그물 같은 건, 바닷새의 발을 묶어 굶어 죽
게 하더라고. 파란색 플라스틱 그물이 목에 감긴 암컷 물
범도 봤어. 그물이 물범의 목을 아주 세게 휘감고 있더라
고. 물범이 결국 질식사했어.[2] 그 친군 안타깝게도 못 구했
지. 생각만 해도 가슴이 너무 아파.

펭귄 C   아 그러고 보니 내가 의대 다닐 때, 교수님이 고래를 해부
했었는데, 50장이나 되는 플라스틱 봉지를 삼키고 있었
대. 그 중 몇 장인가가 목에 막혀서 질식사한 사례도 이야
기해 주셨어. 근데 이젠 이런 일이 일상이 되었으니[3]…

펭귄 B   이거 뭔가 심각해… 이러다 다 죽겠어. 바다에 떠다니는
플라스틱 쓰레기 조각이 약 5조 2천 500억 개고 무게는

---

1 〈'90.5를 기억하라'…인간마저 위협하는 플라스틱의 역습〉, 《동아사이언스》, 2019.
2. 9. 참고.
2 위의 기사 참고.
3 도갑수, 〈플라스틱 폐기물의 발생현황과 환경영향〉, 《생명공학동향》, 한국과학기술연
구원, 1994, pp. 35~36 참고.

약 26만9천 톤이라고 하던데. 지금 바다에는 약 1억 6천 5백만 톤의 플라스틱이 떠 있대. 이 추세대로라면 2025년에 바다에는 3톤의 물고기당 1톤의 플라스틱이 있을걸?, 그리고 2050년에는 바다에 사는 생선보다 플라스틱이 많을 거야.[4]

펭귄 A 인간들도 좀 작작하지. 너무한 거 아냐? 우리가 먹이랑 플라스틱을 구분 못한다는 걸 생각조차 못하나 봐. 참 자기들 중심으로만 생각한다니까.

펭귄 B 개들이 그렇지 뭐.

펭귄 C 모든 인간이 자기 이익만 생각하는 건 아니야. 1970년대 인간들은 모든 사물이 인간의 이해 관심에 기여하는 한에 있어서만 중요하고, 인간이 중요하게 생각하는 것만 의미있다고 했지. 그런데 1980년대부터 다르게 생각하는 사람들도 생겼어. 인간이 아닌 존재들에게도 가치를 부여하는 사람들 말이야.[5] 동물을 인간과 동일하게 생각하는 사람들도 있어. 동물도 고통을 느끼니까.

펭귄 B 웬일로 인간 편이야?

펭귄 C 적을 알아야 내가 살지.

펭귄 A 하긴 예전에 식물까지도 인간과 동등하게 생각하는 사람들도 있고, 심지어는 땅도 인간과 동일하게 생각한다는

---

[4] 세계 경제 포럼, 〈2050년이면 바다에는 물고기보다 플라스틱이 더 많아질 것이다〉, 《허프포스트코리아》, 2016. 1. 21. 참고.

[5] 최문기, 〈환경윤리의 접근 유형과 전개〉, 《인문과학연구》 제7호, 학술지정보인문과학연구, 1998, p. 580 참고.

인간도 있다고 듣긴 했어.

펭귄 C   그래, 아무리 인간들이어도 환경문제에 대한 입장이 다양해. 환경문제를 해결하려는 방법도 다양해. 어떤 사람들은 기술적으로 해결하자고 했고, 또 어떤 사람들은 인식의 근본적인 전환이 요구된다고 주장하기도 했어. 환경문제가 단순히 기술적인 것이 아니라 가치관 및 세계관과 관련된 것임을 보이는 거지.[6]

적과의 동침

물개 의사   어디가 아파서 오셨어요?

아빠 물고기   우리 아이가 배는 불뚝 나와 있는데 몸은 자꾸 말라서요.

물개 의사   아 요즘 이런 환자가 많아요. 영양실조예요.

아빠 물고기   네? 어떻게 그렇게 바로 아세요?

물개 의사   플라스틱을 먹이로 착각하고 먹은 물고기들이 배부르다 보니 진짜 음식을 제대로 섭취하지 않고 영양실조가 되죠. 마이크로플라스틱을 먹이로 잘못 알고 섭취하면, 이것들이 소화되지 않고 몸속에 그대로 쌓이게 되는 경우가 많아요.[7] 아드님도 작은 플라스틱이 동물성 플랑크톤이라고 생각하고 먹은 것 같아요. 플라스틱들을 많이 먹어야 하

---

6 김명식, 〈생태윤리의 새로운 쟁점: 기후, 물, 음식〉, 《범한철학》, 범한철학회, 2013, p. 241 참고.

7 〈바다에 버린 플라스틱, 결국 우리 입으로 돌아온다〉, 《한겨레》, 2015. 5. 31. 참고.

는 고에너지 음식이라고 생각하는 것 같아요. 마치 건강에 좋지 않은 패스트푸드를 좋아하는 십 대들처럼요.[8]

아빠 물고기 감사합니다. 거봐. 아빠가 음식 잘 골라서 먹으라고 했어 안 했어?

딸 물고기 아빠! 내가 일부러 그래? 플라스틱들인지 먹이인지 어찌 알아. 크기도 다 비슷한데. 플라스틱이 엄청나게 크면 못 먹지. 근데 먹이랑 크기가 비슷하잖아! 아빤 운 좋아서 아프지 않은 거지. 그리고 아빤 멀리 안 나가잖아. 멀리 가봐! 내가 뭘 잘못했다고. 나보고 뭐라고 해!!!

아빠 물고기 미안, 미안해. 아빠가 생각이 짧았어. 빨리 집에 가자. 쟤는 아까 뵌 의사 선생님의 아이 아냐?

플라스틱병을 베고 낮잠 자는 새끼 물개 발견(ⓒ심남조)

---

8 〈물고기들이 미세플라스틱을 너무 즐겨 먹는 게 진짜 문제다〉, 《허프포스트코리아》, 2016. 6. 8. 참고.

딸 물고기　엄청 잘 쉬고 있네. 나도 저거 갖고 싶다, 아빠.

아빠 물고기 뭐? 저거? 저걸 갖고 싶다고? 저게 뭔데?

딸 물고기　모르지 나도 저게 뭔지. 가까이 가서 봐야지!

(의사 아들 물개에게로 간다)

딸 물고기　야! 뭐해? 이거 뭐야?

아들 물개　몰라 나도 여기서 주웠는데 베고 자니 엄청 좋아.

딸 물고기　나도 한번 해볼게.

아들 물개　안 돼!!! 내 거야.

딸 물고기　누가 갖는다고 했어! 한 번만 해볼게!

아들 물개　아니야!

(둘은 그게 자신의 적인 플라스틱인지도 모르고 서로 갖고 싶어 한다)

설국열차

• 수많은 바다생물들이 죽어 나갔다. 유명한 박사 물개가 '먹이'와 '플라스틱'을 구분할 수 있는 칩을 개발했고, 미친 듯이 팔려 나갔다. 그 칩만 몸에 이식한다면, 플라스틱이라는 무서운 놈과 대적할 수 있었다. 하지만 그러한 혜택은 선택된 자들만 누릴 수 있었다. '나는 없어도 괜찮지만, 내 자식에게만은 꼭 사주고 싶다.' 결국 우리는 먹이와 플라스틱을 구분하는 칩을 몸에 이식한 집단과 그 칩 없이 살아가는 집단으로 나뉘어 갔다. 환경의 문제는 모든 사람에게 동시에 그리고 동등하게 영향을 미치지 않는다. 환경오염 피해는 사

회구조 및 생물학적 특성에 의해 사회적 약자와 생물학적 약자에게 가중된다. 소득이 낮은 사회적 약자와 어린이, 노인 등 생물학적 약자가 환경오염에 더 많이 노출되는 반면, 오염 회피 능력은 부족하며, 비OECD 국가의 환경성 질환 비중(24%)이 OECD 국가(14%)보다 높고, 1인당 질병을 앓는 기간은 개발도상국이 선진국의 15배이다. 어린이가 환경성 질환에 노출되는 정도가 전체 인구집단보다 5배가 높으며, 개발도상국 어린이는 선진국 어린이의 8배에 해당한다.[9] 환경파괴의 책임도 모든 사람이 똑같이 진다고 할 수 없다. 그리고 환경파괴에 대한 대책도 공정하게 세워지지 않는다. 환경은 보편적 복지의 필수요소인데 아직도 복지의 개념은 너무 협소한 것 같다.[10]

너도 플라스틱이냐? 나도 플라스틱이다

라 희   그만 좀 쓰자. 일회용품은! 특히 플라스틱 일회용품은!!!
당장 쓰지 않아도 불편한 것도 아닌데.
미국 하루 빨대 사용량이 얼마인지 알아?

동 해   1억 개?

라 희   웃기시네. 5억 개야, 5억 개!!
1950년부터 2015년까지 생산된 총량이 무려 83억 톤이래.

동 해   그게 많은 거야? 감이 안 오는데?

---

9 고재경 외, 〈미래의 복지는 환경복지〉, 《이슈&진단》 제35호, 2012. 2. 15., p. 3.
10 위의 글, pp. 1~26.

라 희	미국 엠파이어 스테이트 빌딩 2만 5000개를 합한 무게에 해당한대…
동 해	내가 엠파이어 스테이트 빌딩이 얼마나 큰지 알 게 뭐야. 왜 외국 빌딩 비유를 들어서 설명해? 참 이상하네. 한국 사람이…
라 희	알았어, 알았어. 인정! 미안! 현재 공해상에서 한반도의 7배 크기에 이르는 쓰레기 대륙이 발견되었고, 해양오염을 주는 물질의 약 80%는 육상에서 기인한다고 추정하고 있어. 쓰레기 섬을 이루는 물질의 90%는 플라스틱이라고 조사되어 있대. 우리 일상에 얼마나 많은 플라스틱 제품들이 있는데 알기나 해?
동 해	글쎄.
라 희	내가 플라스틱 없는 칫솔을 사려고 안 다닌 곳이 없어.
동 해	칫솔이 왜?
라 희	칫솔대가 거의 다 플라스틱으로 만들어졌다니까. 스타킹, 병뚜껑도 그렇고.
동 해	병뚜껑이 왜?
라 희	병뚜껑 안에 플라스틱이 다 붙어 있잖아.
동 해	헐. 그럼 대부분의 제품을 비플라스틱으로 바꾼다면, 콘돔은 어떡할래?
라 희	몰라.
동 해	플라스틱 아닌 게 얼마나 비싼지 알기나 해? 그리고 비플라스틱은 위생에도 안 좋아! 음료수 맛도 이상하단 말이야!

라 희   참나, 그게 뭐가 그리 중요해! 플라스틱은 썩지도 않는단
       말이야, 바닷새의 발을 묶어 굶어 죽게 만들기도 하고.

동 해   참 플라스틱의 단점만 생각하네. 플라스틱이 얼마나 가볍
       고, 튼튼하고, 저렴하니. 소수가 아닌 대중이 사용할 수 있
       어. 그러니까 가격을 낮추고, 품질을 유지하면서 더 많은
       사람에게 보급할 수 있는 거지, 게다가 얼마나 많은 의료
       기기가 플라스틱인줄 알아? 요즘 3D프린팅으로 인해 인
       공 코 이식, 인공 머리뼈 이식[11] 같은 것도 있고, 유방 질환
       환자를 검사하기 위한 유리섬유강화 플라스틱[12]도 있다
       고! 누굴 아주 의식 없는 사람으로 알고 있네. 지만 잘났지
       아주 혼자서만.

라 희   나도 알아. 플라스틱의 장점을. 1970년대 국가위주의 중
       화학공업이 성행하면서 생긴 결과물이고, 그로 인해 장점
       도 당연히 있지. 근데 이제 그것 때문에 우리가 죽어간다
       고. 의식은 둘째 치고 내가 살아야겠다고!!!

플라스틱의 굴욕, 만능물질에서 천덕꾸러기로

동 건   너희들은 또 싸우니? 아 오늘 미세먼지 정말 심각해, 미세

---

[11] 김현창, 〈3D프린팅이 사회경제에 미치는 영향에 관한 연구〉, 《디지털융복합연구》 제
13권 제7호, 한국디지털정책학회, 2015. 6. 15., p. 29 참고.

[12] 김갑중 외, 〈양전자방출전산화단층촬영 검사에서 유방 질환 환자를 검사하기 위해 유
리섬유강화플라스틱을 이용한 유방 틀의 제작 및 유용성〉, 《한국융합학회논문지》, 한
국융합학회, 2017, p. 175 참고.

　　　　　먼지가 얼마나 심하면 담배 맛도 없네.

라 희　　　담배는 끊는다더니.

동 건　　　뭐야? 또 뭐 때문에 그래.

동 해　　　우리는 지금 플라스틱에 대해 열토 중이지.

동 건　　　플라스틱이라, 플라스틱의 정의를 내려 봐.

라 희　　　또 저렇게 철학 공부한 티를 내요. 맨날 정의가 어쩌고.

동 건　　　아니, 그게 뭔지 정확히 알아야 논의를 하지. 정의가 모든
　　　　　논의의 시작이야!

동 해　　　내가 말해주지.

　　　　　플라스틱의 어원은 '빚어서 만든다'는 뜻의 라틴어 '플라
　　　　　스티코스Plastikos'에서 유래했어. 플라스틱이 유연하고
　　　　　새롭게 변화하는 가소성이 얼마나 뛰어난지를 알 수 있지.
　　　　　플라스틱은 양동이도 될 수 있고 보석도 될 수 있어.[13] 최
　　　　　초의 플라스틱은 1869년 식물 진액으로 만들어졌는데,
　　　　　지금 우리가 쓰는 합성수지 플라스틱은 1907년에 발명되
　　　　　었어. 플라스틱계의 에디슨이라 불리는 화학자 리오 베이
　　　　　클랜드는 석유, 천연가스 등 화학반응을 통해 만들어 낸
　　　　　폴리머로 플라스틱을 개발했고, 1922년부터 다양한 종류
　　　　　의 플라스틱이 등장하면서 사람들의 생활에 자연스럽게
　　　　　스며들게 되었지.[14] 라희는 내가 플라스틱에 대해 아무 생

---

13 〈"나쁜 짓 하기 너무 쉬워" 플라스틱 연금술에 빠졌던 예술가들… 이젠 재앙 경고〉,
　　《조선닷컴》, 2018. 5. 2. 참고.
14 〈플라스틱의 탄생과 진화, 60여 년의 여정〉, 《테크M》, 2017. 11. 8. 참고.

각이 없는 줄 안다니까.

라 희 　그렇게 알면 뭐하냐? 플라스틱의 문제에 대해 아무런 의식도 없으면서.

동 해 　아까 말한 것처럼, 플라스틱은 거의 혁명적으로 우리 삶을 바꿔 놓았다니까. 이 물질은 유연성과 탄력 그리고 강도를 조절할 수 있어서 원하는 모양과 형태로 무엇이든 만들 수 있잖아. 원하는 형상의 틀을 만들어 그 속에 재료를 녹여 굳히는 플라스틱 성형법을 '사출'이라고 하는데, 카르텔의 사출 의자는 1~2분이면 제작할 수 있어.[15] 플라스틱의 경우 재료를 주물에 넣고서 부으면 스타킹과 같이 얇은 물건에서 운반수단에 사용되는 집게와 같이 매우 강한 물건들도 만들어 낼 수 있다니까. 유동성과 실용성이 엄청나다니까. 산업 디자이너 카림 라시드는 "아름답고 민주적인 디자인을 만드는 최고의 물질"이라고 플라스틱을 찬양했고, 필립 스탁은 "천연 물질과 달리 인간의 지능으로 만들어졌기에 인간 문명에 잘 맞는다"[16]라고 말하기도 했어. 바다생물들 때문에 무조건 반대할 게 아니야.

동 건 　근데 바로 그러한 점 때문에 플라스틱에 대해서 비판하는 학자들도 있어. 원래 특정한 형태의 생활품들은 자연적인 재료와 짝을 이루잖아. 그런데 플라스틱의 그러한 유동성

---

15 〈"나쁜 짓 하기 너무 쉬워" 플라스틱 연금술에 빠졌던 예술가들… 이젠 재앙 경고〉, 《조선닷컴》, 2018. 5. 2. 참고.
16 위의 기사.

은 결국 무엇을 만들기 위한 매개 수단에 불과하다는 거지. 모든 물건을 원래 재료의 특성을 무시한 채 그 외형만 모방하여 만들어 낼 수 있다는 점에서, 플라스틱은 정체성을 잃어버린 전후 소비사회의 문화적 특성을 단적으로 보여주는 재료라고 말하기도 해. 그러니까 플라스틱을 순수하게 재료로서보다는 정체성이나 일관성을 갖지 못한 것으로 비판하기도 해.

니 똥에도 미세플라스틱이 있다!

라 희 　그건 뭔지 이해는 갈 것 같은데, 어렵네. 내가 말하는 게 그냥 플라스틱 이야기를 하는 게 아니야. 물고기 걱정 때문도 아니고. 미세플라스틱은 정말 더 심각하다고. 우리 문제라니까. 동건이 네가, 정의가 중요하다고 했으니까, 미세플라스틱은 플라스틱 가운데에서도 크기가 5mm보다 작은 것을 의미해.[17] 그 크기는 마이크로 사이즈, 나노 사이즈까지 작게 깨지기도 한다니까.[18]

동 해 　그게 왜?

라 희 　얼마 전에 천일염 미세플라스틱 함유율을 조사해 봤는데, 모든 천일염에 미세플라스틱이 함유되어 있다는 결과가

---

[17] Won Joon Shim, "Microplastics in the Ocean", *Archives of Environmental Contamination and Toxicology* vol. 69, 2015. 9. 2., p. 5.

[18] 〈"당신은 매일 미세플라스틱을 먹습니다"〉, 《노컷뉴스》, 2018. 9. 5. 참고.

나왔어. 프랑스산 천일염에서는 100g당 242개의 미세플라스틱, 국내산에서는 최고 100g당 28개. 중국산 천일염에서는 100g당 17개가 나왔대. 우리 국민 1명이 매년 먹는 소금의 추정량이 3.5kg이니까 그 3.5kg을 다 천일염으로 먹는다고 가정을 하면 1명이 매년 500개에서 최대 8,000개의 미세플라스틱을 소금을 통해 섭취하는 셈인거지.[19] 최근엔 생수, 수돗물, 맥주에 이어 바다소금 등 우리가 먹고 마시는 식재료에서 잇따라 미세플라스틱이 검출되었어.[20]

동 건   나도 들은 것 같아. 미세플라스틱은 여러 경로로 만들어져. 하나는 세안제, 치약 같은 제품의 기능을 위해 일부러 작은 플라스틱 알갱이들을 만드는 경우도 있고, 포장 등 덩어리가 큰 플라스틱 제품이 시간이 지나면서 분해될 수도 있고,[21] PET 물질이 커튼이나 옷에서 음식 접시로 떨어졌을 수도 있지. 이미 해산물이나 조개류들이 미세플라스틱을 섭취하고 있으니, 그 먹이사슬의 최상위인 우리도 자연적으로 섭취하게 되겠지.

동 해   세상에. 그럼 어떻게 해야 해? 아무리 유기농 제품을 쓴다고 해도 아이들에게도 위험한 거 아니야?

라 희   아이 이야기 나오니까 이제 정신이 드나 보네. 당연하지.

---

[19] 위의 기사.
[20] 〈미세플라스틱, 결국 사람 똥에서도 나왔다〉, 《한겨레》, 2018. 10. 24.
[21] 위의 기사 참고.

미세플라스틱이 매개체로 작용하니까.

동 해 그럼 어떻게 해? 플라스틱 없이 인간이 살아갈 수 있나? 케첩 통부터 자동차 내부 장치까지 플라스틱 없이 인간의 삶은 상상하기 어려운데, 이제는 플라스틱과 함께하는 인간의 삶도 상상해서는 안 되니…

동 건 이런 문제의 심각성을 인식한 사람들 중에는 바이오플라스틱을 만들기도 해. 바이오플라스틱은 보통 옥수수·해조류 등 생물과 우유 같은 식품에서 추출한 원료를 이용해 만든 걸 말해. 인체에 해害가 적지만 잘 썩지 않는 바이오베이스 biobased 플라스틱과 땅이나 물속에서 박테리아 등에 의해 잘 분해되는 생분해성biodegradable 플라스틱으로 구분할 수도 있어.[22]

플라스틱의 부활

라 희 미국과 중국, 유럽연합EU 등 세계 각국의 플라스틱 사용 보고서에 나온 통계자료를 정리해 플라스틱의 생산과 이용량을 조사한 자료를 본 적이 있어. 65년간 총 83억 톤의 플라스틱이 생산됐고, 그중 63억 톤이 쓰레기가 되었다고 하더라고. 플라스틱 쓰레기 중에선 9.5%에 해당하는 6억 톤만이 재활용되었고, 재활용되지 않은 90.5%의 쓰레기

---

22 〈콩 심은 데 바이오플라스틱 난다〉, 《조선일보》, 2018. 10. 15.

는 소각(12.7%)되거나 지구 어딘가에 그대로 방치 (77.8%)되어 있대.[23] 그러니까 플라스틱을 안 쓰려고 노력하는 것도 중요하지만, 재활용되지 않거나 방치된 플라스틱을 재활용하는 방안을 모색하는 것도 의미가 있을 것 같아.

동 건 지구, 환경, 공생이라는 강의를 한 적이 있었는데, 그때 학생들이 플라스틱 재활용에 대해 발표를 했었어. 몇 가지 생각난다. 컴퓨터 회사 델은 2008년부터 재생 플라스틱을 일부 활용해 데스크톱을 생산하고 있고, 전자 폐기물 및 재활용 탄소섬유를 활용해 PC 및 모니터를 생산하기도 하며, 대기오염을 야기할 수 있는 밀 지푸라기 소각을 막기 위해 밀짚을 활용한 포장재를 연구하기도 한다고 하더라. 대형 엔터프라이즈 제품을 생산하는 델 EMC는 스티로폼 등을 대신하기 위해 유기농 버섯과 대나무, 재생지 등을 활용한 포장재 활용과 연구를 계속하고 있다고 들었어.[24]

라 희 나도 그런 비슷한 내용을 많이 들었던 것 같아. 폐플라스틱으로 건축 소재를 만들거나, 군수 물자나 차량 또는 도로 건설에 재활용하는 거 말이야. 난 재활용하는 것과는 조금 다른 대안 소비인 아마프 AMAF 운동을 하고 싶더라

23 〈'90.5를 기억하라'··· 인간마저 위협하는 플라스틱의 역습〉, 《동아사이언스》, 2019. 2. 9. 참고.
24 〈"바다에 버려지는 폐플라스틱 수거해 PC를 만든다"··· 델, 재활용 패키징 도입〉, 《ITWorld》, 2017. 4. 27. 참고.

고. 아마프 운동은 소비자가 6개월 혹은 1년 단위로 자신들이 소비할 채소 및 과일 등의 값을 선불로 지급하면 생산자가 소비자에게 직접 신선한 채소와 과일을 공급하는 거라는데,[25] 이러면 플라스틱 문제뿐만 아니라 더 근본적인 문제들을 해결할 수 있을 것 같아. 소비의 형태를 줄인다면 말이야.

동 건 　맞다. 외국에 쓰레기 카페라는 곳이 있대.

동 해 　쓰레기 카페?

동 건 　어. 그 카페에서는 재활용이 가능한 쓰레기로 음식값을 지불하는 거래. 음식들도 계절상품을 쓰고, 모든 야채를 뿌리까지 요리해서 모든 음식을 다 먹을 수 있고. 양도 적당량을 준대. 그리고 쓰레기로 지불할 때, 재활용이 가능한 것과 아닌 것을 알려주는 교육 효과도 있고.

미니멀리즘이 대안이다

라 희 　플라스틱 문제에 대해서 우리가 할 수 있는 건 두 가지야. 현재 재활용 가능한 플라스틱을 생산해 내는 것과 플라스틱을 덜 생산하도록 노력하는 거지. 바이오플라스틱과 같은 제품을 만들어 내는 것도 중요하지만, 결국 소비를 줄이는 것도 한 방법이겠지.

---

[25] 고동연, 〈1990년대 레트로 문화의 등장과 최정화의 '플라스틱 파라다이스'〉, 《기초조형학연구》 13권 6호, 한국기초조형학회, 2012.

동 해	꼭 필요한 물건만 사자는 거야? 꼭 필요한 만큼만 먹고?
라 희	요즘 미니멀리즘 이야기 많이 하잖아. 또 동건이가 정의
	어쩌고 할 테니, 동해가 한 번 인터넷에 검색해 봐.
동 해	"미니멀리즘은 기본적으로 예술적인 기교나 각색을 최소
	화하고 사물의 근본 즉 본질만을 표현했을 때, 현실과 작
	품과의 괴리가 최소화되어 진정한 리얼리티가 달성된다
	는 믿음에 근거하고 있다. 제2차 세계대전을 전후하여 시
	각 예술 분야에서 출현하여 음악, 건축, 패션, 철학 등 여
	러 영역으로 확대되어 다양한 모습으로 나타나고 있다.
	영어에서 '최소한도의, 최소의, 극미의'라는 뜻의 '미니멀
	minimal'과 '주의'라는 뜻의 '이즘 ism'을 결합한 미니멀리
	즘이라는 용어는 1960년대부터 쓰이기 시작했다"[26]고 나
	와 있네.
동 건	적게 쓰고 먹는 행위와 같은 것들은 미니멀리즘의 결과이
	지 핵심 내용은 아니야. 동해가 방금 읽은 것처럼, 미니멀
	리즘에서는 어떤 형태가 중요한 게 아니고 본질이 중요해.
	예를 들어, 일상에서 우리는 많은 사물들을 분류해서 사
	용하고 있잖아. 책상, 의자, 식탁 이런 식으로. 그런데 미
	니멀리즘에 따르면, 책상, 의자, 식탁을 구분할 필요가 없
	게 되는 거지. 책상이 의자도 될 수 있고, 의자가 식탁도
	될 수 있고. 그러다 보면 책상, 의자, 식탁이 다 따로 필요

---

26 네이버 지식백과, '미니멀리즘'(https://terms.naver.com/entry.nhn?docId=1165887
&cid=40942&categoryId=32087)

없겠지. 결과적으로 필요한 물건들이 줄어들겠지.[27]

우리 모두가 공범이야[28]

서 온 근데 난 환경문제 하면 항상 궁금한 게 있어. 왜 우리가 미래세대까지 걱정해야 해? 아이가 있는 사람들이야 신경 쓰이겠지만, 난 아이 안 낳을 건데. 내가 없는 세상까지 신경 써야 하냐고.

라 희 너무 이기적인 거 아냐? 어떻게 그런 생각을 하지? 내 자식의 범위를 조금만 넓혀 봐. 단지 내 아이만 내 자식의 범주에 넣지 말고. 네 아이가 아니더라도 미래세대들이 존재할 텐데.

서 온 그냥 그렇게 감정적으로 답하지 말고. 반대로 생각해 봐. 예전 사람들이 현재 우리의 삶을 상상이나 했겠어? 우리는 예전 세대들과는 전혀 다른 삶을 살고 있잖아. 과학기술이 훨씬 더 발전해서 지금 우리에게 심각해 보이는 문제들을 의외로 아주 간단하게 해결할 수도 있잖아. 설사 우리가 미래세대를 위해서 열심히 준비한다고 해도, 그런 노력이 미래세대를 위해서 꼭 도움이 될 거라고 어떻게 확신해?

---

27 이 지문은 서울대학교 보건 정책 전공 김지연 박사의 이야기를 토대로 작성되었다.

28 김명식, 〈미래세대와 환경윤리 1: 왜 우리는 미래세대를 배려해야 하는가?〉, 《철학연구》 제49집, 한국철학회, 2000. 특히 278쪽을 중심으로 논문의 내용을 인용하거나 내용을 기반으로 재구성하였다.

동 해 맞다, 맞네.

동 건 서온이 말처럼, 우리가 미래세대의 삶이 어떻게 변할지 정확히 예측할 수는 없지. 그래도 그들이 생명체인 이상 물, 공기 이런 것들은 필요하겠지. 정확히는 몰라도 웬만큼은 알 수 있지. 안 그래? 그리고 과학기술에 관해서도 이야기했잖아. 근데 바로 그 점이 미래세대를 위해 우리가 무엇을 해야 한다는 근거가 될 수 있어. 예를 들면, 현재 우리의 핵발전소는 필연적으로 핵폐기물을 양산하는데, 그것이 안정 상태로 돌아가는 시기, 즉 반감기가 백만 년에 이르는 것도 있어. 그럼 그건 약, 3·4만 세대에게 해를 미치는 일인데 그걸 어떻게 모른 척을 하고, 그걸 어떻게 도덕적으로 정당화할 수가 있어.

라 희 동건이 의견에 동의해. 과학기술이 발전하면서 우리가 항상 이익만 취한 게 아니잖아. 우리도 전 세대들이 활용한 과학기술의 병폐를 경험했잖아. DDT, 핵발전소, 간척 사업 등 많잖아. 간척 사업을 통해서 국토가 넓어진다는 생각만 했지, 간척을 통해서 갯벌이라는 생태계의 보고가 파괴되고 바다에 치명적인 영향을 미친다는 걸 몰랐잖아.

동 건 나란 존재는 공간적 배경만 갖고 있는 건 아니야. 오늘날의 내가 있기 위해서는 과거세대의 노력이 있기 때문에 가능한 거고, 내가 자아실현을 하면서 살아가기 위해서도 과거세대 및 미래세대와의 연속성에서만 가능해.

라 희 동해는 말이 없네. 서온아, 만약에 네가 내 지역을 넘어 아주 멀리 떨어진 공간에 사는 사람들이나 너와는 상관없다고 생각되는 아주 오래전 사람들과의 관계가 잘 이해되지 않는다면, 그들에게서 네가 얻는 이익을 한번 생각해 봐. 네가 쓰는 휴대전화 가격이 싼 이유, 네가 먹는 초콜릿과 커피에 먼 곳에 사는 사람들의 노동력이 얼마나 숨어있는 건지를. 네가 누리는 많은 것들이 과거의 수많은 사람의 노고의 합이라는 걸 말이야.

동 건 그래. 그리고 환경문제는 특정한 개인에게 책임을 전가할 수 없어. 환경문제는 내 지역이라는 공간을 넘어 미래세대와 연결되어있음을 인식하는 게 중요해. 우리나라는 지난해 전체 폐플라스틱 수출량 67,441톤 중 동남아시아 5개국(베트남, 말레이시아, 필리핀, 태국, 인도네시아)에 53,461톤, 전체의 80%에 달하는 플라스틱 쓰레기를 수출했잖아.[29] 우리의 소비가 이웃 나라에도 영향을 미친다고. 그리고 생산자. 소비자, 정부 모두가 연대해야 해결 가능한 문제야. 생산자도 플라스틱에 대한 문제를 인식해서 물건을 생산하려고 노력해야 하고, 정부도 생산자가 그렇게 물건을 생산할 수 있는 환경을 만들어 줘야 하고, 소비자들도 플라스틱 문제의 심각성을 인식하고, 그 문제를 완화하는 방식으로 소비의 형태를 변화시키려고 노력해야겠지.

---

[29] 〈필리핀으로 불법 수출된 플라스틱 쓰레기의 슬픈 귀향-이제 정부와 기업이 변해야 합니다〉,《허프포스트코리아》, 2019. 2. 12.

라 희	맞아. 그러니까 플라스틱 문제에 대한 교육도 필요하고, EU처럼 일회용 플라스틱 사용을 금지하는 법안 같은 것도 필요해. 업체에서도 식품을 배달할 때엔 스티로폼 대신 재사용이 가능한 물품을 사용하고, 비닐 테이프 대신 종이테이프를 사용하는 등의 시도도 일반화되어야겠지. 마트에서는 일회용 비닐봉지 대신 재사용이 가능한 장바구니를 대여하는 서비스 같은 것도 좋은 예이고.
동 건	조셉 스티글리츠 Joseph Stiglitz처럼, 정책의 목표로 GDP 성장이 아닌 다른 지표의 사용을 권고하며, 생태민주주의를 통한 지속 가능한 사회로 전환할 것을 주장할 수도 있지.

판타스틱 플라스틱

동 건	내가 아는 선생님이 플라스틱 전시회에 대한 표를 주셨는데, 우리 한번 다 같이 가볼까?
라 희	아 그런 전시회가 있어?
동 해	그런 걸 뭐하러 가. 그냥 유튜브나 블로그 보면 누군가가 다 잘 정리해 두었어.
라 희	난 가보고 싶은데. 정크 아트 이런 것만 있는 줄 알았는데.
서 온	나도 가볼래.

사진전—쓰레기에 다친 해양 동물

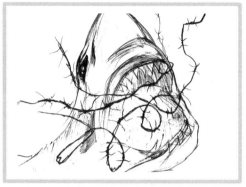

입 속에 플라스틱 쓰레기가
가득 찬 상어(ⓒ 심남조)

플라스틱 줄에 목이 감겨 죽은
케이프 물개(ⓒ 심남조)

플라스틱 폐기물에 걸린 새
(ⓒ 심남조)

동건의 고백

　•환경에 대한 그림만 있을 줄 알고 몹시 지루할 줄 알았는데, 아니었다. 충격 그 자체. 귀찮아하면서 아무런 기대 없이 온 미술관이 나에게 이런 큰 의미를 주다니, 예술의 힘은 정말 대단한 것 같다. 그동안 난 플라스틱들을 질질 흘리고 다녔다. 그 쓰레기들이 결국 내 몸의 지방덩어리처럼 따라 다닐 줄도 모르고.

　이때부터인 것 같다. 내가 정신 차린 게. 오늘 나는 플라스틱 어택 Plastic Attack 캠페인에 동참했다. 플라스틱 어택은 어떤 비영리단체가 기획한 것이 아니라 정말 시민들의 자발적인 참여로 전 세계로 확산되고 있는 중이다.[30] 불필요한 포장재를 슈퍼마켓에 그대로 버리고 가는 플라스틱 어택 캠페인이 유럽 전역으로 확산되고 있다. 주요 공격 대상은 물건의 품질 보존과 무관한 이중 포장재. 목표는 손님과 유통업체·제조업체에 얼마나 많은 포장재가 불필요하게 사용되고 있는가를 눈으로 보여주는 것이다.[31] 2050년이면 바다에는 물고기보다 플라스틱이 더 많아질 거라는데[32], 너도 함께할래?

---

30 〈포장 쓰레기에 손님이 뿔났다, 유럽에서 확산 중인 '플라스틱 어택'〉, 《더나은미래》, 2018. 6. 5. 참고.
31 위의 기사.
32 〈"2050년 바다엔 물고기보다 플라스틱이 많을 것"〉, 《서울신문》, 2019. 6. 10.

8장

자연은 권리를 가지는가?

_서윤호

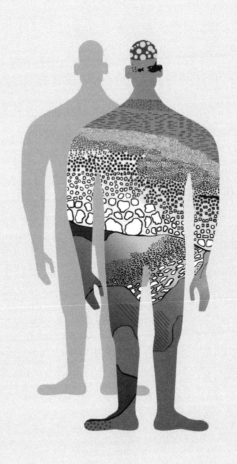

•강, 자연, 인공지능, 로봇 등 인간이 아닌 존재가 자기 존재를 우리에게 드러내고 있다. 권리와 의무의 관계로 구성되는 법의 영역에도 점차 비인간존재들의 권리문제가 중요한 사안으로 등장하고 있다. 뉴질랜드에서는 왕거누이강의 법인격을 인정하는 법안이 의회를 통과했으며, 인도에서는 갠지스강이 법인격을 가지는지의 문제를 둘러싸고 사법부의 긍정적인 판결이 나왔다. 과학기술의 발전과 더불어 진행되고 있는 인공지능과 로봇의 법인격 문제가 포스트휴먼 사회의 중요한 법적 문제로 떠오르고 있듯이, 왕거누이강과 갠지스강의 법인격 문제와 관련된 사례도 그 영역과 맥락은 약간 다르더라도 완고한 형태로 두꺼운 성역을 이루고 있는 인간 중심의 인격성의 문제에 이의를 제기하고 있다.

　몸과 물질의 상호성 그리고 '횡단신체성'[1]으로 특징지어지는 포스트휴먼적 에코바디 사회에서는 인간과 비인간의 동등한 지위가 새롭

---

[1]　'횡단신체성'에 대해서는 스테이시 앨러이모, 《말, 살, 흙》, 윤준·김종갑 옮김, 그린비, 2018, p. 51 참조.

게 부각된다. 인간중심적 휴머니즘에 대한 비판으로 시작된 포스트 휴머니즘은 생태와 관련해서는 에코바디의 문제로 나타난다. 에코바디 사회란 우리 몸이 이미 생태-몸으로 존재함을 재발견함으로써, 횡단신체성을 특징으로 하는 몸과 물질의 상호관련성 속에서 인간과 비인간존재들이 하나의 몸된 자연을 구성하고 있음을 말한다. 에코바디 사회에서 비인간존재들은 어떠한 법적 지위를 가지는가? 그 근거는 무엇인가? 비인간존재들의 경이로운 귀환 또는 존재론적 전회는 어떻게 이루어졌는가? 인간 존엄과 비인간 존엄의 규범적 기초는 무엇인가? 에코바디 사회에서 자연의 권리 또는 지구법의 문제는 어떻게 전개되는가? 이 글에서는 이러한 문제들을 살펴보고자 한다.

비인간존재들의 경이로운 귀환

　•크리스 조던은 《아름다움의 눈을 통해 절망의 바다 그 너머로》에서 플라스틱을 먹고 죽어가는 북태평양 미드웨이섬의 전설적인 바닷새, 앨버트로스를 찍은 사진 작품을 우리에게 보여준다.[2] 죽어 있는 앨버트로스의 배 안에 가득한 플라스틱 조각들은 우리의 시선을 사로잡고 이내 우리의 사유를 어지럽힌다. 더 끔찍한 사진은 어미 앨버트로스가 플라스틱 조각들을 먹이인 줄 알고 자기 새끼의 입으로 넣어주는 장면이다.[3] 앨버트로스는 그들의 생태환경인 바다에서 어

---

[2] 크리스 조던, 《크리스 조던-아름다움의 눈을 통해 절망의 바다 그 너머로》, 인디고서원, 2019, p. 12.
[3] 위의 책, p. 45.

렵게 구한 플라스틱 조각들이 먹이인 줄로 알고 있다. 어미 새는 인간들이 버린 쓰레기 조각들이 새끼들의 연약한 배 속으로 들어가고 있다는 사실을 전혀 알 리 없다. 크리스 조던은 이렇게 말한다. "그들이 먹는 모든 먹이와 그들의 몸을 이루는 모든 분자는 바다로부터 온 것이다. 앨버트로스와 바다 사이에는 어떠한 경계나 분리도 존재하지 않는다." 바다를 믿고 사는 앨버트로스는 우리 인간들이 버린 플라스틱 쓰레기 조각들로 자신도 알지 못하는 불의의 배신을 당한다.

멀리 미드웨이섬까지 갈 것도 없다. 우리나라에서도 잔혹하게 진행된 바 있는 구제역 '살처분'의 현장을 우리는 잊을 수 없다. 연일 방송에서는 방역복을 입은 사람들이 포클레인으로 살아있는 소와 돼지들을 생매장하는 장면이 화면에 가득했다. 생명이 처분의 대상이 되고 있는 것이다. 이른바 '예방적 살처분'이라는 명목으로 병에 걸리지 않은 멀쩡한 소와 돼지까지도 생매장되었다. 영화감독 황윤은 이렇게 말한다. "멀쩡한 소와 돼지를 파묻어야 하는 농장주들의 억울함, 침출수로 지하수가 오염되고 있다는 농민들의 절규, 정부의 잘못된 대응과 살처분의 폭력성을 비판하는 목소리, 한쪽에서는 지나친 육식과 밀집 축산에 대한 반성, 또 한쪽에서는 돼지고깃값 상승과 소비 위축을 걱정하며 이럴수록 더 많은 고기를 먹어달라는 축산업자들과 정부 관료들의 삼겹살 시식회… 그야말로 혼돈 그 자체이자 '국가 재난' 사태가 되었다."[4]

이 모든 것은 인간중심의 사고가 가져온 결과이다. 포스트휴머니

---

4 황윤, 《사랑할까, 먹을까》, 휴, 2018, p. 17.

즘은 인간중심적 휴머니즘을 비판하고 나선다. 물론 그렇다고 포스트휴머니즘이 휴머니즘을 통째로 버리자고 말하는 것은 아니다. 인간종의 일방적 우월성에 기초한 사고가 어떠한 재앙을 가져오고 있는지 직시하고 철저한 반성을 통해 새로운 사고가 필요함을 강조하기 때문이다. 에코바디 사회의 문제도 이러한 포스트휴머니즘의 연장선 위에 서 있다. 다만 '에코바디'의 문제는 그 영역을 생태환경에 집중하고 있다. 즉, '에코바디'는 생태 영역에서의 포스트휴머니즘 논의이다. 그렇기 때문에 인간 중심의 사고에 대한 비판적 관점을 에코바디에서도 견지할 수밖에 없다. 이는 비인간존재들의 권리와 연결된다. 이미 《지구에는 포스트휴먼이 산다》에서 논의한 바와 같이, 과학기술 영역에 새롭게 등장한 비인간존재인 인공지능과 로봇도 이제는 인간과 마찬가지로 인격성을 인정받을 수 있는 가능성이 새로운 규범적 문제로 논의되고 있다. 포스트휴먼의 연장선에 놓여 있는 에코바디 사회에서는 생태 영역의 비인간존재인 모든 자연 피조물도 이제 인간과 마찬가지로 인격성을 인정받을 수 있는 것은 아닌가, 하는 문제가 새로운 규범 논의의 핵심을 이루고 있다. 그러한 논의 결과가 왕거누이강과 갠지스강의 법인격을 인정하는 최근의 사례라고 할 수 있다. 이를 법적으로 정당화하고자 하는 시도는 '지구법' 또는 '야생의 법' 등의 형태로 전개되고 있다.[5]

지구법에 대한 논의를 살펴보기 전에 이러한 사고의 전환이 어떠한 이론적 기초를 가졌는지 살펴볼 필요가 있다. 아마존 숲과 밀림의

---

5 코막 컬리넌, 《야생의 법: 지구법 선언》, 박태현 옮김, 로도스, 2016.

철학을 잘 보여주는 책, 《숲은 생각한다》[6]는 우리가 그동안 관심을 가지지 못했던 아마존 원주민들의 사유체계를 우리에게 보여줌으로써 근대적 인간중심 사고에 근본적인 전환을 꾀하고 있다. 콘은 이 책에서 숲의 사고를 우리 인간이 어떻게 인식하는가를 묻는 것이 아니라, 제목 그대로 숲이 어떻게 사고하는가를 질문한다. 우리 인간을 둘러싼 비인간의 세계와 그 세계와 소통하는 인간의 세계를 어떻게 탐구할 것인가에 대해, '인간적인 것을 넘어선 인류학'으로서 그 방법을 모색하고 있기 때문이다. 여기에서는 숲이 어떻게 사고하는가를 알기 위해서는 인간뿐만 아니라 비인간, 산 자뿐만 아니라 죽은 자, 그리고 영靈들에 이르기까지 숲속의 모든 것이 어떻게 존재하는가를 묻고 있다. 이 책은 인류학의 새로운 이론적 흐름인 '존재론적 전회'를 이끄는 대표적인 저서로 평가받고 있다. '존재론적 전회'를 통해 사고한다는 것, 알아간다는 것, 그리고 살아간다는 것은 절대 분리되지 않는다. 각각의 실천은 서로를 자극하고 서로를 보완한다. 다시 말해 존재론적 전회는 삶과 앎을 분리하는 기존의 근대적인 사고방식에 대한 전면적인 재고를 요청한다.

에코바디 사회에서 요구되는 사고도 마찬가지라 할 수 있다. 지금까지 인간중심으로 편성되었던 생태 영역에서 인간종에게 과도하게 주어졌던 비중이 그동안 비가시화되고 무시되었던 비인간존재들에게도 그들이 응당 누려야 할 몫에 해당하는 동등한 비중을 되돌려 주는 사고의 전환이 필요하다. 생태 영역에서의 비인간존재들의 '경이

---

6 에두아르도 콘, 《숲은 생각한다》, 차은정 옮김, 사월의책, 2018.

로운 귀환'[7]을 이제 우리는 인정해야만 한다. 그렇다면 비인간존재들의 존엄성, 포스트휴먼의 존엄성은 어떤 방식을 띠는가? 그동안 법의 세계를 지탱해 왔던 인간 존엄은 어떤 의미가 있는가?

포스트휴먼의 존엄성, 인간 존엄과 비인간 존엄의 문제

• 오늘날 우리는 좋든 싫든 이미 '포스트휴먼 사회'에 들어서고 있다.[8] 지금까지 완고하게 우리의 사유에서 중심적인 지위를 가졌던 '휴먼'이라는 이름의 특수한 구성물이 이제는 서서히 인간과 비인간의 하이브리드적 결합의 양태를 띠는 '포스트휴먼'이라는 새로운 구성물에 자리를 비켜주고 있다. 과학기술 영역에서는 인공지능과 로봇 등 새로운 비인간존재들의 등장과 활약이 갈수록 커지고 있으며, 생태 영역에서도 그동안 인간중심주의에 의해 가려졌던 일체의 자연 피조물에 해당하는 비인간존재들이 서서히 자신들의 존재를 우리에게 새롭게 알리고 있다. 이미 눈앞에 다가온 포스트휴먼 사회에서의 기본 법리는 인간 중심으로 구성된 전통적인 휴머니즘적 법리로 충분히 합리적인 규율이 가능한가?

잘 알다시피 '인간 존엄'은 현대법 전체를 떠받들고 있는 기초 개념이라고 할 수 있다. 그러나 전통적인 휴머니즘에 기초를 두고 '실체 개념'으로서 파악되던 기존의 인간 존엄 개념은 포스트휴머니즘의

---

7 에두아르두 비베이루스 지 까스뜨루, 《식인의 형이상학》, 박이대승·박수경 옮김, 후마니타스, 2018, p. 13.

8 자세한 것은 몸문화연구소, 《지구에는 포스트휴먼이 산다》, 필로소픽, 2017.

비판에 의해 더 이상 유지되기가 어렵다. 이 점은 이미 독일 기본법 제1조 '인간 존엄'에 대한 해석 변화에서도 잘 나타난다. 독일 기본법 해설서에서 뒤리히는 인간 존엄성이 실제로 모든 인간에게 존재론적으로 현존하는 어떤 성질을 가리킨다고 주장하면서, 모든 시간, 모든 장소에서 타당해야 하는 것이 바로 인간 존재에 대한 이해라고 한다.[9] 그러나 이 조문에 대한 해설의 개정판에서 이미 헤어데겐은 뒤리히와 상반되게 인간 존엄성이 실제로 존재론적으로 모든 인간에게 현존하는 영원한 성질을 나타내는 것이 아니라, 오히려 인간 존엄성 또한 다른 모든 법과 마찬가지로 인간 사이의 합의에 전적으로 의존하고 있음을 강조하고 있다.[10]

전통적인 휴머니즘에 기초한 실체 개념으로서 인간 존엄 개념은 더 이상 유효하지 않다. 그 까닭은 인간이 존엄한 까닭을 일정한 사실적 기초에 근거해서 정당화하고자 할 때 그에 버금가거나 우월한 다른 존재의 가능성을 제시하게 되면 정당성 확보에서 곤란을 겪는 문제가 나타나기 때문이다. 또 그러한 사실적 기초를 확보하지 못하는 인간 존재의 경우에는 인간 존엄을 주장할 수 있는 근거가 사라지는 문제도 있다. 그렇지만 인간 존엄의 규정은 인간 존엄의 사실적 기초를 확보하지 못하는 인간 존재에 대해서도 인간 존엄을 인정하고자 한다. 더 근본적인 문제는 인간 존엄의 사실적 기초라고 말하는 인간의 '이성'이 과연 '존엄'의 확실한 기초가 될 수 있는지도 되물어야만

---

[9] Duerig, G., Kommentar zu Art. 1 Abs. 1, in: T. Maunz/G. Duerig, Grundgesetz-Kommentar, 1998.

[10] Herdegen, M., Kommentar zu Art. 1 Abs. 1, in: T. Maunz/G. Duerig, Grundgesetz-Kommentar, 2004.

한다. '존엄'을 근거 짓는 기초로서 너무 종족중심주의에 빠져 있는 것은 아닌가? 결국 실체 개념으로서 인간 존엄은 정당화의 근거로 삼기에는 여러 면에서 문제가 있다.

헤어데겐이 밝히고 있듯이, 인간 존엄 개념은 사실명제가 아니라 규범명제로 접근해야만 한다. 인간이 존엄하다는 사실 때문에 인간이 존엄한 것이 아니라, 인간을 존엄한 존재로 보고 모든 법질서가 이를 존중하고 지켜야 한다는 규범적 결단에 인간 존엄 개념의 의미가 있다는 말이다. 독일은 제2차 세계대전이 끝난 후 기본법 제1조에 인간 존엄에 대한 규정을 명시하고 있다. 이는 유대인들을 인간 이하의 존재로 취급했던 나치 악법에 대한 준엄한 역사적 반성의 결과이다. 다시 말해 인간다운 삶을 불가능하게 만들었던 극악한 악법의 뼈아픈 역사적 경험 속에서 새로운 법질서의 기초 원리로서 인간 존엄이라는 규범원칙을 기본법의 첫 번째로 명시적으로 규정한 것이다. 그러니까 인간 존엄이라는 법 개념은 사회의 근본적인 규범원리로서 인정되는 인간 존엄에 반하는, 모든 법률과 규정을 헌법에 반하는 것으로 간주하는 규범적 결단으로 이해해야 한다. 인간과 인간 사이 상호인정의 기초가 바로 인간 존엄이다.

그러나 인간 존엄이라는 법질서의 규범원리는 휴머니즘에 기초한 법질서는 아무 문제가 없지만, 인간과 비인간의 상호인정이 요구되는 포스트휴먼 사회에서도 유효할 수 있는가? '포스트휴머니즘'은 전통적인 휴머니즘에 대한 비판을 통해 인간과 비인간의 이분법적인 구분을 지양한다. 이러한 포스트휴머니즘의 논의에서 전통적인 '인간중심주의'는 비판의 중심에 놓이게 된다. 이는 필연적으로 현대법의 기초 개념을 이루는 '인간 존엄'에 대해서도 도전장을 내민다. '자연 존엄' 또는 '모든 피조물의 존엄' 등의 개념이 법적 논의에서도 자주 나타나고 있는 것도 이러한 현상과 무관하지 않다. 인간 존엄 개념의 해체와 재구성이 필요하다. 더 근본적으로는 포스트휴먼 사회에서 규범의 기초를 무엇으로 설정할 것인가가 문제된다. '포스트휴먼 존엄성'의 문제가 새롭게 관심의 영역에 들어오게 된다. 이 문제는 인간 존엄의 핵심으로 이해되는 '인격'의 개념을 둘러싸고 지금까지 법학이 이해해 왔던 방식으로 전통적인 인간-인격Human-Person만으로 파악하는 것에 대해 이제 새롭게 비인간-인격Non-Human-Person을 인정할 수 있는가, 하는 문제와 연결되어 있다. 이 문제에 대한 해결의 실마리는 인정 이론의 철학적 기초에서 찾을 수 있을 것이다.[11] 이는 인간과 인간 사이의 상호인정의 기초를 인간과 비인간 사이의 상호인정으로까지 확장할 수 있는 가능성을 모색하는 작업으로 연결된다.

자연의 권리를 인정하다

• '자연의 권리'가 법적으로 인정된다면 그것은 어떤 모습을 띠게 될까. 또 그 자연의 권리 규범이 실제 현실에서 어떤 식으로 적용될까. 에콰도르와 볼리비아의 사례를 통해 이를 살펴보기로 하자. 에콰도르와 볼리비아 사람들은 웅대한 안데스산맥을 끼고 살아간

---

[11] 인정이론에 대해서는 악셀 호네트, 《인정투쟁》, 이현재·문성훈 옮김, 사월의책, 2011과 김준수, 《승인이론》, 용의숲, 2016 참조.

다. 이들은 파차마마Pachamama, 어머니 지구 또는 대지의 신이 모든 삶의 중심에 있다고 믿는다. 이에 따르면 인간은 다른 모든 생명체와 마찬가지로 지구에서 살아가는 수많은 구성원 가운데 하나에 지나지 않는다. 이들이 추구하는 삶은 부엔 비비르Buen Vivir이다. 이는 '참된 삶'이나 '좋은 삶'을 뜻하는 말로, 통상 자연과의 조화, 공동체적 관계, 내적인 평화 등을 중시하는 삶을 일컫는다. 안데스 지역의 토착 전통과 가치에 근거한 부엔 비비르는 물질적 풍요를 겨냥하는, 서구 패러다임에서 벗어나는 새로운 개념이다. 부엔 비비르는 축적과 성장이 아니라 인간과 자연의 조화를 목표로 하는 일종의 균형 상태다.

이처럼 부엔 비비르의 전통적 가치에 따라 에콰도르는 자연의 생물이 영구적으로 생존하고 번식하고 진화할 권리를 가진다고 규정한 헌법 개정안을 국민투표로 통과시켰다. 에콰도르는 2008년 9월 세계 최초로 국가와 시민들에게 "자연과 조화하면서 자연의 권리를 인정하는 방식으로 안녕을 추구"할 것을 명하는 헌법을 채택하였다. 헌법에 자연의 권리를 명시적으로 천명한 것은 역사상 최초다. 헌법 전문에는 자연의 다양성과 자연과의 조화 속에 시민들을 위한 공존의 새로운 질서를 구축함으로써 '안녕'을 성취하려는 에콰도르 국민의 의도를 명시적으로 언급하고 있다. 부엔 비비르, 좋은 삶의 방식은 개인들과 공동체들, 민족과 국가들은 효과적으로 자신들의 권리를 향유해야 하고, 문화적 상호성과 다양성의 존중 그리고 자연과 조화로운 공존의 틀 속에서 책임을 수행해야 함을 요청한다. 이 새로운 헌법 조항은 실제 효력은 별로 없는 상징적 선언에 그치는 게 아니다. 국가에 생태계 파괴나 생물 멸종을 일으킬 수 있는 행위들을 예방하고 제한해야 한다는 의무를 공식적으로 부여했을 뿐 아니라, 국가가 이런 일을 제대로 하지 않으면 일반 시민이 자연을 대신해 법적인 소송을 제기할 수 있도록 했다. 에콰도르 헌법 제72조는 '자연은 존재할 권리, 지속할 권리 그리고 생명 유지에 필수적인 자연의 순환과정과 구조, 기능 및 진화과정을 유지하고 재생할 권리'를 가진다고 규정하고 있다. 동시에 '자연은 재건될 권리 또는 손상된 자연시스템에 의존하는 사람 또는 단체가 주장할 수 있는 보상에 관한 권리와는 별개로, 자신이 온전한 상태로 복원될 권리'를 가진다고 규정하고 있으며, 또한 '국민이나 회사 같은 법적 주체 그리고 국가에게 자연의 권리를 존중하고 지지해야 할 특정 의무를 부과하고, 이러한 자연의 권리는 법적으로 집행 가능하다'고 규정하고 있다. 더욱이 모든 사람, 국민, 공동체 또는 민족은 자연을 위한 권리를 인정하라고 공공기구에 요청할 수 있다.

같은 맥락에서 볼리비아에서는 '어머니 대지의 권리에 관한 보편적 선언'을 언급한 법률을 2010년 12월 채택했다. 인간과 자연 사이의 관계를 생태주의 관점에서 급진적으로 재구성한 내용으로 유명한 이 법은 자연의 권리를 11개 항목으로 규정하고 있다. 존재하고 생존할 권리, 인간의 변형에서 자유로운 상태로 진화하고 생명 순환을 지속할 권리, 평형을 유지할 권리, 오염되지 않을 권리, 유전자나 세포가 조작되지 않을 권리, 지역 공동체와 생태계 균형을 해치는 개발 계획이나 거대 사회기반시설 건설에 영향받지 않을 권리 등이 대표적이다.

이와 같이 에콰도르와 볼리비아가 헌법과 '어머니 대지법'이라는 형태로 자연의 권리를 인정하고 있다면, 뉴질랜드와 인도에서는 강이라는 구체적인 자연물에 법인격을 인정하는 형태로 자연의 권리를 인정하고 있다. 아직 우리나라에서는 생소한 느낌이 들기도 하지만, 이는 지구법의 차원에서 바라보면 자연스럽고 필연적인 법진화의 과정이라고 할 수 있다.

2014년 뉴질랜드는 전통과 환경을 지키기 위해 세계 최초로 강에 '인간의 지위'를 부여했다. 뉴질랜드 의회는 원주민 마오리족이 신성시하는 북섬의 왕거누이강에 살아 있는 인간과 동등한 법적 권리와 책임을 주는 법안을 통과시켰다. 앞으로 누군가가 이 강을 해치거나 더럽히면 사람에게 한 것과 똑같이 처벌을 받는다는 뜻이다. 왕거누이강은 공익신탁이나 사단법인과 비슷하게 취급되고, 마오리족이 임명한 대표자 1명과 정부가 임명한 대리인 1명이 신탁 관리자가 돼 강의 권익을 대변하게 된다. 정부는 법안에 따라 마오리족에 8,000만 뉴질랜드 달러(약 636억 원)를 보상하고, 강을 보존하기 위해 3,000만 뉴질랜드 달러를 투입할 예정이다. 또 강을 위한 법적 토대를 만드는 데 100만 뉴질랜드 달러 상당의 기금이 조성된다. 뉴질랜드에서 세 번째로 긴 왕거누이강은 활화산 통가리로에서 발원해 290km를 지나 바다로 흘러든다. 마오리족은 이 강을 지키기 위해 오랜 세월 싸워왔다. 마오리족이 이 강에 대한 인식을 높이고 법적 보호를 확보하기 위해 싸운 것은 160년에 이른다. 마오리족과 정부의 협상은 2009년 시작돼 2014년에 타결됐다. 마오리족은 삶의 터전인 왕거누이강을 가리켜 '코 아우 테 아우아, 코 테 아우아 코 아우'라고 말하곤 한다. '나는 강, 강은 나'라는 뜻이다. 원주민들은 최소 600년 전부터 이 강

주변에 터를 잡아 살았다.

　인도인들이 신성시하는 갠지스강도 뉴질랜드의 왕거누이강에 이어 세계에서 두 번째로 인간과 같은 대우를 받는 강이 됐다. 인도 북부 우타라칸드주 고등법원은 갠지스강과 가장 큰 지류인 야무나강에 인간과 동등한 법적 지위를 부여했다. 앞으로 강을 오염시키거나 훼손하면 타인을 해쳤을 때와 똑같이 처벌받는다. 법원은 "갠지스와 야무나는 태곳적부터 물리적으로, 영적으로 우리에게 자양분이 돼 주었다"면서 강 보존의 필요성에 공감했다. 북부 히말라야산맥 강고트리 빙하에서 발원한 갠지스는 바라나시, 하리드와르 등 힌두교 성지를 거쳐 동쪽으로 흐른다. 길이만 2,500km에 이른다. 힌두교도들은 갠지스를 '강가'라고 부르며 여신으로 모신다. 이곳에서 업보를 씻을 수 있다고 생각해 목욕도 하고 시신을 화장해서 뿌리기도 한다. 법원은 갠지스강과 지류의 보존 업무를 담당할 감독관 3명을 임명하고 3개월 안에 강 관리위원회를 만들라고 명령했다.

지구법의 문제

　• 현재 우리의 법 시스템에는 하나의 뿌리 깊은 흠이 있다. 그것은 살아 있는 자연존재를 단순한 객체 내지 재산으로 취급한다는 것이다. 자연을 생명의 원천으로 보는 것이 아니라, 인간의 관점에서 효용성에 따라 자원, 재산 또는 자연자본으로 그 가치를 평가하는 것이다. 이는 자연파괴를 동반하면서 무한성장을 추구하는 경제 패러다임을 가속화한다. 그러나 포스트휴먼 사회에서 지나치게 불균형을 이

루고 있는 권리와 힘의 균형을 맞추는 작업이 필요하다. 자연을 고유한 이익과 권리를 가진 이해당사자로 법체계 내로 받아들인다는 것은 인간중심적 권리체계에 대한 강력한 균형 조절 장치가 될 수 있다. 지구법은 이러한 균형의 역할을 자임하고 나선다. 포스트휴먼적 에코바디 사회에서 커다란 의미를 가지는 지구법이란 무엇인가?

컬리넌은 《야생의 법》에서 기존 법학의 이론적 체계가 지구의 심각한 생태 위기를 해결할 수 없음을 지적한다. 가톨릭 생태사상가인 토마스 베리가 제창한 '지구법 Earth Jurisprudence' 개념을 바탕으로 하여 기존 법학의 패러다임을 뒤집고 인간과 자연의 권리를 새롭게 해석하는 법학의 새로운 틀을 제안한다.[12] '야생의 법 Wild Law' 혹은 '지구법'은 지구와 지구 환경을 위한 법이라 할 수 있다. 야생의 법, 지구법은 인간이 지구 환경으로부터 분리되어 있고 지구의 건강이 악화되더라도 번성할 수 있다는 믿음에서 벗어나, 지구의 권리를 되찾게 하고 그럼으로써 지구의 안녕과 인간의 안녕을 되찾고자 한다.

컬리넌은 이렇게 말한다. "지구법학을 표현하는 이러한 야생의 법은 그것이 존재하는 지구 시스템의 특질을 인식하고 이를 구현한다. 한 접근 방법으로서 야생의 법은 사람과 자연 간의 정열적이고 친밀한 유대를 조성하고 또 우리 본성의 야생적 측면과 유대를 심화하고

---

[12] 토마스 베리는 우리가 도달한 곳을 쓰레기 세계(Waste World)라고 규정한다. 토마스 베리, 《황혼의 사색》, 박만 옮김, 한국기독교연구소, 2015, pp. 27~28. 그는 우리가 살아온 산업세계의 꿈을 있는 그대로 정확히 평가해야 하고, 산업세계가 제시하는 유혹적인 관점에 충분히 맞설 수 있는 대안을 찾아야 한다고 주장한다. 그가 제시하는 미래는 전체 지구, 즉 지구의 모든 구성원, 인간뿐만 아니라 지질학적 구성원과 생물학적 구성원 그 모두가 갖고 있는 유기적 기능의 통일성에 의존하는 세계다. 토마스 베리, 《지구의 꿈》, 맹영선 옮김, 대화문화아카데미, 2013, p. 52.

자 한다. 이는 종국적 결과물이나 재산과 같은 '사물'보다는 관계성을 강화할 수 있는 과정 자체에 중점을 두려는 경향이 있다. 이는 야생지와 생명 공동체가 자신을 규율할 자유를 보호한다. 그것은 통일성의 부과보다는 창의적 다양성의 장려를 목적으로 한다. 야생의 법은 지금의 것과 다른 전통적인 접근법이 용솟음칠 수 있고, 번성하고, 자신의 길을 달리고 소멸하게 될 그러한 공간을 열었다."[13] 컬리넌은 기존의 법으로는 지구와 인류의 안녕을 되찾을 수 없기 때문에 야생의 법, 지구법이 필요하며 현재 상황으로 볼 때 시급히 마련되어야 한다고 말한다. 그리고 새로운 야생의 법, 지구법이 마련되기 위해서는 패러다임의 전환이 이루어져야 한다고 강조한다.

이제 지구법 논의는 세계적인 관심의 대상이 되고 있다. 2015년 12월 22일 유엔 총회는 결의문[14]을 통해 2016년에 자연과의 조화에 관하여 세계 전역의 지구법 전문가들을 포함해 인터넷상의 대화를 진행할 것을 결정했다. 이는 시민과 사회에 영감을 불러일으킴으로써 자연과 조화를 이루는 가운데 지속가능발전 목표를 이행하려면 자연 세계와 어떻게 상호작용해야 하는지를 재검토하려는 의도에서였다. 총회는 일부 나라가 지속가능발전을 증진하려는 맥락에서 자연의 권리를 인정하고 있음을 지적하며, 전문가들에게 차후 회기에 총회에 요약보고서를 제출해 달라고 요청했다. 이에 따라 자연과의 조화에 관한 대화가 2016년 4월 22일에 시작되었고, 33개국에서

---

13 코막 컬리넌, 위의 책, p. 54.
14 'Harmony with nature: resolution', adopted by the General Assembly, A/RES/70/208.

120명이 넘는 전문가들이 이 대화에 참여하였다. 지구법 전문가들은 자연의 내재적 가치와 우리의 인식과 태도, 행동을 인간종중심주의에서 비인간종중심주의 곧 지구 중심으로 전환해야 필요성을 역설했다.

지구 중심 세계관에서 행성 지구는 죽어 있는, 개발의 단순한 대상(객체)이 아니라, 살아 있는, 자신의 건강을 위협하는 다양한 위험에 노출된 우리 공동의 집으로 여겨진다. 이러한 전환과정은 지구와 그 자연순환과정의 근본적 존중과 경외를 포함해 자연과의 상호작용에 대한 진지한 재검토와 법과 윤리, 제도, 정책 그리고 관행에서 지구법의 지지를 요구한다. 이 대화에서는 어떻게 하면 인간종중심적 관점이 아니라 지구중심적 관점에서, 그리하여 인간이 지구 공동체의 책임 있는 성원으로 살아가도록 지도하는 방식으로 운용되는 거버넌스 시스템을 재구축할 수 있을 것인지가 중점이 되었다.

이 대화에 참여한 전문가들의 요약보고서[15]에 따르면, 지구법은 전일적인 거버넌스 시스템으로 파악된다. 이 요약보고서에는 다음과 같이 지구법의 철학적, 윤리적 원칙들이 담겨 있다. 지구법은 지구를 생명을 규율하는 자연법의 원천으로 인정한다(17절). 지구법의 기본철학은 다음과 같은 4개의 주요 원칙으로 정식화될 수 있다.

① 주체성subjectivity: 우주는 가치와 권리를 지닌 전일적 통일체이다.

② 공동체성community: 모든 것은 그 밖의 다른 모든 것과 관계하며 공존한다.

---

[15] U. N. General Assembly, 'Harmony with Nature', note by the Secretary-General, A/RES/71/266.

③ 법칙성과 질서lawfulness and order: 우주와 지구 공동체에는 우리가 발견하고 이해할 수 있는, 자기조직의 패턴이 있다.

④ 야생성wildness: 우주 안에서 그러한 질서와 법칙성은 역동적이고 신비스럽고 또 예측 불가능한 면이 있다(20절). 지구법의 주된 목표는 우리의 사고와 실행을 자연의 과정에 다시 연결하는 것이다. 지구법은 지속가능성이라는 생태적 원칙 위에서의 문명 재구축과 자연 세계와의 협력적 관계 구축이 시급함을 강조한다(22절). 인간과 자연 사이의 간극을 메우는 데 도움이 되는 또 다른 수단·방법은 모든 차원의 정치적 의사결정에 있어 생태민주주의를 육성하는 일이 될 것이다. 여기서 생태민주주의란 "생태공동체를 구성하는 그 밖의 다른 종과 살아 있는 시스템의 필요와 인간의 필요를 동등하게 평가함을 궁극의 목표로 삼는, 인간의 민주주주의 원칙을 존중하면서도 가치평가를 확장해 비인간 자연의 내재가치도 반영하는 그러한 의사결정시스템을 사용하는 단체와 공동체"로 정의될 수 있다(24절).

법적으로 생태계와 종에 존재하고 번영하며 재생할 기본적 권리를 인정해 우리 거버넌스 시스템에 자연의 권리를 포함하는 것이 첫 출발이 된다. 자연은 기본적 지구권의 원천으로 간주되고, 이러한 권리는 인간의 법에 의해 유효하게 제한되거나 파기될 수 없다. 이러한 권리와 인간의 권리가 서로 맞서는 것은 아니다. 자연의 한 부분으로 우리 인간의 권리는 이러한 같은 권리에서 나온다. 인간의 생명권은 우리를 지탱하는 생태계가 존재할 권리가 없다면 무의미하다. 지구법학은 모든 생명이 주체로 참여하는 지구공동체의 거버넌스로 제시된 이론이다. 보셀만은 자연은 원래 평화롭게 유지될 권리가 있기 때문에 '그대로' 보호하기 위해서는 '종이기주의'를 탈피해야 한다고 주장한다.[16] 지구법학의 배경은 모든 존재의 공간적 근거인 지구를 파괴하는 인간중심주의에 대한 불복종과 저항이고 '탈출'이다.

지구법 논의와 관련하여 최근 전개되고 있는 구체적 사안은 생태헌법이다. 생태헌법은 '자연의 권리'와 환경권을 담은 헌법부문으로 정의할 수 있다. 생태헌법은 개인의 사적인 권리를 보장하는 것이 아니라 자연생태를 사전적으로 보호함을 특징으로 한다. 즉 자연훼손 위험을 예방할 권리를 보장하고 국가에게 책무를 부여한다. 개헌 논의가 활발해지면서 우리나라에서도 생태헌법에 대한 관심이 높아지고 있다.[17] 자연의 권리, 모든 생명체에 대한 국가의 보호 의무, 생태계와 미래세대에 대한 책임, 지속 가능성을 핵심 가치로 삼는 녹색국가의 운영 원리 등을 헌법에 담고자 하는 일련의 움직임이 눈에 띈다. 법이 구현하고자 하는 궁극적 가치인 인간 존엄은 자연의 권리를 인정할 때 더욱 넓어지고 깊어질 수 있다. 인간은 자연의 일부이기 때문이다. 생명세계의 그물망을 벗어나서는 생존할 수도 없고 행복해질 수도 없는 게 인간이라는 존재의 운명이다. 헌법은 한 나라의 근본법이자 최고의 사회 규범이다. 생태헌법의 길은 이제 시대의 요

---

[16] 클라우스 보셸만, 《법에 갇힌 자연 vs 정치에 갇힌 인간》, 진재운·박선영 옮김, 도요새, 2011, p. 18.

[17] 생태헌법에 대한 논의는 다음의 자료를 참조하라. 시민환경연구소, 환경법률센터 주최 토론회, 〈헌법, 환경을 어떻게 담을 것인가?〉, 2017. 3. 24. ; 홍성태·최현·박태현, 《공동자원론, 생태헌법을 제안한다》, 진인진, 2017. 박태현은 생태헌법의 핵심가치로 '자연환경과 생명(동물 등)가치 – 생태지속성장 – 환경국가원리 – 참여'를 제안한다. 생태헌법의 목표로 자연가치와 생명가치를 수용하여 인간중심주의적 헌법가치질서 완화, 환경국가원리 강화, 환경권의 구체적 권리성과 권리 간 상호의존성 인정, 국민참여와 환경 거버넌스 보장과 강화 등을 제시하고 있다.

청이다. 생태헌법은 생태민주주의와 연계한다. 생태민주주의는 사회경제적 약자는 물론 미래세대와 비인간존재의 생존과 복지를 향상하기 위해 이들과 이들의 대리인 또는 후견인들이 정치과정에 참여하는 정치제도와 과정이다.

9장

인류세와 포스트자연,
그리고 여성

_심귀연

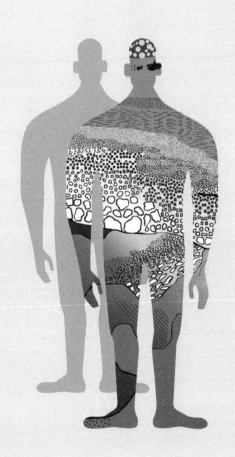

가이아, 그대는 왜 여성이어야 했나?

• 가이아는 지금까지 여성, 특히 어머니의 모습으로 이해되어 왔다. 우리는 그 이유를 신화에서 찾는다. 헤시오도스의 이야기에 따르면, 태초에 혼돈, 즉 카오스가 있었고, 그다음에 가이아가 생겨났으며, 마지막으로 에로스가 생겨났다. '어머니 가이아'로 부르는 것은 가이아로부터 모든 생명이 생겨났기 때문이다. 가이아는 모든 생명의 근원이지만, 아들이자 남편인 우라노스, 그리고 크로노스와 제우스에게 배신을 당한다. 결국 모든 권한은 제우스에게로 넘어가고 세상을 탄생시킨 가이아는 마치 당연히 해야 할 일을 하는 것인 양 물러났다. 가이아로 상징되는 여성은 남성으로 상징되는 제우스에게까지 배신당함으로써 생명의 근원인데도 그 근원으로서의 권리를 인정받지 못하고 어둠 속으로 사라진 것이다. 이에 따르면 여성성은 패배의 산물인 셈이며, 그 자체로 결핍이다. 여성이 자신을 빛 속에 드러내기 위해서는 스스로를 남성화할 수밖에 없다. 그렇기에 지

혜의 여신 아테나는 어머니의 자궁이 아니라 아버지 제우스의 머리에서 태어난다. 여성성은 결핍의 상징이기에 지혜는 여성으로부터 나올 수 없었던 것이다. 이처럼 헤시오도스의 이야기는 자연에 대한 정복을 정당화하면서 동시에 여성의 자연화에 성공한다.

자연은 적어도 근대 이전까지 미약하나마 생명의 힘을 가지고 있었다. 인간은 생명을 가진 존재 가운데 으뜸이다. 인간이 세상의 중심이 되어 펼쳐지는 대서사에서 자연은 '아낌없이 주는 나무'였다. 아낌없이 주고도 더 줄 것이 없어 안타까워하는 자연, 우리는 그 자연에 감사하지만, 너무 쉽게 아낌없이 받아내고 있다. 이러한 모습이 결코 아름다울 수 없음에도 우리는 왜 그 모습에서 아름다움을 느끼는 것일까? 인간은 자연으로부터 모든 것을 빼앗았다고 생각하지 않는다. 자연이 스스로 우리에게 모든 것을 주었다고 말하고 싶은 것이다. 자연에 대한 이러한 감상은 일종의 기만이거나 뻔뻔함이다. 인간은 자연의 위대함을 잊은 적이 없다. 다만 모른 체할 뿐이다. 자연을 처음 마주한 인간은 자연의 경이로움에 놀랐을 것이다. 자연은 경이 그 자체였다. 그러나 그 경이는 오래가지 않았다. 자연을 정복하려는 욕망이 자연에 대한 경이를 대신하였다. 이제 자연은 인간이 지배하는 대상으로, 바꾸어 말하자면 인간의 기대를 따르는 자연이어야 했다.

인간이 기대하는 자연은 베풀고 인내하고 생산하는 돌봄의 모습이다. 자연은 수동적인 존재여야 했다. 자연은 스스로 변화하지 않는다. 이러한 자연을 능동적인 힘으로 바꾸어가고 개발하며 보호하는 존재가 인간이다. 자연은 오로지 인간의 관점에서 해석되고 구성된다. 인간은 존재론적으로 우위를 점했고, 인간은 자연으로부터 먹고 입고

잠을 자는 데 필요한 모든 것을 받아내는 것을 당연하게 여겼다. 그러나 너무 받기만 했던 것은 아니었을까? 받는 것에 너무 익숙해진 나머지 자연의 관점을 가져 볼 생각조차 하지 못했다. 아니 자연을 지배하는 재미에 쏙 빠져 자연의 소리에 귀 기울이지 못했다. 20세기 말, 근대화 과정의 문제점들이 속속히 드러나면서 자연의 상처와 분노는 모습을 드러낸다.

"역겨운 인간들이여… 내 고통과 회한을 알아야 할 것이다."

영화 〈모노노케 히메〉(1997)에서 재앙신, 타타리가미가 뱉는 이 말은 충분히 그 상처와 분노를 짐작하게 한다. 영화에서 자연의 얼굴을 한 신은 숲을 파괴하려는 인간과 싸움을 시작한다. 인간에 대한 증오와 분노로 가득 찬 모노노케 히메 '산'은 인간을 용서하고 싶어 하지 않아 했다. 그러나 인간 여성인 '산'은 인간 남성의 사랑으로 인간에 대한 증오를 밀어낼 수 있었고, 인간이고 싶지 않았던 '산'은 자연을 지키는 수호신으로 남고자 했다. '산'이 드러내는 분노의 반대편에서 에보시는 철을 생산하는 마을인 타타라바의 지도자로 있다. 이 마을에는 아프고 소외된 여성들이 많았는데, 그 여성들에게 에보시는 존경받고 지지받았다. 산과 에보시는 모두 여성임에도 결코 연약한 존재가 아니다. 그들은 자연에 대해 능동적인 힘을 가진 인간이었다. 그들은 지키고자 하는 무언가가 있었고, 그 무언가를 위해 한쪽은 증오를, 다른 한쪽은 전쟁과 지배를 택하면서 서로를 적대시했다. 산과 에보시, 두 여성의 대결은 마치 자연과 인간의 대결로 보인다. 그럼에도 왜 우리는 산에게서 여성성을, 그리고 에보시에서 남성성을 발견하는 것일까? 에보시가 여성임에도 인간을 상징하는 것은 그에게서 전형적인 남성성을 발견하기 때문이다. 마치 우리가 지혜의 여신 아테네에게서 남성성을 발견하듯이. 분명한 것은 여성은 자연이 아니라 인간이라는 점이다. 그런데도 왜 사람들은 자연에서 여성의 모습을 확인하는가? 이미 우리는 답을 알고 있다. 그것은 여성이 남성과의 권력 싸움에서 진 탓이다. 아이러니하게도 인간과 자연의 공존 가능성에 대해 물음을 던지는 이 영화에서조차 남성인 아시타카는 이 모든 것의 화해를 이끌어내는 사랑으로 표현된다. 사랑이 세상을 구하는데, 하필 그 사랑이 남성에 의한 사랑이라니.

〈모노노케 히메〉가 인간과 자연의 공존 가능성에 대해 고찰한 영화였다면, 그보다 2년 먼저 개봉한 영화 〈안토니아스 라인〉(1995)은 인간종에서 여성과 남성을 분리하여 여성을 자연으로, 남성을 인간으로 두고 그 둘을 대립시킨다. 안토니아가 어머니 일레곤다의 임종을 지키기 위해 16살 된 딸 다니엘의 손을 잡고 어머니가 살던 마을에 들어섰을 때, 카페 담벼락에 쓰인 글 "환영, 우리의 해방군"이라는 문구는 의미심장하다. 억압이 삶 속에 소리 없이 녹아내려 무엇이 억압인지 모른 채, 고통 속에 살아가던 여성들을 해방할 자는 남성이 아니라, 여성이라는 의미일까?

안토니아가 영화의 주인공이지만, 이 영화는 안토니아 한 개인의 이야기가 아니다. 남성에서 남성으로 이어지지 않고 여성에서 여성으로 이어지는 삶을 보여주는 것이기 때문에 안토니아는 새로운 역사가 펼쳐지기 이전, 즉 새로운 연결망의 출발점이다. 안토니아에게서 그 어머니 일레곤다, 안토니아의 딸, 다니엘, 다니엘의 딸 테레즈, 테레즈의 딸 세리까지 이어지며, 동시에 안토니아가 마을에 들어서면서부터 안토니아가 밭을 일구며 살아가는 땅과 마을 사람들 간의 관계가 형성된다. 안토니아와 그 딸들은 권위적이고 폭력적인 가부장적 세계에서 벗어나 있으며, 가부장적 삶 속에서 고통받는 이들을 품는다. 그들의 삶은 사랑으로 온전히 드러나는 듯하다.

"사랑은 모든 곳에서 피어난다."

이 내레이션은 〈모노노케 히메〉에서의 사랑과 같지만, 방법은 다르다. 사랑이 원령공주의 증오를 밀어냈다면, 안토니아의 사랑은 모든 것을 품어내고 변화시킨다. 어머니의 땅으로 돌아와 땅을 일구며 살아가는 안토니아는 마치 대지의 어머니처럼 고통을 품는다. 안토니아는 약하지도 않다. 안토니아는 용기 있고 강하다. 사랑이 피어나는 곳은 안토니아가 일구는 땅이다. 그곳은 이기심으로 가득 찬, 경쟁해야만 발전할 수 있는, 효율성과 기계적 합리성을 강조하는 그러한 곳이 아니다. 사랑이 피어나는 곳은 생명이 시작되는 곳이다. 그것은 자연이다. 그런데 누가 자연에게 여성성을 부여하였는가? 왜 여성성은 약하고 보호받아야 하는 것으로 이해되었는가? 다르게 말해 왜 약하고 보호받는 모든 것은 여성적이어야 하는 것인가?

자연은 그 자체로 존재할 수 없다고 많은 철학자는 이구동성으로 말해 왔다. 그들에 따르면 자연은 인간이 이해하는 자연이다. 바꾸어 말하면 표상된 자연이며, 구성된 자연이다. 이러한 논리는 칸트 철학에서 분명하게 나타났다. 계몽의 시대를 열었던 칸트는 이성의 힘으로 자연을 이해했고, 마르크스는 노동의 대상으로 자연을 파악했다. 근대의 자연과학은 인간이 스스로 몸, 물질, 자연이기를 거부하면서 그것에 대해 파악하고자 한 방법이다. 근대는 자연에서 생명의 힘을 삭제했다. 자연은 생명이 없는 물질과 다를 바가 없었다. 이러한 자연과학의 방법과 태도는 자연을 낯선 것으로 만들었다. 자연은 우리가 살아가는 '곳'이 아니라 추상화된 '곳', 인식의 대상이 되어 지식이 되어버린 그 '곳'이다.

근대적 자연관은 자연을 통해 삶을 풍요롭게 만드는 듯했지만, 결과적으로 자연은 훼손되고 인간의 삶도 위기에 이르게 되었다. 이쯤 되면 우리는 근대인이 자연을 바라보는 방식에 문제가 있음을 인정하지 않을 수 없다. 우리가 우리의 인식 한계를 정하고, 인식할 수 있는 것만을 이해하고자 하는 태도에서 벗어나지 못한다면 결코 우리는 결코 자연을 이해하지 못할 것이다. 가장 우선적인 일은 관점을 바꾸는 일이다. 에두아르도 콘은 《숲은 생각한다》에서 후아니쿠의 경고로 이야기를 시작한다. 그 경고는 다음과 같다.

반듯이 누워 자! 그래야 재규어가 왔을 때 그 녀석을 마주 볼 수 있어. 재규어는 그걸 알아보고 너를 괴롭히지 않을 거야. 엎드려 자면 재규어는 너를 아이차aicha[먹잇감, 케츄아어를 직역하면 '고기']로 여기고 공격한다고.[1]

---

1 에두아르도 콘, 《숲은 생각한다》, 차은정 옮김, 사월의책, 2018, p. 11.

여기서 우리는 인간적인 것 너머로 나아가야 한다. 인간은 자연과 분리해 세계를 묘사했는데 이러한 이원론적 접근법으로는 우리에게 닥친 문제점들을 해결할 수 없다. 그동안 세계를 표상한다고 할 때 우리는 인간중심적인 생각에서 벗어나지 못했다. 게다가 던져지는 모든 존재론적 질문에 대해 인식론적 관점에서 대답하려는 시도는 실패할 수밖에 없다. 에두아르두 비베이루스 지 가스뜨루는 이러한 사유의 전환을 다자연주의, 또는 관점주의로 설명하고 있다. 그에 따르면 관점주의는 모든 동물에게 적용되는 것은 아니며, 인간의 먹잇감이 되는 동물과 재규어와 같은 덩치 큰 포식 동물 및 썩은 고기를 먹는 종들에게 적용된다. 관점주의에 따르면, 우리가 우리 자신을 인간처럼 생각하는 것처럼 재규어는 자신을 인간처럼 생각한다는 것이다. 까스뜨루는 인격성과 관점성이 종들의 변별적 속성이 아니라 정도, 맥락, 위치의 문제라고 주장한다.[2] 따라서 인용된 후아니쿠의 경고는 관점주의적 입장에서 볼 때 이해될 수 있다. 관점 즉 인간적인 방식에서 벗어나면, 우리가 처한 상황은 바뀔 수 있다. 재규어의 입장에서 생각한다는 것은 인간적인 입장 또는 방식을 버린다는 것이다. 그러나 그것이 가능할까? 재규어가 살아가는 방식에 관심을 가지고 이해하려고 한다면 충분히 가능하다. 그러나 우리가 간과해서는 안 되는 점은 인간적인 것이 비인간적인 것과 구분되지만 동시에 그 두 존재는 연속되어 있다는 점이다.[3]

---

[2] 에두아르두 비베이루스 지 가스뜨루, 《식인의 형이상학: 탈구조적 인류학의 흐름들》, 박이대승·박수경 옮김, 후마니타스, 2018, pp. 43~44 참조.

[3] 에두아르도 콘, 위의 책, p. 25 참조.

우리는 얼마나 더 잔인해져야 하는가?

• 낯선 도시의 낯선 공간에 와 있다. 낯섦이 이유의 전부라고 말할 수는 없겠지만, 분명 그것도 어느 정도 이유가 될 것이다. 그 아침에 창을 열어 맞이한 눈 내린 세계에 대한 황홀감이라니! 누군가에게 눈은 엄청나게 귀찮은 일거리일 수 있지만, 내게는 낭만적이고 아름다운 순백의 세상으로 표상된다. 이러한 표상은 인간의 관점에서 볼 때, 의식에 재현되는 것이기도 하다. 자연이 이렇게 인간 의식에 의해 재현될 때, 어떤 특정한 의미로 표상된다. 세상은 인간을 중심으로, 좀 더 구체적으로 말하자면 의식하는 나를 중심으로 존재한다. 하얗게 내리는 눈에 대한 즐거운 기억은 대개 놀이에서 비롯된다. 그 놀이의 즐거움과 그것을 재현하고자 하는 인간은 필요에 따라 산을 깎아내고 하늘에서 내리는 눈을 기다리지 못해 기술을 이용해 눈을 만들어 낸다. 어느 것 하나 인간의 손이 닿지 않은 곳이 없다. 자연은 인간을 위한 수단일 뿐 그 이상도 이하도 아니기 때문이다. 따라서 자연은 감정이 없으니, 자연의 소리에 귀 기울일 필요가 없다. 그저 인간에게 유익한 것이 선이고 옳음이다. 하지만 우리는 왜 몰랐을까? 인간에게 즐거움은 자연에 재앙이라는 사실을. 뒤늦게라도 인간이 자연을 보호하려고 했던 것은 자연의 소리에 귀를 기울인 결과가 아니라, 지속적인 착취를 가능하게 하기 위해서라는 걸.

그러나 그 자연이 변했다. 언제까지나 참고 기다리고 베풀 줄만 알았던, 어머니에 비유되었던 자연이 말 듣지 않는 망아지처럼 제멋대로다. 날씨는 예측 불가이며, 기후는 이상증세를 보이고 통제되지 않는다. 이쯤 되면 우리는 우리의 감정을 살펴볼 필요가 있다. 자신에게 한번 물어보자. 혹시 당혹스러운가? 어떻게 자연이 인간의 통제에서 벗어날 수 있는지 이해할 수 없는가? 아니면 오히려 새로운 정복욕이 샘솟는가? 너그러운 정복자가 되어 보호라는 미명 아래 순응하고 수동적인 예전 시대의 자연으로 되돌려 놓을 수 있을까? 아이러니하게도 인간의 욕망은 말괄량이 길들이기에 재미 붙이듯 통제를 벗어난 듯한 자연 길들이기에 더 큰 쾌락을 느끼는 것 같다. 근대적 인간은 그런 의미에서 사디즘적이다.

사람들은 말한다. 인간과 자연은 공생관계라고. 이 말은 자연이 훼손되면 인간도 살 수 없다는 것을 의미한다. 자연의 입장이 아닌 인간의 입장에서 공생을 말하고 있다. 그러므로 자연을 보호하는 일은 인간을 보호하는 일이다. 인간이 살아가기 위해 필요한 자연과 환경을 보호하고 유지한다는 말이다. 여기에는 인간의 행위성과 의도성이 중요하게 개입된다. 이 공생관계에서 인간과 자연의 위계적 질서는 공고하다. 인간은 의식을 가지고 있으며, 자연은 의식을 가지고 있지 않기 때문이다. 이처럼 의식을 가진 존재와 의식을 가지지 못한 존재 사이의 거리는 매우 깊고 멀다.

아쉽게도 자연은 재생의 힘을 잃어갈 뿐 아니라, 재생할 의지도 없어 보인다. 자연이 우리에게 주어야 할 많은 것이 고갈되어 가니, 자연에서 더 기대할 것은 없다. 그런데도 우리가 살기 위해 할 수 있는 일은 두 가지가 있다. 첫 번째, 자연이 재생할 수 있도록 자연에게 시간을 주는 일이다. 그래야 다시 착취를 이어갈 수 있으니까. 두 번째, 쓸모없는 것은 버리고 인간의 위대한 힘으로 자연을 대체할 수 있는 것을 만드는 것이다. 잘 버리는 일은 인간에게 매우 중요한 일이니까. 쓸모없는 것을 과감하게 버리고 유용한 것을 잘 선택하여 써먹는 것이 똑똑하고 합리적인 인간들이 할 일이 아닌가! 이렇게 생각하니, 재앙신, 타타리가미의 말이 떠오른다.

"역겨운 인간이여…"

45억 년 전에 지구가 탄생하고 지구에는 많은 사건이 있었다. 지난 5억 년 동안에는 5번의 대멸종이 있었고, 초대형 화산폭발, 소행성 충돌 등의 사건들이 지구의 기후마저 바꾸어 놓았다. 대멸종은 생태계의 변화를 불러 왔으며, 진화해 갔다. 지금 지구에는 다양한 생물종이 살아간다.[4] 그렇게 다양한 생물종들 사이에서 인간은 착취의 방법으로 종의 우월성을 증명해 갔다. 숲을 불태우고, 고양이를 학살하며, 온갖 종류의 종을 인간에게 위해가 된다는 이유로 무차별 박멸해 갔다. 그것도 휴머니즘의 얼굴로.

인간이 생태계의 맨 꼭대기에 자리할 수 있게 된 것은 '뇌' 때문이다. 인간은 자연을 착취한 것에서 모자라 로봇을 발명하여 노예로 만들고 컴퓨터를 발명한다. 기술의 발달은 우리의 뇌 기능을 더 확장한다. 이미 오래전부터 인간은 기술적 존재였고 지구의 주인이었으며, 온 우주의 중심이라고 생각하였다. 그러므로 우리는 자연을 이해할 필요도 없고 자연에 의지도 없다고 보아야 한다. 자연의 훼손을 확인

---

4 가이아 빈스, 《인류세의 모험》, 김명주 옮김, 곰출판, 2018, p. 12 참조.

하고 보호의 필요성을 인식하더라도 인간의 욕심이 끝이 없는 것은 이 때문이다. 인간이 못 할 것이 뭐가 있는가! 인간은 이미 신의 다른 이름이 되어 버렸다. 인간은 그 욕망의 끝을 보고 싶어 한다. 욕망한다는 것 자체가 문제가 아니다. 그 욕망의 실현이 다른 생명의 희생을 당연한 것으로 여기는 것에서 시작된다는 점이 문제다. 휴머니즘이 문제가 되는 것은 착취를 너무도 당연한 권리로 생각한다는 점이며, 그것은 비윤리적임이 틀림없다. 게다가 인류세의 도래를 마치 인간의 우월성을 증명할 기회로 삼겠다는 생각은 더없이 위험하다.[5]

인간과 자연의 관계는 새롭게 이해되어야 하며, 당연히 인간과 자연의 공생관계의 방식도 달라져야 한다. 인간과 비인간존재의 구분은 필요하나, 그 구분이 주체와 객체라는 이원론적 인식론의 관계여서는 안 된다. 관점주의나 다자연주의, 또는 포스트휴머니즘적 입장은 이러한 반성에서 출발한다. 인간은 자연과 구분되지만, 그럼에도 자연의 일부라는 사실을 잊어서는 안 된다. 그래야만 자연에게 행하는 많은 잔인한 행위가 곧 인간 자신에게 행하는 것임을 알 수 있다. 인간이 새로운 창조자로서 확고히 자리매김하던 과학의 시대에 인간은 오만함으로 본래적인 자연과의 관계를 망각한 것이다. 이제 본연의 자리로 돌아가야 할 때다.

인류세, 그리고 포스트자연 시대

• 자연이 여성이었다면, 포스트자연은 더는 여성으로 이해

---

5 클라이보 해밀턴, 위의 책, 《인류세》, p. 48 참조.

되지 않는다. 자연을 여성, 남성이라고 하는 것 자체가 이분법적이다. 포스트자연은 스스로 살아 움직이는 빛과 어둠을 다 가진 존재이고, 우리와 분리되어 있지도 않은 존재이다. 그럼에도 군이 구별하자면 자연은 자연이고 여성은 여성이며 남성은 남성이다. 당신과 내가 개별적 존재이면서도 인간인 것처럼, 그리고 인간과 비인간존재들 모두가 살아있는 지구의 구성원이자 자연인 것처럼. 그러므로 이 모든 존재자는 큰 존재, 즉 전체이자 부분이 된다. 그러므로 우리는 여성에게 부여되는 개념적 틀이 무엇이건, 인류세에 대해 말할 때 전 지구적인 자연의 관점에서 이야기해야 한다.

자연은 더는 수동적 존재로 남겨지길 원하지 않는다. 어떤 능동적인 힘도 가지지 못한 채 그 생을 마치기를 원하지 않는다. 러브록은 자연을 가이아의 이름으로 다시 살리고 있다. 과학자들은 지구가 자기조절 가능한 실체라는 사실을 2001년 암스테르담 선언에서 인정하였다. 그러나 그 이전에 살아있는 지구라는 의미의 '가이아' 개념이 1970년대에 등장[6]하기 시작하면서 자연과 지구에 대한 이해가 시도되기 시작되었다.[7] 살아있는 지구라는 말의 의미는 지구가 마치 동물과 같은 생명을 가진 존재로 이해된다는 말이 아니다. 살아있는 지구란 하나의 비유로, 생물과 무생물의 총체적 시스템을 의미한다.[8] 거대한 지구 시스템인 가이아의 일부로 우리가 존재한다. 이제 가이아는 더 이상 너그럽고 한없이 희생하는 여성의 다른 이름이 아니다.

---

6 가이아 가설은 1972년 러브록에 의해 제시되었다.
7 제임스 러브록, 《가이아의 복수》, 이한음 옮김, 세종서적, 1992, pp. 26~27 참조.
8 위의 책, 《가이아의 복수》, p. 42 참조.

가이아가 비록 우리를 "자신이 낳았을지라도 위반자에게는 무자비하다"[9]는 것을 우리는 기억해야 한다.

우리는 가이아의 분노로 새로운 지질시대로의 진입을 설명할 수 있을까? 우리가 살아있다는 것 자체가 이미 다른 생명을 담보로 한다. 반대로 우리의 생은 이미 죽음과 함께 있다. 숨을 쉬며 살아야 하는 우리는 산소가 필요하고 이산화탄소를 배출한다. 산소호흡을 하는 인간의 30%가 암으로 죽는다는 사실, 즉 다시 말해 산소는 '암의 주된 원인'이자, 에너지의 원천이라는 사실은 삶의 아이러니가 아닐 수 없다.[10] 게다가 호흡으로 배출되는 이산화탄소의 대기 중 농도가 홀로세 평균보다 50%가 높다는 사실로 인간이 살아간다는 사실 자체가 자연에 폐가 되는 지경에 이르렀다.[11] 게다가 산업의 현장에서 그리고 가정에서 배출하는 온실가스로 인해 대기온난화 현상이 심각하다는 경고는 이미 오래전부터 있었다. 기후이상변화로 인한 엘니뇨 현상과 라니냐 현상이 심각하게 보도되면서 생활환경을 친자연적으로 바꾸려는 시도가 많이 일어나기도 했다.

자연은 적어도 200년 전과 같지 않다. 그때까지만 해도 이 정도로 자연에 변화가 일어나리라 생각하지 못했다. 변화 속도가 지금도 그때와 같다면 우리는 지금과 같은 불안과 공포는 없을 것이다. 하지만 지금은 우리가 "지속 가능한 발전이나 지금의 생활방식이 생존정책이라고 기대하는 것은 폐암 환자가 담배를 끊으면 낫는다고 생각

---

9 위의 책, p. 222.
10 위의 책, p. 185 참조.
11 위의 책, 《인류세의 모험》, p. 20.

하는 것과 같다."[12] 그럼에도 우리는 기술을 포기할 수 없다. 이미 인간은 기술화된 존재이기 때문이다. 그러나 인간이 기술과 분리되고 자연과 분리되면서 문명을 택했고, 돌이킬 수 없는 지경까지 이르고 말았다. 인간은 자연을 경이의 대상으로 마주할 때 이미 문명화되기 시작했다고 보아도 좋겠다. 가이아 가설을 제시한 러브록에 따르면 문명이란 마약과 같아서 결코 그것에서 벗어날 수 없다. 문제는 '인간'에게 있고, 그래서 새로운 시대를 지질학적 용어로 인류세라고 말하는 것일지도 모르겠다. 이제 인류세의 자연은 근대의 자유와 구분 지어 '포스트자연'이다.

포스트자연 시대에 우리가 할 수 있는 일들이 있을까? 쉽게 답할 수 없는 일이지만, 자연과 기술의 관계 양식을 달리 생각해 보지 않을 수 없다. 우리는 자연과 기술을 분리하지 않고 '기술화된 자연'이라고 부르고자 한다. 컴퓨터를 사용하고 자동차를 사용하며 몸에 꼭 맞는 옷을 입는 나는 컴퓨터와 자동차와 옷을 분리하여 생각할 수 없다. 깊고 깊은 숲속에서 나와 숲이 서로 동화되듯이, 깊고 푸른 물속에서 수영하는 내가 물인지 나인지 모르듯이 나의 몸은 이미 자연이다. 자연은 문명 속에서 기술화되었고, 기술화된 자연은 바로 기술화된 몸이며, 달리 말하자면 체화된 자연이다.

"기술의 진보, 확대는 바로 그런 것이다. 체화된 기술 관계에서 좋은 기술이란 기술 자체의 투명성보다는 얼마나 체화된 기술이냐가 문제이다."[13] 체화된 자연에서 기술은 자연의 확대로 이해된다. 그러

---

12 위의 책, 《가이아의 복수》, p. 24.
13 구승회, 《생태철학과 환경윤리》, 동국대학교출판부, 2001, p. 71.

나 그것이 체화되지 않고 대상화될 때, 우리는 기술이 낯설고 불편하게 여겨진다. 인간은 자연을 공포로 여기거나 불편하거나 낯설게 여기게 되면서, 그 자연을 인간이 접근하기 쉬운 대상으로 물화하고 이론화함으로써 지식으로 만들어갔다. 후설이 경고했듯이 인간 삶은 이렇게 추상화되고 이론화되면서 위기에 처하고 말았다. 인간 삶을 자연으로 바꾸어도 내용은 전혀 달라지지 않는다.

　기술과 자연이 분리되지 않고, 몸과 기술이 분리되지 않으며, 인간과 자연의 위계적 질서도 무너지고, 지구가 행위자 중심으로 네트워크를 이루어 간다면 인류세에 대한 공포에서 벗어날 수 있을까? 이 문제는 새로운 문제를 제기한다. 하나는 책임과 윤리의 문제이며, 또 다른 하나는 인간의 고유한 행위성 박탈 여부에 관한 문제이다. 이는 인간의 존엄성과도 관련된다. 예를 들자면, 포스트휴머니즘은 주체와 객체 사이의 경계를 해체한다. 해밀턴은 포스트휴머니즘에 대해 부정적인 입장을 가지고 있다. 해밀턴은 포스트휴머니즘이 인간을 연결망의 교점에 지나지 않는 것으로 파악하고 있기 때문이다. 그에 따르면 포스트휴머니즘은 인간과 비인간 사이의 뚜렷한 차이가 없다.[14] 그러나 해밀턴의 포스트휴머니즘의 이해는 다소 편협하다. 왜냐하면 해밀턴의 인간과 비인간의 뚜렷한 차이를 두지 않는다는 말을 개체들의 고유성을 인정하지 않겠다는 말로 받아들여서는 안 되기 때문이다. 인간은 인간의 고유성이 있으며, 인간 이외의 존재자들 또한 각각의 고유성이 있다. 이 말은 라투르의 행위자 개념을 보완하

---

[14] 클라이브 해밀턴, 위의 책, p. 162 참조.

여 행위주체성이라는 말로 설명되어도 된다. 인간중심적 사고를 비판하는 포스트휴머니즘은 인간 존재뿐 아니라 비인간존재들의 권리를 인정하면서, 그들 간의 존재론적 위상에 차별을 두지 않는다. 물론 자연과 인간을 동등한 행위자로 두었을 때, 인간은 인류세를 도래하게 한 원인 제공자의 책임을 벗어나게 될지도 모른다. 왜냐하면 비록 인간이 원인을 제공했다고 하더라도 인간이 주도적 행위자로서 이 문제를 해결할 수 있는 권한을 가진다고 말할 수 없기 때문이다. 즉 책임져야 할 권리나 의무가 사라진다. 좀 더 심각하게 말하자면, 인류세는 인간과 자연의 상호관계에서 일어난 하나의 현상일 뿐이라는 점이다.

우리가 할 수 있는, 또는 해야 할 일들에 대해서

지금의 상황을 인류세라고 인지한 존재는 비인간존재가 아니라 인간이다. 비인간존재의 입장에서 볼 때, 이 상황은 위기가 아닐 수 없다. 그러므로 우리는 문제를 제기하는 존재, 즉 인간의 입장에서 이 상황을 바라볼 수밖에 없다. 인간의 행위가 배타적이고 공격적이고 지배적이었다는 사실은 변함이 없다. 자연의 입장이 어떠하였든 간에 말이다. 만일 이 모든 상황이 인간과 자연과의 지속적인 갈등이나 경쟁에서 일어난 일이라면? 사실 갈등이나 경쟁이라는 말에서 이미 우리는 자연을 의인화하고 있다. 그러나 자연의 관점에서 갈등이나 경쟁이라고 할 수 있는지는 잘 모르겠다. 어쨌든 인간이 자연을 수동적이며 의도를 가진 행위자가 될 수 없다고 생각하는 것이 실제로는 편견일 뿐이라면? 사람들이 자연을 야만의 상태에서 문명의 상태로 계몽시켰다고 생각하는 자만은 실로 자기사랑에 빠진 나르시시즘의 정점이라고 보아야 한다.

그 나르시시즘의 과정은 다음과 같다. 카오스 상태는 혼란이다. 인간이 파악하지 못한 자연은 무질서다. 카오스와 다름없다. 그런데 우리는 자연의 아름다움을 질서 속에서 발견한다. 좀 더 구체적으로 말하자면, 이성의 힘은 자연을 정돈하고 질서 지어서, 단번에 이해하고 파악될 수 있는 대상으로 만들었다. 즉 인간은 자연의 아름다움을 발견한 최초의 그리고 유일한 존재이다. 처음에 자연은 인간의 이와 같은 시도에 적응하고, 심각한 거부반응을 보이지 않는 것처럼 보였다. 인간중심주의적 입장에서 그것은 너무도 당연한 일인데, 자연은 거부할 의지나 판단 능력이 없다고 여겨졌기 때문이다. 마치 사람들이 기르는 고양이에게 내가 좋아하는 음식을 먹이고 내가 좋아하는 옷을 입히면서 고양이가 아름다워지고 있다고 생각하는 것과 같다. 고양이에게 생각이나 감정이 있다고 생각해 본 적이 없는 경우에는 고양이의 고통을 전혀 이해하지 못한다. 오히려 고양이가 싫다고 소릴 지르면, 그 고양이를 혹독한(?) 훈련으로 순하게 만들려고 한다.

인간은 자신의 힘으로 자연의 지속 가능한 발전이 가능할 거라고 생각했으며, 자연이 가지고 있던 많은 것을 당연히 인간의 것으로 생각하였다. 미래는 낙관적이었다. 인간만이 합리적 사유를 할 수 있는 이성을 가지고 있었기 때문에, 이성적이지 않은 모든 것은 보호받고 통제받는 것이 가장 합당한 일이라고 생각했다. 그렇기에 자연은 보호받는 여성이어야 했고, 여성은 자연의 한 모습이어야 했다. 그러나 지금은 그러한 기대를 할 수 없다. 자연은 인간의 욕망 크기만큼 파괴되었다. 이 재앙을 멈추기 위해선, 인간의 끝없는 욕망을 잠재울 수밖에 없다. 화석연료 소비를 중단하지 않고 지금과 같이 생활하는 것을 중단해야 한다. 그러나 우리는 여전히 차를 타고 친구를 만나러 가며, 여행을 위해 비행기를 탄다. 더운 여름날, 일의 효율성을 높이기 위해 에어컨을 틀고, 겨울에는 추위를 막기 위해 난로를 켠다. 지금 당장 어제까지 몰고 다니던 차를 팔고, 대중버스를 이용하거나 자전거를 타거나 걸어 다닐 수 있겠는가? 습도가 높은 대한민국의 여름날을 에어컨 없이 버틸 수 있는가? 영하의 겨울 날씨에 난방기구 없이 장갑과 두꺼운 옷만으로 실내에서 생활할 수 있는가?

인간의 이기적 목적을 위해 가이아는 파괴되어 가고, 동시에 가이아의 일부인 우리의 삶도 가이아의 파괴 정도만큼 훼손되어 갈 것이다. 그러나 우리의 이기利器라고 하기에는 생존에 가까운 삶의 방식을 포기할 수는 없다. 지금은 욕망의 크기나 이기의 문제가 아니라 일상적 삶의 문제다. 그런데 그 일상의 삶이, 그리고 인간 생존 자체가 이미 재앙이 되어버렸다. 더구나 우리의 욕망이 가이아의 분노를 이해하지 못한 채 발현된다면, 상황은 더욱 심각해진다. 물론 이제 와 그것을 알았다고 하더라도 가이아의 분노를 멈출 수 없는 노릇이다. 우리는 어쩌다가 이 지경에 이르게 되었는가? 우리가 할 수 있는 일은 무엇이고 해야 할 일은 무엇인가?

우리의 몇 가지 노력이 있는데, 그 하나로 생태주의가 있다. "생태주의는 한 가지 다양한 분광적 현상을 보이는 용어로서, 아주 소박한 자연보존론자, 기술지향적인 환경보호론자, 형이상학적인 생명중심주의자, 혹은 반문명주의를 선언하는 레디컬한 전체론자까지 망라하고 있다."[15] 그러나 생태주의자들은 낙관적인 태도를 가지고 있었기 때문에 오히려 인류세의 위기를 앞당기고 있다고 보아야 할 것이다. 하지만 생태주의에 대한 여러 입장이 있고, 우리는 이 입장들의 다양한 주장에 일일이 반박하거나 동의할 수 없다. 다만 생태주의가 하나의 이데올로기가 되는 것에는 주의를 기울여야 할 것이다. 예를 들자면 이들의 생태주의가 인간중심주의를 비판하고 있다는 점에서는 전적으로 동의할 수 있다. 그러나 그렇다고 해서 자연을 여성에 두고, 남성을 자본주의로 비유하는 에코페미니즘은 인류세의 문제를 직접적으로 해결하는 데 도움이 되지 못한다. 이 문제는 사회구조의 문제로 볼 것이 아니라 종의 문제로 접근해야 한다. 이데올로기로서 생태주의가 아닌, 생태철학은 새로운 존재론을 세울 것을 요청한다.

새로운 존재론은 인간과 비인간의 얽힘이라는 방식을 취한다. 그것은 횡단하는 신체성이다. 우리의 몸은 이미 기술화된 몸이라고 말했다. 분리가 불가능한 몸이다. 그런데도 몸은 각각의 개체이며 그 개체들은 고유성을 가지고 있다. 새로운 존재론은 아름다운 장미와 귀여운 고양이와 거만한 인간의 몸이 분리되지 않으면서도 차이를 가지고 있음을 말해야 한다. 인류세에 이른 지금에도, 인간은 여전히 이 모든 문제를 자신들만이 해결할 수 있다는 자만감에 차 있다. 인간은 인류세의 위기에 책임을 지지만, 인간만이 이 모든 문제를 해결할 수 있는 권리를 가진 것은 아니다. 인간이 자신의 권리를 내려놓을 때,

---

[15] 위의 책, 《생태철학과 환경윤리》, p. 103.

인류세의 위기는 그저 자연의 한 과정으로 이해될 수 있다. 지구는 자기조절시스템을 상실한 것이 아니라, 새로운 옷으로 갈아입는 것이다. 또는 이미 여러 번의 대멸종을 가져 왔듯이 다시 한번 그런 단계를 밟을 뿐이다. 우리가 할 수 있는 일은 결국, '사과나무 한그루 심는 일' 외에 무엇이 있을까?

10장

가이아 지구에서
개와 함께 춤을

_ 임지연

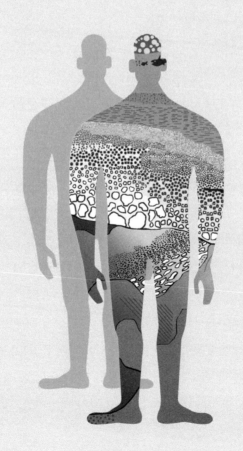

미세먼지는 나의 몸이다

　• 한때 우리는 화성인이 습격해서 지구인이 죽을 수 있다는 상상을 한 적이 있다. 100년 전 H. G. 웰스는 《우주전쟁》에서 지구를 침공한 화성인을 거대한 머리통에 다리가 셋 달린 2m 50cm의 문어를 닮은 생물체로 묘사했다. 100여 년이 지난 지금, 지구를 습격하는 것은 눈에 보이지 않을 만큼 작디작은 괴물이다. 언론 매체는 이 공격에 대해 "수도권 최악의 미세먼지 습격"으로 표현하고 있다. 세계기구 WHO는 미세먼지를 폐암과 방광암의 원인이 되는 '1급 발암물질'로 지정하여 미세먼지를 방어하고자 한다. 한국 정부 역시 대기환경기본계획을 시행하면서 이 습격에 국가적으로 대응하고 있다. 위협적인 미세먼지가 지구를 침공하고 있는 상황이다. 미세먼지로 가득 찬 광화문 풍경은 종말론적 SF 영화의 한 장면처럼 보인다. 화성인은 지구 외부에서 온 괴물이었지만, 미세먼지는 지구에서 발생한 물질이다. 외부의 적은 지구 바이러스들이 막아 주었지만, 내부의 적은

어떻게 막을 것인가? 그것은 인간의 적인가? 그것을 누가 탄생시켰는가?

미세먼지가 문제다. 미세먼지는 아황산가스, 질소 산화물, 납, 오존, 일산화탄소 등과 함께 수많은 가스를 포함하는 대기오염 물질로서 대기 중 장기간 떠다니는 입경 10㎛ 이하의 미세한 먼지를 말한다. 입자가 2.5㎛ 이하인 경우 초(극)미세먼지라고 부르는데, 크기가 너무 작아 몸속 깊숙이 침투할 수 있다는 것이 문제다. 미세먼지는 풍경과 생태환경, 우리 삶의 방식을 바꾸고 있다. 〈인터스텔라〉는 미세먼지로 인해 지구를 떠나 새로운 행성을 찾아야 하는 상황에 대해 사고 실험을 한 영화다. 짙은 미세먼지가 폭풍우처럼 밀려오자, 어른들은 아이들을 집안으로 대피시킨다. 동식물이 살 수 없는 황폐한 지구에서 인간은 살 수 없다. 이 영화에 대한 재치 있는 평가 중 하나는 영화 속 지구 풍경이 지금 풍경보다 낫다는 것이다. 살만한데 왜 떠나나? 우리도 언젠가 〈인터스텔라〉의 인간들처럼 다른 행성을 찾아 나서야 할지도 모르겠다. 그러나 적어도 이 글을 쓰는 나는 테라포밍Terraforming 하지 못할 것이다. 지구를 초월할 수 없는 우리들은 그야말로 어스바운드Earthbound다. 우리는 지구를 떠날 수 없는, 무수한 지구적 존재와 살아가야 하는 지구부착자들 말이다. 어스바운드는 행위자 네트워크 이론가 브뤼노 라투르가 생태학에서 한 말인데, 지구의 주인이 인간이 아니라, 지구에 존재하는 무수한 인간-사물들의 관계망 자체를 일컫는 말이다. 미세먼지는 인간의 몸속에만 침투하는 것이 아니다. 고양이와 개, 쥐, 참새의 몸에도 침투하고 배추와 상추, 딸기에도 깊이 파고든다. 흙과 대기에도 섞여 들어간다. 미세먼지는 이제 우리 몸의 일부가 되었다. 우리가 숨 쉬고 먹고 만지는 삶의 구성 물질이기 때문이다.

날씨는 문제가 아니다. 기후변화도 문제가 아니다. 그렇게만 보면 사실 아무것도 변한 것은 없다. 지구 역사에서 대규모 기후변동은 몇 차례나 있었고, 신라시대나 조선시대에도 이상기후 현상은 자주 관측되었기 때문이다. 이제 지구적 변화와 지구적 삶이 문제다. 한국의 미세먼지는 중국발일 수도 있고, 한국발일 수도 있다. 이것은 지구발이라는 뜻이다. 날씨는 기후에 대한 지역적 앎이지만, 기후변화는 전 지구적 현상으로 정치·경제가 중첩된 매우 복잡한 자연-문화적 앎이다. 자연은 더 이상 청록파의 시에 나오는 자하산의 청노루나 느릅나무 속잎 피어나는 열두 구비가 아니다. 자연은 인간이 도달할 수 있는 이상향의 세계가 아니다. 라투르식으로 말한다면 우리는 한 번도 구름에 달 가듯이 가는 나그네였던 적이 없다. 자연을 초월한 그런 이념적인 인간으로 살 수 없기 때문이다. 자연은 오염되지 않은 인간 저너머의 세계로 존재하지 않는다. 미세먼지는 우리의 자연이다. 더 정확하게 말하면 자연환경이고, 자연문화이며, 자연기술이다. 코 점막과 폐, 혈관에 박힌 미세먼지가 우리의 몸인 것처럼 말이다.

거대한 화성 괴물의 습격으로 지구는 우주전쟁을 벌일 수 있지만, 미세먼지 습격은 전쟁을 일으킬 수 없다. 설령 전쟁을 벌인다 해도 결코 이길 수 없다는 점에서 이미 패한 전쟁이다. 중국발 미세먼지라면 중국과 환경전쟁을 벌여야 한다. 그러나 그 발생 원인을 명백하게 규명하기 어렵다. 한국발 미세먼지라면 법적 규제와 경제개발을 멈춰야 하는데, 가능한 이야기가 아니다. 자본과 권력이 개발을 멈추는

적을 본 적이 있는가? 따라서 미세먼지 몸을 가진 시민들의 대처는 안타깝게도 개인적일 수밖에 없다. 마스크를 쓰고, 공기청정기를 가동하고, 청소기를 바꾸고, 외출과 산책을 하지 않는다. 건강 취약층과 거주 취약층은 미세먼지의 습격에 더 많이 노출되면서 질병과 고통을 겪게 된다. 미세먼지는 평등하게 지구를 습격하지만, 불평등한 지구 정치를 만든다. 문제는 미세먼지가 지구를 습격한 외계인이 아니라는 사실이다. 지구 정치는 기존의 세계 정치보다 더 복잡해지는 상황에 돌입했다. 미세먼지를 만든 근원지가 지구이며, 인간의 문명지대라는 것이다. 나무는 베이고 땅은 사막화되며, 경제개발에 따른 오염물질은 대기와 토양, 해양에 침투한다. 누가 적인가? 우리 자신이 적이다. 그리고 그 오염물질들이 우리 몸을 이룬다.

미세먼지는 나의 몸이다. 미세먼지를 쫓아낼 수도, 막아낼 수도, 우리가 지구를 떠날 수도 없다면, 도대체 미세먼지 몸으로 살아야 하는 우리는 누구인가? 이제 환경과 자연, 그리고 지구에 대해 근원적인 질문을 해야 한다. 최근 급속한 기후변화는 지구와 인간에게 우리가 무엇이고 누구인지를 묻는다. 지구에서 살아가는 우리란 누구이며, 지구적 존재들이란 무엇인가, 그리고 어떻게 살아가야 하는가?

2010년 대기화학자 파울 크뤼천이 지구의 지질학적 연대기를 '인류세'라는 이름으로 명명하자고 제안하면서, 최근 거대하고 급속한 기후변화는 예기치 못한 자연의 변화가 아니라 인간의 과도한 개입에 의한 결과라고 비판한 사실을 상기해 보자. 인류세란 층서학적 구분으로서 신생대 제4기 홀로세인 현재를 새로운 지질학적 개념으로 분리하자는 비공식적인 지질시대 개념으로서 나온 것이다. 명칭에 Anthropos가들어간 이유는 인간이 막강한 지질학적 힘으로 작용한다는 점을 부각하기 위해서다. 지질학적으로 인류세를 대표하는 화석으로 방사능 물질, 플라스틱, 콘크리트 돌, 닭 뼈를 꼽기도 한다. 인간의 뼈가 아니라, 인간의 문명적 효과들이 인류세를 규정할 수 있다는 것은 역설적이다. 닭 뼈는 인간이 프라이드치킨을 좋아해서 생긴 대표 화석이고, 방사능은 핵 개발로 인한 물질이며, 플라스틱과 콘크리트는 근대문명의 초석을 이룬 물질적 흔적이다. 인간이 막강한 지질학적 힘이라고 해도, 인간의 뼈가 인류세의 대표 화석이 될 수 없다. 인간이 지구의 주인으로 행세했지만, 사실 인간은 다른 자연물들과 함께 지구를 인간중심적 시스템으로 변형시켰다. 닭과 함께, 방사성 원자들과 함께, 플라스틱과 콘크리트와 함께 지구에서 살아 왔다. 구름에 달 가듯이 살아온 게 아니라는 말이다. 그런데도 인간은 자신을 현대 문명과 지구의 주인이라고 우긴다. 그리고 플라스틱을 지구를 병들게 하는 쓰레기 적으로 규정하고 환경전쟁을 선포한다. 자신이 플라스틱을 만들었고, 이들 없이 살아갈 수 없으면서 말이다.

인류세의 핵심 문제는 지구 손상을 가속화하는 데 책임이 있다고 지목받는 인류란 누구인가, 그리고 지구 환경 위기에 어떻게 대처하며 살아갈 것인가이다. 이는 두 가지 문제라기보다 한 가지 문제이다. 나는 이 글에서 인류세의 윤리적 삶에 대해 말하고자 한다. 지구를 손상시킨 인간의 책임을 묻기 위해서가 아니다. 그렇게 물으면 지구의 주인을 인간에게 한정하고, 인간의 합리적 이성에 호소하면서 인간의 올바른 역할을 강조해야 하기 때문이다. 그것은 개와 쥐, 그리고 박테리아와 함께 살아온 인간의 역사와 지구적 삶에 대한 것이어야 한다. 오만한 인간중심주의로부터 탈주하여 어스바운드적 존재로 어떻게 살아갈 것인가에 대한 태도와 관련된다.

지구의 시간, 인간의 시간

• 한국에는 개 농장이 많다. 확장되는 펫산업과 개식용산업 때문이다. 여기서 개는 자원에 불과하다. 개 농장이 아니라, 개 공장이다. 개는 잘 만든 인형과 크게 다르지 않다. 단지 잘 죽고 움직임이 많은 까다로운 투자재다. 개를 위한 사료관리법이나 가축분뇨법, 동물보호법 등이 있지만, 초복을 앞둔 개들에게 이러한 법들은 쓸모가 없다. 더럽고 좁은 철창 안에서 죽음을 기다리거나, 팔려 갈 날만 기다린다. 동물보호단체들이 개 농장에 갇힌 강아지들을 구조하는 활동을 하고 있다. 요즈음 개에게도 생명의 존엄성이 있기 때문에 산업적 자원이 아니라는 인식이 퍼져가고 있다.

그렇다면 개는 해방되어야 하는가? 1970년대 창설된 급진적 동물권 운동 단체 동물해방전선ALF, Animal Liberation Front은 테러리스트 조직으로 분류될 만큼 과격한 전략을 구사한다. 모든 동물은 평등하다는 이념에 입각한 피터 싱어의 《동물 해방》에 영향을 받았으며, 대학 실험실과 공장식 농장을 습격하여 동물들을 풀어주는 활동을 한다. 1990년대 영국에서 이들은 '뉴포레스트 밍크 해방 작전'을 펼쳤는데, 농장에 잠입하여 6천 마리나 되는 밍크를 풀어 주었다. 늪과 습지로 간 밍크는 자신의 동물권을 습득한 채 자유롭게 생명의 가치를 만끽하며 살아 갔을까? 더 많은 논의가 필요하지만, 동물은 고통을 느낀다는 전제 하에 동물평등권을 동물에게 부여하려는 이와 같은 행동을 한 단체는 동물을 해방되어야 할 자유로운 생명주체로만 보았지만 동물들이 지구에서 인간과 어떤 관계 속에서 살아가야 하는지에 대해서 크게 관심을 두지 않았다. 늪과 습지로 돌아간 밍크들이 느끼는 자유는 자유가 아니라 공포일 수 있으며, 그 자유 개념 역시 인간주의로부터 나온 것이다. 밍크가 느낀 해방감으로부터 더 나아가야 할 필요가 있다.

우리는 개를 어떻게 보아야 할까? 인류세적 시각은 개를 펫산업의 투자재로 여기는 태도에 반대하지만, 개를 해방되어야 할 자유로운 생명주체로 여기지는 않는다. 개가 펫산업과 식용산업, 실험동물로 취급되었던 이유는 역사적으로 인간 가까이에 머물며 함께 진화해왔다는 사실 때문이다. 개는 자유로운 존재라기보다 인간과 함께 살아 온 오랜 동맹 관계에 있다는 지구적 시간관은 개를 어떻게 보아야할지에 대한 관점을 제공한다.

인류세는 두 개의 모순적 시각이 엮인다. 지구의 시간과 인간의 시간, 거대서사와 지역서사가 동시에 연결된다. 인류세 담론은 인간중심주의, 유럽중심주의, 백인중심주의, 남근중심주의, 이성중심주의 등과 같이 인간의 어떤 역사에서도 제대로 해결된 적 없는 불평등과 위계화의 문제를 포괄하고 있다. 그러나 인류세의 문제가 유럽, 백인, 남성, 합리성과 같은 특정 문제들에 집중하면 지구라는 거대한 시야는 뒤로 물러난다. 왜 개를 개 농장에 가두지 않아야 하는지, 그리고 왜 개를 자유롭게 해방하는 것만이 능사가 아닌지, 그리고 반려견과 어떻게 살아가야 하는지에 대한 질문은 중요하게 여겨지지 않기 때문이다. 또한 아시아 한국의 강남역 근처에서 미세먼지를 흡입하는 20대 여성의 기관지에 초점을 맞출 때, 지구 단위의 기후변화와 세계화라는 지구변동은 보이지 않는다. 지구의 시간이 뒤로 물러난다. 지구적 시각은 구체적이 삶의 현장에서 일어나는 불평등한 인간의 시간을 희미하게 만든다. 따라서 지구적 시간에 주의를 기울일 필요가 있다.

인류세는 인간이 상상하기 어려운 지구의 시간에 구체적 인간의 시간을 함께 사유하는 것이다. 왜냐하면 지금 폐에 들어가 박히는 미세먼지는 거대한 기후변화의 지구 역사에서 비롯된 것이다. 기관지에 들어간 먼지가 목을 간지럽힐 때 재채기를 하는 행위는 문화적으로 체화된 아비투스가 작동한다. 개와 함께 산책하는 서울 숲 어느 노인의 시간에는 개가 수십만 년 전부터 늑대에서 개로 길드는 시간이 함축되어 있다. 인간과 늑대의 동맹 관계로부터 시작된 초기 호모 사피엔스의 시간과 연결되어 있다는 사실을 간과해서는 안 된다. 현재를 살아가는 인간은 지구의 오랜 역사의 산물이기도 하기 때문이다. 인류세는 두 개의 시간을 겹쳐 놓는 균열의 시간지대라고 할 수 있다.

차크라바티는 인류세 담론에서 인류를 세 층위로 해석한다. 첫째, 모든 곳에서 동일한 인권을 지닌 보편주의적 인간, 둘째, 동일하지만 계급, 성, 젠더, 역사 등 차이를 지닌 탈식민적 인간, 셋째, 지구행성의 지질학적 힘이자 기후변화를 야기하는 단일 종으로서의 인간. 세 층위의 인간이 어떻게 결합할 수 있을지 분명하게 제시하지는 않았지만, 인류세에서 인간이란 지구적 인간종 개념까지 포괄하는 복잡한 의미망이 되고 있다는 점을 기억해야 한다. 인류세에서 인간은 누구이고, 누구여야 하는지 논쟁적으로 생각할 필요가 있다. 그는 전례 없는 범위와 규모로 확장된, 지질물리학적 힘으로서 인간이 우리 사유의 지평에서 사라지지 않기 위해 이 균열에 집중한다. 지구 시스템의 긴 역사와 인간의 역사가 조우하고 얽혀 있다는 사실에 주의를 기울인다. 이를 통해 인간중심주의와 비인간중심주의 간의 오랜 논쟁의 형태에 근본적인 변화를 초래하였다고 지적하였다. 그는 불평등한 인간의 지평은 줌 인의 시각, 역사 밖 지구 단위의 시야를 넓힐 때는 줌 아웃의 시각을 요구한다.[1] 그러나 그렇게 보아야 한다면 인간은 사이보그가 되어야 할지도 모른다. 그런 점에서 인류세에 대한 차크라바티의 문제의식은 예리한 통찰력은 있지만, 그 방법론에서는 추상적인 측면이 있다. 인간의 몸은 시각적 한계가 분명하기 때문이다. 현미경과 망원경의 안구를 장착한 사이보그 인간, 즉 비인간의 존재일 때 가능하다.

인류세에서 인간의 서사는 지구 단위로 확장되는 동시에 특수한 지역을 확보해야 한다는 점에서, 자연과 인간의 오래된 역사와 관계를 재배치해야 한다. 오늘 나와 함께 산책한 반려견은 단지 나에게 밥을 달라고 꼬리를 흔드는 길든 개가 아니다. 개와 인간의 역사는 초기 호모 사피엔스 시대로 거슬러 올라간다. 오랜 동맹 관계 속에서 오늘에 이른 것이다. 그렇다면 개는 지금까지와는 다른 존재가 될 것

---

[1] Dipesh Chakrabarty, "Postcolonial Studies and the Challenge of Climate Change", *New Literary History* vol. 43 no. 1, 2012; "Whose Anthropocene?: A Response", *Whose Anthropocene?: Revisiting Dipesh Chakrabarty's "Four Theses"*, eds. Robert Emmett and Thomas Lekan, *RCC Perspectives* 2, 2016.

이다.

　고생물학자이자 인류학자 팻 시프먼Pat Shipman은 호모 사피엔스와 개의 동맹 관계를 인류학적으로 추적하면서 인간을 '침입종'으로 규정한다.[2] 시프먼에 따르면 13만 년 전 아프리카에 거주하던 호모 사피엔스는 네안데르탈인이 거주하는 레반트 지역(중동 지역)으로 대규모 침입을 시작했다. 결국 네안데르탈인은 멸종하고 호모 사피엔스는 인류의 조상이 되어 1만 년 이상 온화한 지구에서 문명을 구가한 것이다. 이 시기가 홀로세이다. 그러나 네안데르탈인이 멸종한 것은 그들이 어리숙하거나 서툴고, 열등하기 때문이 아니었다. 그들은 척박한 기후변화 속에서 자신만의 보수적 입맛과 사냥 방식을 지켜나갔을 뿐이다. 하지만 그것이 문제였다. 몸집이 작았던 호모 사피엔스는 대형포식자들과 경쟁하며 승리했다. 이 시기 육식을 했던 동굴곰, 동굴사자, 동굴하이에나 등은 두 호미닌(사피엔스 계보의 종)과 먹이 경쟁과 거주지 경쟁에서 지고 만다. 네안데르탈인은 침입종인 호모 사피엔스와 전쟁을 벌인 적은 없지만, 경쟁에서 밀려났다. 네안데르탈인은 육식 중심이었고, 주로 매복 사냥을 했으며, 숲과 같은 곳에서 주로 서식했다. 반면 호모 사피엔스는 원거리 투척 무기를 사용할 줄 알고, 잡식성이었으며, 이동하면서 서식지를 다양화했다. 수십만 년이 지나는 동안 극심한 기후변화가 반복되면서 서식지 파괴 및 먹이 경쟁은 두 호미닌을 멸종과 생존의 갈림길에 서게 했다.

　시프먼은 호모 사피엔스의 생존에 가장 강력한 변수는 늑대의 동

---

[2] 팻 시프먼, 《침입종 인간》, 조은영 옮김, 푸른숲, 2017.

맹 관계였다고 보았다. 이들이 유라시아에 도착한 이후 1만 년도 채 안 되어 개를 길들이기 시작했다는 것이다. 개의 가축화는 농경이 시작된 이후가 아니다. 개의 조상은 쓰레기장이 아니라 다른 경로로 인간과 머무르기 시작했다. 극심한 기후변화는 반복적이었다. 먹이 경쟁을 하던 늑대들도 인간이 필요했다. 거대한 매머드 뼈 무덤 주변에는 늑대-개의 뼈가 발견되곤 하는데, 이는 인간과 늑대의 협업을 증명한다. 가축화 과정은 언제나 쌍방향이다. 인간이 야생동물을 길들여 소유하는 것이 아니다. 시프먼은 이 동맹 관계의 원천적 이유는 호모 사피엔스가 '살아있는 도구'를 창조함으로써 인간이 가지지 못한 동물의 유용한 능력을 빌리려는 것이었다고 보고한다.

가령 1950~60년대 러시아 유전학자 벨랴예프의 '은여우 길들이기' 프로젝트는 단시간에 유전자 조작을 통해 인간에게 친밀한 은여우를 생산하는 데 성공한다. 호모 사피엔스는 3만 년 이상 늑대와의 협업을 통해 다른 경쟁 포식자들을 멸종시켰다. 그리고 지구의 주인으로 군림하기 시작했다.

시프먼은 인간다움에 관해 묻는다. 인간은 동물이고 포유류이며, 지구 생태계 구성원 중 힘이 센 종이다. 수십만 년 전 지구의 침입종으로 살아남은 인류가 다른 생물종에 끼치는 영향력에 대해 이해할 필요가 있다고 주장한다. 호모 사피엔스의 적응 능력 중 가장 핵심적인 것은 늑대로부터 능력을 빌리는 것이었다. 그러므로 우리는 누구인가? 지구 침입종이고 동물이며, 지구 생태계의 구성원이고, 개의 오래된 동료이다.

인간은 누구인가? 스핑크스의 수수께끼는 인간은 누구인가를 묻는 근원적 질문이다. 처음엔 네 다리, 다음엔 두 다리, 그다음엔 세 다리로 걷는 것은 무엇인가? 인간이다. 네 다리로 걷는다는 것은 동물성을 말한다. 두 다리는 인간성, 세 다리는 지팡이라는 기술을 장착한 포스트휴먼성이라고 말해도 좋을 것 같다. 인간은 인간이면서 동물이다. 우리의 동물성을 이해한다는 것은 다른 생물종과의 관계를 평등한 친밀성으로 인식한다는 것이다. 나아가 인간우월주의를 벗어나 지구적 삶을 사유하는 것이다. 이것이야말로 지구의 시간과 인간의 시간이 얽혀있는 시간성을 동시에 인식하는 일이다.

개는 개 농장에 갇혀 있어서는 안 된다. 그렇다고 자유롭게 해방되어 숲에서 사냥하며 살 필요도 없다. 개는 인간 가까이에서 함께 살아온 동맹자다. 즉 서로의 진화에 필요한 존재였으며, 서로 공생의 관계로 수만 년을 살아왔다. 개가 인간보다 못한 하등동물이어서 인간을 주인으로 모셔야 하는 것도 아니고, 그렇다고 인간과 관계없는 자유로운 영혼을 가진 주체라고도 할 수 없다. 그러므로 우리는 수만 년 동안 지켜온 동맹의 약속을 지키고 예의를 다하는 어스바운드로 살아가면 된다. 그것이 인류세가 제안하는 지구적 삶의 한 방식이다.

개와 함께 춤을

• 정유정의 소설 《28》은 인수공통감염병이 한 도시로 빠르게 퍼져나가면서 인간과 개가 무참하게 죽어나가는 과정을 속도감 있게 그린다. 여기에는 통치 권력이 전염병을 어떻게 관리하는지, 인간의 폭력성이 어떻게 자신과 가족을 살육하는지, 전염병이 창궐하는

위기 속에서 가족애란 무엇인지, 그것이 인간만의 것인지를 묻는다. 이 소설에서 개가 전염병의 근원이라고 보지만, 사실상 인수공통감염병은 인간과 개의 공동의 것이다. 전염병은 인간이 개와의 동맹 관계를 무참히 짓밟았을 때 발생한다.

> 순간, 발밑에 둥글고 물컹한 물체가 밟혔다. 움찔해서 발을 치웠으나 이미 우두둑, 소리를 들은 후였다. 기분 나쁜 직감이 허벅지를 긴장시켰다. 헬멧 불빛이 비추는바, 그가 발을 디딘 곳은 베란다에 놓인 사과 박스 안이었다. 발로 밟아 바순 건 그 안에 드러누운 강아지 머리통이었다. 운동화 밑창에는 뭉개진 눈알이 들러붙어 있었다.[3]

　감염병의 진원지인 화양아파트에 신고 받고 들어간 119 구조대원 기준이 본 것은 아무렇게나 죽어나자빠진 개들의 사체다. 이곳은 개 번식업자의 집이었다. 시프먼의 관점에 의하면 개는 수십만 년 전부터 인간과 동맹 관계를 맺어온 지구의 동료들이다. 그런데 인간은 동맹 관계를 깨트리고 개를 번식 기계로 전락시킨 것이다. 개가 동료가 아니라 학대의 대상이 되는 그곳에서 인수공통감염병이 발생한다. 분노에 찬 개는 인간에게 복수하고, 인간은 개에게 복수한다. 화양시는 순식간에 분노와 증오, 죽음의 종말을 맞는다. 그 종말은 개 번식업자의 집에서 최초로 발생했으며, 개와 인간의 복수극으로 전개되

---

[3] 정유정, 《28》, 은행나무, 2013, p. 20.

면서, 누구도 구원받지 못한다.

인수공통감염병은 개와 인간이 모두 동물이라는 사실을 드러낸다. 이 병은 동물의 병원체가 인간에게 건너와 생기는 전염병이다. 병원체는 동물의 몸에 숨어 명맥을 이어가므로 모든 동물 숙주를 멸종시키지 않는 한 근절될 수 없다.[4] 인간과 동물의 접촉은 병원체 입장에서는 '기회'가 된다. 이 기회는 호모 사피엔스 이전부터 있었던 어스바운드적 관계였다. 인간 역시 동물이기 때문에 바이러스와 함께 산다. 인간의 동물성은 열등한 것이 아니라, 인간성의 기초이며, 지구적 공동존재로서 물질적 토대가 된다. 인간은 동물이다. 그래서 개와 함께 자신의 문화를 이룩해 왔으며, 동시에 개의 바이러스를 함께 공유할 수 있는 것이다.

전염병을 재난의 소재로 삼은 아포칼립스 소설 《28》은 인류세의 시간을 전제로 읽을 필요가 있다. 개는 수십만 년 전부터 인간과 진화를 거듭하고 호모 사피엔스의 생존에 중요한 역할을 한 지구 네트워크이며, 오랜 친구였다. 개와 인간의 관계는 지구의 시간과 인간의 시간이 겹쳐져 있다.

도나 해러웨이는 반려견을 통해 인류세적 관계와 지구적 삶을 깊이 있게 성찰한다. 일찍이 "기계는 우리며, 우리의 활동이며, 우리의 체현"이라고 사이보그 선언을 했던 해러웨이는 사이보그에서 반려종으로 개념을 확장한다. 죄 많은 몸으로서 사이보그 사생아를 여성과 결합했던 그녀는 이제 자신이 키우는 개 카이엔의 입맞춤을 부각

---

4 데이비드 콰먼, 《인수공통 모든 전염병의 열쇠》, 강병철 옮김, 꿈꿀자유, 2017, p. 4.

시킨다. 사이보그 선언이 분노에서 시작된 것이었다면, 반려종 선언은 사랑에서 시작된다.

> 우리들은 금지된 대화를 나누어왔다. 우리는 구강성교를 해왔다. 그리고 우리들은 사실일 뿐인 이야기를 하는데 열중하고 있다. 우리는 서로에게 거의 이해되지 못하는 커뮤니케이션을 훈련시키고 있는 것이다. 우리들은 본질적으로 반려종이다. 우리는 상대를 서로의 몸속에서 만든다. 서로에게 현저하게 타자인 우리들은 서로의 몸속에서 사랑이라 불리는 감염을 나타낸다. 이 사랑은 역사적이고 일탈적이고 자연문화적인 유산이다.[5]

해러웨이는 자신과 함께 살아가는 오스트레일리안 셰퍼트인 카이엔과 깊은 입맞춤을 한다. 카이엔은 긴 혀로 해러웨이의 편도선 조각을 핥아 왔다. 그녀는 자신의 화학수용체가 카이엔의 메시지를 어디로 나르는가를 묻는다. 자기와 타자를 구별하고 외부와 내부를 연결하는 종을 뛰어넘는 이 육체적 사랑을 그녀는 반려종에서 찾는다. 반려종은 그녀가 키우는 개뿐 아니라 인간의 몸속에 거주하는 수많은 반려친족들을 일컫는다. 반려견이 아니라, 반려종이다. 이는 우리가 먹는 가축들과 식물들 뿐 아니라, 세균과 바이러스 등 인간과 관계하는 모든 생물종을 지칭한다.

반려companion의 라티어 어원은 cum panis라고 한다. 이 말은 함께

---

5 Donna J. Haraway, *Companion Species Manifesto*, Chicago: Prickly Paradigm Press, 2013, pp. 1~3.

빵을 나눈다는 뜻인데, 함께 식사한다는 의미이기도 하고, 서로에게 빵이 되어준다는 의미를 함축한다. 즉 "식사 동료"라는 말로 표현된다. 가령, 개는 수만 년 전부터 인간과 더불어 사냥을 하고 가축을 지키면서 식용으로 사용되었다. 홀로세에서 네안데르탈인이나 호모 사피엔스와 같은 호미닌들은 늑대나 곰의 먹잇감이 되기도 했다. 인간들은 열매와 과일을 먹지만, 이들은 죽어서 식물의 거름이 되어 왔다. 식물은 인간에게 먹이가 되고, 인간 역시 식물의 먹이가 되는 관계. 반려란 그런 것이다. 함께 빵을 나누기 때문에 서로를 살리고 서로를 죽일 수 있는 관계 말이다.

종은 생물학적 분류법이지만, 반려종이라는 종은 없다. 해러웨이의 특수한 용어인 반려종은 유전적이고 생물학적인 생산관계를 넘어선다. 유전적이고 혈통적인 재생산은 수직적 계열화를 낳는다. 이와 같은 관계는 위계화를 낳는다. 위와 아래, 남자와 여자, 어른과 아이, 권력자와 비권력자와 같은 구별법을 양산해 낸다.

위계화 방식이 수직적인 유전 관계에 있다면, 해러웨이는 수평적 감염의 방식으로 관계를 만들자고 제안한다. 카이엔과 입맞춤을 하며 이들은 수많은 바이러스와 세균을 나누면서 커뮤니케이션을 시도한다. 해러웨이는 그것을 구강성교라고 표현할 만큼 "저항할 수 없을 만큼 매력적"인 것으로 느낀다. 또한 미국이 아메리카 원주민들의 땅을 빼앗아 양목장을 만드는 과정에서 오스트레일리언 셰퍼드들을 강제 이주시켜 목양견으로 키워졌던 폭력의 역사에 공감한다. 그리고 혈압이 높고 오줌을 찔끔거리는 카이엔에게 DES(비스테로이드계 합성 에스트로겐)를 처방받아 먹이면서 그녀는 염려와 사랑의 눈빛으로 개를 바라 본다. DES 부작용으로 고통받던 과거의 여성들과 이 성분을 산출하느라 암말에게 가해졌던 폭력의 역사를 느끼면서 말이다. 개와 함께, 폭력의 역사를 반성하는 것이다. 그것은 개와 함께하는 삶에서 나온 상황적 진실이다. 인간 혼자서 하는 사유에서 나올 수 있는 것이 아니다.

나의 몸은 10% 인간 게놈이 있고 나머지 90%는 세균, 균류, 원생생물의 게놈으로 채워져 있다. 해러웨이는 그러한 사실이 너무 기쁘다고 말한다. 나의 몸은 작은 반려종이 훨씬 많기 때문에 인간은 이 식사 동료들과 함께 성인이 될 수 있다. 즉 인간 자체는 반려종의 집합이고, 수많은 반려종과 함께 성장하고 살아가는 터전이라고 말한다Companion Species Manifesto. 그러므로 아이들을 낳지 말고 친척을 만들라고 요청한다.[6]

반려종으로서 개는 오랜 기간 인간과 함께 동맹의 역사를 만들어왔다. 그렇기 때문에 더욱더 가까운 식사 동료가 될 수 있을 것이다. 개의 권리는 초월적 자연의 영역에 있는 것이 아니라, 지구적 시공간 속에서 관계로 뒤얽혀 있다. 관계 속에서 존엄성과 권리가 나온다. 개는 애완견이 아니라, 반려종이다. 고양이도, 상추도, 딸기도, 반려종이다. 카이엔과 해러웨이는 구강성교의 강도로 입맞춤을 하면서 식사 동료가 된다. 정유정의 소설 《28》에는 나오는 개들은 번식업자의 손에서 아무렇게나 먹고 짝짓기를 하며 학대당했다. 반려종의 관계에 있는 개들을 우리는 얼마나 배신했는가.

---

[6] Donna J. Haraway, *Staying with the Trouble*, Durhum: Duke Univ Press, 2016, p. 102.

반려종, 즉 식사 동료란 평화롭고 낙관적인 개념만은 아니다. 왜냐하면 입맞춤할 때 개에게는 해롭지 않은 바이러스가 사람의 입으로 옮겨 와 인간의 몸에 나쁜 작용을 일으킬 수도 있기 때문이다. 그것은 개의 잘못이 아니다. 또한 같은 동물로서 서로의 먹이가 될 수도 있다. 인간도 닭과 돼지를 먹지만, 배고픈 재규어는 밀림에서 만난 인간을 신선한 식사감으로 여길 수 있다. 식사 동료란 서로에게 잔인하고 매몰차며 가차 없는 관계이기도 한 것이다.

인간의 역사는 자연을 반려종이 아니라, 애완종이나 투자종으로 대상화한 지배의 역사였다. 그것이 결국 미세먼지가 내 몸이 되는 상황을 초래했다. 정유정이 《28》에서 상상한 것처럼 친근했던 개들이 복수의 화신으로 돌변하고, 전염병이 창궐하는 상황을 일으킬 수 있다는 것이다. 지구는 다섯 번의 대멸종을 겪었다. 최근의 엄청난 기후변화에 따른 재난들이 오로지 인간종의 오류라고만은 볼 수 없다. 그러나 이처럼 빠르게 지구가 손상된 적은 없었다. 수천 년이 걸리는 변화가 겨우 100년 만에 이루어졌다. 이 속도를 가이아 지구는 지질학적 힘으로 받아들이면서 새로운 시스템을 만드는 중이다. 그 결과가 어떨지는 아무도 모른다. 영화 〈인터스텔라〉처럼 먼지로 가득 찬 지구는 옥수수도 자라지 못하는 황폐한 곳이 될지 모른다. 인간종은 살아남기 어려울 수도 있다. 가이아 지구가 인간종을 보존할 이유가 없다.

가이아 지구는 생명을 평등하게 다룬다. 인간종만이 지구의 주인이라고 생각하는 것은 착각이다. 인간이 지구의 주인이라고 생각한 것은 근대의 일이었다. 하지만 라투르의 말대로 인간은 근대인인 적이 없었다. 인간종의 수가 적어지고 설사 멸종한다고 해도, 쥐와 바퀴

벌레, 수많은 바이러스는 무사히 살아남아 가이아 지구를 향유할 것이다. 따라서 문제는 인간이 손상된 지구를 책임져야 한다는 인간우월주의부터 버려야 한다. 인류세라는 명칭에는 이미 인간중심주의의 그늘이 드리워져 있다. 해러웨이는 인류세라는 명칭을 비판하면서 쏠루세 Chthulucene라는 새로운 용어를 제안하였다.

지구 손상의 책임이 전적으로 인간에게 있다는 주장은 지구의 주인이 제대로 관리를 못 했다는 책임론으로 이어진다. 이는 인간이 지구의 주인이며 관리자라는 인간적 사고를 배후에 둔다. 그러나 인간의 문명을 보라. 인간 혼자서 이룬 것은 단 하나도 없다. 건축물, 농업, 공업, 기술과학 등 인간종이 쌓아 올린 문명 중 이른바 우리가 자연이라고 불렀던 것들의 도움과 참여 없이 이룬 것은 없다. 지금 내가 책상 앞에서 책을 읽으며 글을 쓰는 이 장소 역시 나무와 철, 돌, 불, 석유와 같은 자연재의 구성물로 이루어졌음을 나는 안다. 자연과 문화가 분리된 적이 없었는데도, 근대의 개념을 창안한 인간들은 자연으로부터 자신을 철저하게 분리하고자 하였다. 그것은 자연을 대상화하고, 위계화하는 사유구조를 만들었다. 그래서 나무는 베어서 테이블을 만들 수 있는 자재일 뿐이고, 여성은 동물성과 연관 지어 열등한 인간으로 위계화되었던 것이다. 자연과 문화의 분리는 인간의 불평등 구조의 원인이라고 볼 수 있다.

따라서 인간과 자연을 구분하고 위계화하고 대상화하는 삶의 태도부터 바꿀 필요가 있다. 그것이 개공장에 갇힌 개와 인간이 함께 그 폭력의 구조에서 빠져나올 수 있는 길이다. 도나 해러웨이가 어스바운드들이 서로 반려종으로 살아가기를 권고하는 것은 자연과 문화를 분리하면서 자연을 지배하고 제어하려는 인간중심주의를 비판하기 때문이다. 인류세라는 새로운 시대는 우리에게 지구적 삶의 윤리를 요청한다.

'바람계곡의 오무'라는 어스바운드들의 서사

• 인류세는 어떤 인간을 윤리적으로 요구하는가? 아니다. 이러한 질문은 너무나 인간중심적이다. 인류세는 '어떤' 인간이 아니라, '누구들'에 주목한다.

미야자키 하야오의 애니메이션 〈바람계곡의 나우시카〉에는 '오무'라는 거대한 곤충이 나온다. 1000년 전 전쟁이 일어난 후 지구는 파괴되고 오염되는데, 부해腐海라는 곰팡이 숲이 커지면서 사람은 거의 살 수 없는 상태가 된다. 오무는 부해를 지키는 거대한 곤충이다. 내가 보기에 이 애니메이션의 주인물은 나우시카라기보다 오무이다. 나우시카는 오무를 잘 관찰하여 그의 생리와 행동양식을 잘 알 뿐 아니라, 화를 진정시킬 수 있을 정도로 소통할 줄 안다. 오무를 사랑하고, 예민하게 감각할 줄 아는 친생태적 인간이다. 오무의 촉수는 접촉하는 존재들의 생각과 마음을 읽을 수 있는 소통체이자, 치유의 힘이 있다. 또한 독을 뿜어내는 부해를 지키는 거대 벌레이다. 알고 보니 부해는 오염과 파괴의 숲이 아니라, 자정과 치유의 숲이었다.

나우시카의 능력이나 영웅적 행동력보다 오무의 생태적 능력과 윤리성이 더 탁월하다. 그렇다면 오염되고 황폐해진 지구를 구원하는 자는 누구일까? 구원자가 있다면 그것은 나우시카가 아니다. 오무이다. 사실 오무보다는 오염물질처럼 보이는 균류들이며, 더 밀고 나가자면 황폐해진 지구 그 자체라고 할 수 있다. 황폐해진 지구를 다시 살리는 것은 지구에 부착된 존재들 모두, 인간과 비인간들의 공동체이기 때문이다. 수많은 균류, 곰팡이 숲, 오무, 인간들 모두가 어스바운드가 되는 것이다.

눈이 열네 개나 되고 수많은 다리와 촉수를 가진 거대 곤충 오무가 〈바람계곡의 나우시카〉의 실제 주인공이라고 말하는 시대가 되었다. 나우시카가 중요한 인간이라면 오무와 함께 지구적 삶을 살아갈 수 있는 능력을 갖췄기 때문이다.

현재 우리가 닥친 문제는 나우시카가 살아남은 그 지구적 상황으로 몰고 가지 않아야 한다는 것이다. 그리고 영웅이 아니라, 공생자 나우시카처럼 오무와 소통 가능한 생태적 감각과 지구적 삶의 태도를 습득해야 한다는 것이다. 가이아 지구는 인간의 지배대상이 아니며, 우리는 가이아 지구를 떠날 수 없는 무수한 어스바운드들 중의 하나다. 지구의 온도가 0.5도만 올라가도 지구는 되돌리기 어려운 상태가 도래한다고 과학자들은 경고한다. 자본과 국가 권력, 세계정치에 가이아 지구를 맡길 수 없다. 그들은 지구의 논리가 아니라, 여전히 인간의 지배 논리에 따를 것이기 때문이다. 그것은 필연적으로 지구 손상으로 이어진다. 이때 우리는 어떻게 할 것인가? 인간관리자, 인간책임론은 윤리적이지 않다. 인간 혼자서는 어떤 것도 해결할 수 없기 때문이다. 우리는 개와 함께, 쥐와 함께, 수많은 식사 동료들과 함께 지구적 삶을 살아야 한다. 점점 뜨거워지는 지구에서 우리는 개와 함께 춤을 출 수 있어야 한다.

인류세와 에코바디
지구는 어떻게 내 몸이 되는가?

초판 1쇄 발행 | 2019년 11월 29일

지은이 | 몸문화연구소
펴낸이 | 이은성
편 집 | 백수연
디자인 | 백지선
펴낸곳 | 필로소픽

주 소 | 서울시 동작구 상도동 206 가동 1층
전 화 | (02) 883-3495
팩 스 | (02) 883-3496
이메일 | philosophik@hanmail.net
등록번호 | 제379-2006-000010호

ISBN 979-11-5783-163-0 03100

필로소픽은 푸른커뮤니케이션의 출판 브랜드입니다.

이 도서의 국립중앙도서관 출판시도서목록(CIP)은 서지정보유통지원시스템 홈페이지(seoji.nl.go.kr)와
국가자료공동목록시스템(www.nl.go.kr/kolisnet)에서 이용하실 수 있습니다. (CIP제어번호: CIP2019038454)

Icon made by Freepik from www.flaticon.com